"十三五"国家重点出版物出版规划项目

|文|化|建|设|卷|

中国对外文化交流与文化贸易发展历程

THE HISTORY OF CHINA'S INTERNATIONAL CULTURAL EXCHANGE AND CULTURAL TRADE

吴承忠 田 昀 著

中国财经出版传媒集团
经济科学出版社
Economic Science Press

图书在版编目（CIP）数据

中国对外文化交流与文化贸易发展历程/吴承忠，田昀著．—北京：经济科学出版社，2021.4
（中国道路．文化建设卷）
ISBN 978－7－5218－2449－0

Ⅰ.①中…　Ⅱ.①吴…②田…　Ⅲ.①中外关系－文化交流－研究②文化产业－对外贸易－研究－中国
Ⅳ.①G125②G124

中国版本图书馆 CIP 数据核字（2021）第 051822 号

责任编辑：刘战兵
责任校对：蒋子明
责任印制：范　艳　张佳裕

中国对外文化交流与文化贸易发展历程
吴承忠　田　昀　著
经济科学出版社出版、发行　新华书店经销
社址：北京市海淀区阜成路甲 28 号　邮编：100142
总编部电话：010－88191217　发行部电话：010－88191522
网址：www.esp.com.cn
电子邮箱：esp@esp.com.cn
天猫网店：经济科学出版社旗舰店
网址：http：//jjkxcbs.tmall.com
北京季蜂印刷有限公司印装
710×1000　16 开　18.75 印张　250000 字
2021 年 7 月第 1 版　2021 年 7 月第 1 次印刷
ISBN 978－7－5218－2449－0　定价：75.00 元
（图书出现印装问题，本社负责调换。电话：010－88191510）

《中国道路》丛书编委会

文化建设卷

主　　　编： 傅才武

《中国道路》丛书审读委员会

总　序

中国道路就是中国特色社会主义道路。习近平总书记指出，中国特色社会主义这条道路来之不易，它是在改革开放三十多年的伟大实践中走出来的，是在中华人民共和国成立六十多年的持续探索中走出来的，是在对近代以来一百七十多年中华民族发展历程的深刻总结中走出来的，是在对中华民族五千多年悠久文明的传承中走出来的，具有深厚的历史渊源和广泛的现实基础。

道路决定命运。中国道路是发展中国、富强中国之路，是一条实现中华民族伟大复兴中国梦的人间正道、康庄大道。要增强中国道路自信、理论自信、制度自信、文化自信，确保中国特色社会主义道路沿着正确方向胜利前进。《中国道路》丛书，就是以此为主旨，对中国道路的实践、成就和经验，以及历史、现实与未来，分卷分册做出全景式展示。

丛书按主题分作十卷百册。十卷的主题分别为：经济建设、政治建设、文化建设、社会建设、生态文明建设、国防与军队建设、外交与国际战略、党的领导和建设、马克思主义中国化、世界对中国道路评价。每卷按分卷主题的具体内容分为若干册，各册对实践探索、改革历程、发展成效、经验总结、理论创新等方面问题做出阐释。在阐释中，以改革开放四十多年伟大实践为主要内容，结合新中国成立七十年的持续探索，对中华民族近代以来发展历程以及悠久文明传承的总结，既有强烈的时代感，又有深刻的历史感召力和面向未来的震撼力。

丛书整体策划，分卷作业。在写作风格上，注重历史和现实相贯通、国际和国内相关联、理论和实际相结合，对中国道路的重大理论和实践问题做出探索；注重对中国道路的实践经验、理论创新做出求实、求真的阐释；注重对中国道路做出富有特色的、令人信服的国际表达；注重对中国道路为发展中国家走向现代化的途径、为解决人类问题所贡献的中国智慧和中国方案的阐释。

在新中国成立特别是改革开放以来我国发展取得的重大成就基础上，近代以来久经磨难的中华民族实现了从站起来、富起来到强起来的历史性飞跃，焕发出强大生机活力，迈进中国特色社会主义道路发展的新时代。在新时代建设社会主义现代化强国的新的历史征程中，中国财经出版传媒集团经济科学出版社、中国特色社会主义经济建设协同创新中心精心策划、组织编写《中国道路》丛书有着更为显著的、重要的理论意义和现实意义。

《中国道路》丛书2015年策划启动，2017年开始陆续推出。丛书2016年列入“十三五”国家重点出版物出版规划项目、主题出版规划项目。丛书第一批，2017年列入国家“90种迎接党的十九大精品出版选题”；2018年获国家出版基金资助，作为馆藏图书被大英图书馆收藏；2019年被中宣部遴选为“书影中的70年·新中国图书版本展”参展图书，并入选国家社科基金中华学术外译项目推荐选题目录。

《中国道路》丛书编委会

目　录

导 言

文化交流发生于两个或者多个具有文化源差异显著的关系之间。文化交流促进人们互通有无，推动文化发展与丰富，是世界文化进步的一个重要条件，也是推动文化全球化和多样性的内在要求。本书提到的对外文化交流，特指在和平年代，主权国家或者地区与其他存在不同文化渊源的国家进行非营利目的的文化层面的交流。交流形式包括官方和非官方多种途径。交流类型包括旅游活动、演艺艺术、体育、艺术品、语言文化、文学教育等多种形式。

从新中国成立到改革开放，跌宕起伏的 30 年间，中国共产党和政府面临着非常复杂的国际环境，对外文化交流经历了曲折的发展过程。1949～1966 年是新中国对外文化交流的开创时期。新中国成立初期，国内百废俱兴，文化交流活动多由政府主导，紧密围绕外交宗旨和目的展开。这一时期的对外文化交流不仅为树立中国良好形象、扩大新中国在国际舞台上的影响发挥了不可替代的作用，还培养了大批的文艺人才，对后来中国文化事业的建设起到了重大的促进作用。1967～1977 年是新中国对外文化交流曲折发展的时期。长达 10 年之久的“文化大革命”使对外文化交流事业遭受严重的干扰和破坏。在周恩来总理和其他领导人的坚持与领导下，文化交流没有完全中断，在曲折中缓慢发展。由于中苏关系恶化，对外交流也主要集中于一些亚非国家，与西方国家几乎处于隔绝状态。1978～1989 年是我国对外文化交流的发展阶段。1978 年，中国共产党第十一届三中全会重新确立了马克思主义的思想路线。根据国际形势和国内任务的需要，中国确立了奉行真正的不结盟的独立自主和平外交政策，为我们改革开放后的对外文化交流奠定了坚实的战略基础。改革开放后，对外文化交流既有政府间的友好往来，也有民间交流；既有由主管对外文化交流的部门举办的交流项目，也有友好城市之间的交流计划；既有一般的友好互访，也有各种专业性的考察。各种渠道互相配合，推动着中国对外文化交流事业的迅速发展，改变了过去较多地依靠官方渠道安排交流项目的做法，极大地调动了各部门、各地方的积极性。这一阶段对外文化交流树立了改革开放后社会主义中国的良好形象，增进了与世界各国人民的相互了解和友谊，推动了国家关系的发展。1989～1996 年总体而言是我国对外文化交流相对比较困难的时期。面临西方暴风骤雨般的制裁，中国运用智慧与定力一次次化险为夷，转危为安，最终风平浪静，推动中国对外文化交流平稳发展。1997～2003 年是中国对外文化交流探索与发展阶段。在这一阶段，我国从与以日韩为首的亚太周边国家频繁进行文化交流，转变为在世界各地广泛建立友谊，文化交流对象不再以周边国家为主；同时，文化交流的内容也由以传统文化为主拓展到传统文化与现代文化相结合，交流内容更加全面丰富。这一时期经济政治环境友好，对外文化交流形成了一定的规模，开始走向繁荣发展。2004 年以后，中国对外文化交流进入繁荣阶段。我国在政策制定与对外交流活动规划上日益成熟。当前，在“一带一路”的大背景下，我国正努力形成开放友好的文化交流环境，推动中华文化走向世界，切实提升国家软实力，维护文化安全。传播中国优秀的传统文化，将优秀传统文化中具有当代价值、世界意义的文化精髓提炼、展示出来，使中华文化所蕴含的自然人文精神为当今世界人民提供智慧，为构筑和平稳定的世界秩序奠定文化基石，不仅是为了中国的国家利益，更是为了整个世界的利益。

文化贸易一般是指国际文化产品和文化服务的输入与输出。

作为对外贸易的一种重要类型，文化贸易在我国发展速度较为缓慢，且长期没有得到政府与经济社会应有的关注与重视。文化贸易长期以来成为对外文化交流的附属产品以及国家间交往的工具，政治、文化属性被过分强调，经济属性长期得不到真正的认同。这种情况从新中国成立一直持续到1978年改革开放。1978年之后，随着我国社会主义市场经济建设的开展与深入，对外文化贸易逐渐走入人们的视线，并不断发展扩大，成为我国对外贸易中重要的贸易种类之一。2018年前六个月，我国文化贸易总额为594.3亿美元，同比增长8.8%。其中，文化产品进出口额达到421.0亿美元，同比增长4.8%；文化服务进出口额实现173.3亿美元，同比增长20%。[①] 我国对外文化贸易的发展历程可以划分为五个阶段：1949～1977年为对外文化交流阶段；1978～2000年为对外文化贸易发展萌芽期；2001～2004年为对外文化贸易发展扩大期；2005～2011年为对外文化贸易快速增长期；2012年以后为对外文化贸易整体性、系统性、战略性发展阶段。

在对外投资的浪潮中，对外文化投资以资本为纽带，帮助拓宽中国文化走向世界的路径，在潜移默化中传播中国文化。对外文化投资主要采取对外文化投资和兼并收购两种方式。前者直接投资海外文化项目或建立海外分公司，后者并购海外文化企业。两种途径均直面国际市场的激烈竞争，各具优势。对外文化投资有助于巩固和扩大出口市场、规避贸易壁垒，企业能抓住机遇吸收先进的管理经验和优秀人才，进一步提升国际影响力。一方面，对外文化投资能有效打开当地的文化市场，拓展海外市场规模，增加文化“走出去”的广度；另一方面，对外投资能深入发掘当地文化市场，最大限度地为文化产品与服务“走出去”创造适宜的市场环境，增加文化“走出去”的深度。统筹国内、国外两个市场，对外文化投资为文化产品和服务的国际贸易发展

① 商务部服贸司，http：//fms. mofcom. gov. cn/。

打造全球性全方位的平台，对于推动中华文化“走出去”提质增效具有重要意义，特别是在当今“一带一路”重大发展倡议的时代背景下，对外文化投资意义更加凸显。①

伴随着政府对文化企业海外投资的扶持、鼓励政策支持力度不断增强，我国企业海外文化投资的规模不断扩大，合作投资的领域也不断扩展。截止到2017年，有超过300家企业活跃在文化、体育和娱乐业的对外直接投资中，其中，万达集团、北京四达时代等成为我国文化“走出去”的领军企业。但就目前而言，我国对外文化投资仍处于初级阶段，整体规模小，文化、体育和娱乐业对外投资占整体对外投资存量的比重不到1%；投资地区较为单一，以美国、欧洲为主，其中美国的投资存量占比最高，达到整体比重的3.5%，其他国家及地区的比重不足1%。当前专门研究我国对外文化投资的文献较为匮乏，理论支撑还存在诸多不足。

① 李嘉珊、宋瑞雪：《“一带一路”倡议背景下中国对外文化投资的机遇与挑战》，载《国际贸易》2017年第2期。

第一章

1949～1977年中国对外文化交流

对外文化交流与国家的内部形势、对外关系方针以及国际形势有重要的关联：这些因素对对外文化交流的形式、特征有重要的制约；而对外文化交流在树立国家对外形象、密切国家间关系和推动文化共同进步方面有重要作用。

一、1949～1966年：新中国对外文化交流的开创时期

这一阶段中，对外文化交流为树立中国良好形象、扩大新中国在国际舞台的影响发挥了不可替代的作用，也培养了大批的文艺人才。这一时期新中国对外文化交流的特征主要有以下几个方面：

（一）“文化先行，外交殿后”——对外文化交流活动紧密伴随外交目的

新中国成立初期，百废待兴，世界人民对中国的印象模糊，中国与外界交流的通道少之又少。在政治交流与贸易活动不够成熟的背景下，外交活动成为党和政府的重要工作内容，对外文化交流成为新中国树立国家形象的重要途径。

新中国成立后的文化交流，秉承了“丝路精神”的内核及和平共处五项原则，体现了特定时期文化交流的合作原则，文化交流呈现出全方位、立体交往的新特征。以对外文化交流形式开展的外交活动，打开了新中国对外交流的通道，是当时新中国“突围”的有效方式。当时担任外交部部长的周恩来反复强调中国外交工作离不开对外文化交流：“我们的外交包含政治、经济、文化三个方面，而且往往是经济、文化打先锋，然后外交跟上来。”“各国人民在文化上的交流，正如在经济上的合作一样，也是促使各国之间的和平、友谊和合作得到巩固的一个重要的条件。”①

党中央制定了“文化先行，外交殿后”② 的方针，对外文化交流成为当时百废待兴的中国与外界打交道的选择之一，为新中国的经济外交和政治外交打下了坚实的文化基础，为中国在世界舞台树立良好的国家形象发挥了极其重要的作用。

罗马尼亚是最早与中国签订文化合作协定的国家之一。1951年12月，中罗第一次签署文化合作协定，规定“缔约双方保证在互相尊重主权、互不干涉内政、平等、互利原则的基础上，促进和发展科学、教育、文化、艺术、电影、新闻、广播电视、卫生和体育方面的合作。”此后，中国和罗马尼亚以文化代表团互访等方式多次进行文化交流，巩固友好关系。1956年罗马尼亚歌舞团访华时，带来了一首中文译词的歌曲《昨天晚上刮着风》。歌曲发表后，中央人民广播电台向全国人民播放。据于文涛先生回忆③，1965年，由于正式签订第二个中罗文化协定，中国政府文化代表团友好访问罗马尼亚。代表团在布拉索夫参观了

① 张登德：《20世纪50年代中国对外文化交流的特点》，载《当代中国史研究》2014年第6期，第2页。

② 周丽娟：《戏曲艺术的对外交流与国家关系的巩固和发展：以20世纪50年代为例》，载《公共外交季刊》2011年秋季号，第21页。

③ 叶飞：《浓得化不开的罗马尼亚情结——于文涛忆新中国早期中罗文化交往》，载《中国文化报》2011年3月15日，第4版。

汽车制造厂和工业学院，在林地就餐时，罗马尼亚小提琴家们特别为中国代表团演奏了罗马尼亚音乐家埃奈斯库的名曲和中国民歌《牧羊姑娘》。在到达罗马尼亚的第一天晚上，一位当地女高音歌唱家再一次演唱了那首《昨天晚上刮着风》，使中国代表团感到十分温暖。[①] 中罗两国人民之间的友好情谊和信任在多次文化互动交流中如歌曲一般延绵动人。

中日两国是一衣带水的邻邦。但近代以来，日本侵华战争严重影响了两国关系，直到 1956 年两国关系仍没有恢复正常。因为不了解新中国，当时的日本人民对中国存在隔阂与疑惑。然而中日两国同处东亚，文化渊源深厚，睦邻关系十分重要。周恩来为了调和中日两国的关系，决定用文化打先锋，通过文化交流来增进两国人民的友谊，为中日建立外交关系奠定良好的基础。1956 年，中国京剧代表团访日。代表团以梅兰芳先生为团长，共 86 人，演出了《贵妃醉酒》《霸王别姬》《奇双会》《白蛇传》等 25 出剧目。中国京剧代表团受到了日本人民、著名演员和各界名流的热烈欢迎，中国传统文化的魅力也感染了日本民众，为日后中日两国打破坚冰、恢复外交关系奠定了良好基础。

在那个特殊年代，对外文化交流工作成为外交活动的重要组成部分，既要代表中国执行与签约国家之间的文化协定，促进友好关系，也要与建交国家进行文化交流。对外文化交流工作肩负着在国际舞台树立良好的中国形象、扩大国际影响和广交朋友的重大使命。

（二）对外交流活动以官方为主导，受到党和国家领导人的高度重视

新中国成立初期，“中国对外文化交流工作实行集中统一领

---

① 赵少华：《新中国早期文化交流口述记录》，作家出版社 2012 年版，第 283 页。

导、归口管理的体制”。[①] 1955 年，对外文化联络局成立，对外交流工作在对外文化联络局的领导下有规划地进行。1958 年，对外文化联络委员会成立，直属于国务院，撤销了对外文化联络局。对外文化联络委员会囊括了学术、文艺、国际比赛和世界名人纪念大会等各方面的交流，统筹管理，严格把关。当时，新中国与外国的文化交流大多是以各种文化国家代表团的互访形式展开。

党和政府领导人经常观看外国文化友好代表团的演出，并会见外国代表团，以显示对外国文化代表团的重视。1954 年 9 月，苏联莫伊塞耶夫舞蹈团来华访问演出，受到了较高规格的接待。周恩来总理在中南海宴请全团，刘少奇、朱德等领导人均出席。1961～1964 年，日本进步文艺团体在日本文化协会的安排下每年都会来华访问，包括日本合唱团、蕨座民族歌舞团、前进座剧团等。毛泽东、周恩来亲自接见他们并观看了他们的演出。周恩来总理还曾登上首都剧场的舞台，与蕨座民族歌舞团的演员一起跳舞，使得日本演员觉得十分亲切。

1960 年，周恩来总理和陈毅副总理携东方歌舞班和一些艺术家访问缅甸，取得了很好的反响。根据形势的需要，周恩来总理和陈毅副总理认识到了优秀的文艺演出在新中国对外交流中发挥的巨大作用，积极采纳一些同志的建议，将“东方歌舞班”重视化、系统化。由此，“东方歌舞团”正式于 1962 年成立，成为中国对外文化交流的一颗明珠。半个世纪以来，东方歌舞团的足迹遍及世界各地，并且代表中国出访过五大洲、七十多个国家和地区，为世界人民带去了具有中国特色的精湛的艺术演出。

此外，周恩来总理还十分重视文艺人才的成长和对外国文化的借鉴与吸收。1955 年新年伊始，苏联声乐家捷明启娃应周恩来总理特别批准来中央歌剧院任教，初定教学期限为两年，这是

① 周丽娟：《对外文化交流与新中国外交》，文化艺术出版社 2010 年版，第 3 页。

对中央歌剧院的艺术水平的又一次大促进。1956年夏初，当专家的教学工作进行了一半后，周恩来总理便提出要学院进行一次汇报演出以检验成绩、总结经验。他要求每位学员要演唱一中一外两首歌曲，还教导同学们在学习外国优秀唱法技巧的时候不能忘记中国的民族特色。

20世纪50年代，中国同西欧大多数国家及日本等国没有建立外交关系，民间交流活动成为双方交往的重要方式。1952年，周恩来总理把电影《白毛女》拷贝送给了来华访问的日本国会议员帆足计。日本芭蕾舞团创始人清水正夫是这部电影最早的观众。深受电影故事感动的清水和他的夫人亲自改编并担任主演，将这个故事搬上了日本的芭蕾舞台。1955年，清水夫妇应邀来中国访问，并演出了这一芭蕾舞剧。

可见，20世纪50年代中国对外文化交流的开展，离不开政府或者政府领导人的主导和推动。对外文化交流活动受到了国家领导人的重视。

（三）新中国与苏联的文化交往

近现代史上，由于地理位置的临近和信仰的相关性，新中国在成立初期与苏联的关系最为密切。因此，那个阶段我国与苏联的文化交流是最频繁的。

1952年，中苏签订了为期30年的《中苏友好同盟互助条约》，其中规定："双方保证以友好合作精神，并遵照平等、互利、互相尊重国家主权与领土完整及不干涉对方内政的原则，发展和巩固中苏两国之间的经济和文化联系。"根据这项条约，两国在文化领域开启了广泛而密切的合作和交流。派遣留学生和邀请苏联专家前来执教是当时的主要交流方式之一。

新中国成立初期，我国的芭蕾、声乐和钢琴等演艺艺术的启蒙就来源于和苏联密切的文化交流。1954年11月，为了迎接十月革命节，中国邀请莫斯科国立音乐剧院访问北京，他们带来了芭蕾舞剧《天鹅湖》、歌剧《冲向暴风雨》等六台节目。当时，苏联芭蕾女皇乌兰诺娃在《天鹅湖》中的完美演绎给在场的领导人和观众留下了深刻的印象。芭蕾艺术由此进入中国大众的视野。中国很快成立了一个芭蕾舞蹈培训班，中国文化部邀请苏联芭蕾舞专家伊莉娜前来执教，此后，更多的芭蕾舞蹈专家陆续来到中国。他们专业的艺术修养和中国学员不懈的努力让中国自己的芭蕾舞艺术蒸蒸日上。1962 年，最具中国特色的芭蕾舞剧《红色娘子军》诞生。

根据国家科委党组、教育部党组、外交部党委发布《关于留学生工作会议的报告》统计，1950 ~ 1958 年，我国共派遣留学生 16 152 名（大学生 5 805 名、研究生 1 973 名、进修教师 311 名、实习生 8 063 名）。其中派往苏联的学生共 14 798 名，占总数的 91. 61%。这些出国的学生，大多勤奋努力，其中半数以上的留学生获得了副博士以上学位，未获得学位的留学生大部分是出国进修人员。① 这些留学人才回国后，在我国的理工科、文艺、体育和医学等领域做出了杰出贡献。

我国与苏联的文化交流并不局限于单方面学习，而是进行良好的双向互动。1954 年冬天，苏联举行第二次作家代表大会，我国派出了老舍、丁玲等人组成的代表团前去祝贺，正巧碰到了季什科夫——老舍先生的拥趸。这一期间，季什科夫总是陪在老舍左右，从各方面了解老舍先生，以便研究和翻译老舍先生的作品。老舍先生也在这一期间和季什科夫聊中国的语言、北京土语。季什科夫翻译了老舍的《月牙儿》《方珍珠》《龙须沟》等作品，这些作品后来还被译成了俄罗斯的盲文。在 1957 年的中苏友好年活动中，苏联合唱团在莫斯科柴可夫斯基音乐厅演出了俄文版的《黄河大合唱》。当时出访的严良堃内心十分骄傲，“以

---

① 李海媚：《20 世纪 50 年代中国派遣留苏学生问题的考析》，载《绵阳师范学院学报》2018 年第 3 期，第 133 ~ 138 页。

前是我们用中文唱外国歌曲，这次是他们用俄文唱中国歌曲”。[1]

彼时，两国艺术家之间的友好情谊也是中国文化交流的丰硕果实。著名京剧大师梅兰芳曾 4 次出访苏联。1935 年，以梅兰芳为代表的中国京剧就在苏联掀起了一股浪潮。此后，他又于 1952 年、1957 年和 1960 年先后访问苏联。频繁的访苏经历使得梅兰芳有机会和多位艺术家进行交流，尤其是苏联著名芭蕾舞蹈家乌兰诺娃。1958 年夏天，苏联电影导演来北京拜会梅兰芳时，特地将一幅乌兰诺娃签名的《天鹅湖》剧照交给梅兰芳。梅兰芳也请他转达谢意并且邀请乌兰诺娃访问中国。

（四）与社会主义国家及亚非拉民族独立国家的文化交流活动

新中国成立初期，一些西方国家对中国存在质疑和不友好的态度。基于当时新中国的国情和国际形势，苏联及其他社会主义国家，以及周边新兴的独立的民族国家成为我们主要的对外文化交流对象。

由于都曾经遭受外国的侵略，亚、非、拉不少新兴的民族独立国家对新中国表示友好、鼓励和支持，特别是与中国邻近的缅甸、蒙古国、巴基斯坦、印度尼西亚等国。在 20 世纪 50 年代初，中国与苏联、罗马尼亚、埃及、也门和阿尔巴尼亚等国家签署了国家文化合作协定，促进双方在教育、科技、文学艺术、电影、戏剧、体育等方面进行广泛的交流与合作。

蒙古人民共和国是最早和中国签订文化合作协定的国家之一，当时双方文化往来十分密切。据不完全统计，从 1952 年经济及文化合作协定签订到 1966 年，两国的文化交流项目多达 160 多项。双方除了派遣政府文化团，作家、美术家等专业代表团互访外，中国几乎每年都会派遣艺术团赴蒙古国访问演出。

当时，拉丁美洲的一些国家由于国内局势混乱，并受到各种

---

① 赵少华：《新中国早期文化交流口述记录》，作家出版社 2012 年版，第 313 页。

国际势力的影响，对发展同新中国关系的态度分歧非常大。因此，在新中国成立后的头十年中，中国政府提出“细水长流，稳步前进”的民间外交方针，[①] 利用民间文化交流的形式与这些国家进行交往。中国文化艺术团在1956年和1958年多次前往南美洲国家进行访问。中国代表团在智利、乌拉圭、巴西、阿根廷等国先后进行了巡回演出，还通过访问、讨论会等多种不同的形式同南美文艺界和南美人民进行交流。中国代表团精湛的艺术表演和诚挚的交往愿望打动了南美人民。这些国家的各界重要人士对中国文化和中国表示出肯定和友好的态度，国家领导人也表示“希望同中国发展文化交流和友好关系”。

中国与阿尔巴尼亚的文化合作交流也是这一时期中外文化交流的典范。20世纪六七十年代，中阿两国在文化方面进行了极为默契的配合与互助。我国的很多电影都被配上阿文的字幕，以原声的形式在阿尔巴尼亚各地放映；而阿尔巴尼亚具有艺术价值的故事片《宁死不屈》《广阔的地平线》等也被上海电影译制厂译成了中文，滋润中国人民的心灵。

1966年，阿尔巴尼亚国家歌剧芭蕾舞剧院成功地将《红色娘子军》这出芭蕾舞剧搬上了首都地拉那的舞台，这离不开中国杰出的芭蕾舞编导和演员的帮助。1967年秋冬之交，阿尔巴尼亚的艺术团来华演出近三个月，还到“工农兵芭蕾舞剧团”学习交流，最终实现了与中国舞蹈演员同台演出《红色娘子军》的愿望，并和中国演职人员结下了深厚的友谊。

（五）培养文化人才，为文化事业做出重大贡献

新中国成立初期，对外文化交流的一个重要渠道就是参加青年联欢节。这是以苏联为首的国家举办的大型国际活动，每两年

① 丁西林：《以文会友　和气致祥　十年来中外文化交流和友好往来》，载《光明日报》1959年9月24日。

举行一次，主题是反对侵略和战争，歌颂和平和友谊。青年联欢节包含演出、座谈、联欢等丰富的活动，而且往往能够吸引很多国家前来参与。1949 年到 1959 年十年间，我国参加了在匈牙利、民主德国、波兰、罗马尼亚、苏联、芬兰举行的五届青年联欢节。这不仅开拓了中国文艺人员文化艺术视野，还帮助我们吸收借鉴了各国文化的精华。据周巍峙先生回忆："新中国成立早期的文化交流工作目的是十分明确的，是有明确的方针和宗旨的。……第三是出国学习，为新中国的文化建设培养人才。那时候出国演出的任务之一就是抓紧机会，进行学习考察，吸收借鉴外国优秀的艺术元素和演艺经验。那时在解放区待久了的人们，学习新东西的愿望十分强烈，在国外往往是晚上演出，白天学习参观，争取机会多看欧洲剧目，不知疲倦地学习外国一切有价值的艺术，对吸纳新东西充满激情。"这样的学习对发展新中国各类艺术事业、借鉴办学经验、培养优秀艺术人才十分有益。①

除了到各国演出和参观外，那时的文化部还积极引进外国专家或者派遣留学生出国以专门学习相关的文化知识。1950～1960 年，我国派遣了多批留学生或者进修老师前去苏联学习钢琴、指挥、芭蕾等专业，也引进了很多国外专家来中国执教。严良堃、李德伦、韩中杰等无数文艺前辈几乎都有一段留苏学习的经历，苏联的专业艺术和他们自身孜孜不倦的学习态度帮助新中国完成了多项文艺领域的启蒙。以新中国的指挥事业为例，在 1956 年中央音乐学院建立指挥系之前，中国专业指挥教育属于一片空白。因为教学经验短缺和师资资源稀少，初创时期的指挥系都是集体教学。那时教师资源也多是留学归来的文艺人才。他们充分利用在苏联学到的知识，哺育了之后一代代的优秀指挥，为后来中国指挥事业的发展奠定了基础。

新中国的芭蕾舞艺术的萌芽与发展更是离不开与外界的交流

---

① 赵少华：《新中国早期文化交流口述记录》，作家出版社 2012 年版，第 15 页。

与互鉴。1954年年底，在苏联的帮助和中国高层领导人的指示下，中国第一个专业舞蹈家的摇篮——北京舞蹈学校成立。伊莉娜、查普林、古谢夫等多位苏联芭蕾舞艺术家曾在此执教，他们极高的艺术修养、丰富的实践经验使得中国的学生们受益颇深。培训班期间，创造出了《宝莲灯》《鱼美人》等大量作品。1958年北京舞蹈学校的《天鹅湖》在天桥剧场首次公演，得到了周恩来、陈毅的肯定与勉励，也得到了观众的欢呼。之后，中苏两国芭蕾舞艺术家又密切合作，连续排演了《海侠》《吉尔赛》等传统剧目，将中国的芭蕾舞事业推向了高峰。1959年年底，经文化部批准，我国正式成立了新中国第一个专业芭蕾舞团——北京舞蹈学校实验芭蕾舞团，承担着繁荣中国芭蕾艺术和培训演员的使命，这就是中央芭蕾舞团的前身。1962年，芭蕾“中国化”的标志《红色娘子军》诞生，它展现了中国芭蕾舞扎实的基本功和独具中国特色的气质，世界人民亲切地称呼中国芭蕾为“红天鹅”。中国芭蕾事业的发展，离不开当时苏联专家的悉心指导，更离不开当时努力汲取经验进而融入自身特色的芭蕾舞前辈们。

新中国成立初期的对外文化交流对中国整个的文化事业起到了奠基作用。它拓宽了当时中国人民的文化艺术视野，通过“走出去”和“引进来”培养了多个文艺领域的人才和骨干，最为重要的是，学到了国外先进的文化管理经验。由此，我国先后成立了一大批文艺院团，在全国各地建设了电影院、公共图书馆、博物馆等公共文化设施。在进行经济和政治建设的同时，把精神文明建设也提上了日程。

（六）早期对外文化交流在平等互利、互相尊重的基础上，规模空前盛大，形式多样，类型丰富

古代中国的对外文化交流主要通过商贸、迁徙等方式，主要是为了扬大国的国威。近代，中国对外文化交流事业处于一种不平等的畸形状态。相比过去，新中国成立初期的中外文化交流事

业在争取平等互利的基础上，形式更加多样化，内容也日趋丰富。这时中国主要是通过参加国际活动、文化代表团出国巡演访问、派出留学生和外国学者来华访问等形式进行对外文化交流。

派出文化代表团和艺术演出团体进行友好访问和演出，是当时中国对外文化交流的主要形式之一。1951 年 8 月到 1952 年 8 月仅仅一年的时间，中国青年文工团先后应邀访问了匈牙利、波兰、苏联、罗马尼亚、保加利亚、捷克斯洛伐克、阿尔巴尼亚等 9 个国家，在 152 个城市进行友好访问演出 437 场，观众达到 242 万人次。文工团受到了各国政府的高规格接待，也受到了文化界人士和人民群众的热烈欢迎。至 1958 年年底，合计已有 25 个国家的 98 个艺术表演团体、6 500 余人来中国访问演出，演出形式包括芭蕾舞、歌剧、民族音乐舞蹈、木偶剧、杂技艺术和马戏等。同时，中国也有 59 个艺术表演团体到 49 个国家访问演出，中国的民间音乐、杂技和视觉艺术，如皮影戏、昆曲等艺术形式，激发了外国朋友的新鲜感与好奇心，受到了广泛的欢迎。派遣留学生也是中国对外文化交流的主要形式之一，尤其是向苏联派遣留学生，形成了一股“留苏潮”。各国文化艺术团体的相互访问和演出以及留学生的交换，既有助于中国向世界人民展示自己的形象、让世界了解了中国，也让中国学习了很多的优秀文艺经验。

新中国对外文化交流的类型也丰富多样，涉及杂技、芭蕾舞、交响乐、电影、文学等多个文化领域。

1. 电影领域。

新中国的对外电影交流很早就开始了。1952 年，新中国电影代表团参加了东欧举办的卡罗维・发利电影节。这是中国电影第一次走出国门，在这里中国电影人同苏联和东欧的电影人互相交流，东欧人民对中国电影有了最初的印象。此后，中国电影代表团走访了捷克斯洛伐克、丹麦、苏联、缅甸等国家，收获了不少的外国影迷。1964 年，中国代表团前去印度尼西亚参加亚非电影节，这次参展的《农奴》《海鹰》给亚非民众留下了深刻印象，这次活动也为中国电影在国际上的宣传和增进亚非电影工作人员的情谊做出了重大贡献。

中国的对外电影交流也见证了中日友谊的发展。中国电影《白毛女》深深地启发了日本松山芭蕾舞团创始人清水正夫和夫人松山树子。清水夫妇将中国故事和日本芭蕾相融合，创造出芭蕾舞剧《白毛女》。1955 年松山树子来华访问，将芭蕾舞剧《白毛女》展示给了中国的观众。

2. 芭蕾舞。

新中国芭蕾的产生和发展就是中外文化交流的成果。苏联对新中国芭蕾艺术的发展提供了很大的帮助，中国芭蕾舞者也凭借自己的努力和悟性不断进步。

1959 年 12 月，中国实验芭蕾舞剧团成立，主要承担向中国人民介绍芭蕾艺术和代表中国芭蕾出国访问的任务。1962 年 8 月，中国实验芭蕾舞团共 100 余人访问缅甸。中国舞者为缅甸观众表演了近两个月的时间。时任缅甸联邦总统吴温茂观看了演出并接见了代表团。缅甸著名作家吴帕敏还特地发表了文章，以“看不厌，听不腻”为题，高度赞扬了中国芭蕾。

3. 杂技。

“杂技”这一名称是周恩来总理拍板决定的，是中国民间杂耍、马戏、魔术等技艺的总称。自新中国成立起，杂技就代表国家走出国门，成为对外文化交流中演出国家最多、得奖最多的艺术种类。

1950 年中华杂技团成立。1950 年秋，中华杂技团应苏联邀请前往莫斯科参加十月革命 33 周年庆典演出，受到了苏联各界演艺人士和广大民众的热烈欢迎。一部以中华杂技团在苏联演出为原型的电影《中华杂技团在苏联》在国际上获得了出乎意料的热烈反响。之后，中华杂技团又在阿塞拜疆、波兰、乌克兰、格鲁吉亚等地进行巡回演出，增进了中国和这些国家的友谊。

1952 年，中华杂技团又前后访问了奥地利和阿尔巴尼亚，演出了中国杂技的经典剧目，获得广泛好评；1956 年，中国杂技再次走出国门，前往英国、法国、荷兰、比利时、卢森堡等西欧国家进行演出，艺术大师卓别林也观看了演出。1957 年初，中国杂技走进了当时还没有建交的意大利，给意大利人民带去了新奇的观感体验，还受到了当地报刊的友好报道，为新中国和意大利建交奠定了良好基础。1957 年，中国在莫斯科第六届青年杂技比赛上获得金奖奖章。

4. 音乐艺术。

中国合唱艺术一直是世界人民了解中国风貌的一个重要渠道。在新中国尚未成立时，中国合唱艺术就走出国门，走向了东欧、苏联、蒙古国等国。后来为了适应国际文化交流的需要，承担起向国内介绍优秀歌舞和向国外传播中国艺术的重担，1956 年，合唱团、管弦乐队和独唱独奏组合合并成为中央乐团。周恩来总理对中央乐团做出指示，要求不仅要把民族乐队办好，还要担起国际文化交流的重任。

1959 年，中央乐团演奏的贝多芬《第九（合唱）交响乐》获得了各方高度赞赏，更是引起了当时在北京演出的德累斯顿交响乐团指挥家伯恩嘎兹的注意。在他的提议下，随后中央乐团和德累斯顿交响乐团共同演奏了贝多芬的交响曲，成为中德文化交流史上的精彩乐章。

二、1967 ~ 1977 年：新中国对外文化交流曲折发展时期

正当我国对外文化交流工作准备进一步向更广泛、纵深领域迈进的时候，1966 年开始了长达 10 年之久的“文化大革命”，它使对外文化交流事业遭受到严重的干扰和破坏。

直到 1967 年，中国仍与一些国家保持艺术团互访。而随着

1971 年联合国恢复中国的合法席位，与中国建交的国家成倍增加，中外艺术团的互访又逐步增多。1972 年，周恩来鉴于我国外交工作开展的需要，经请示毛泽东决定，将有关对外文化交流的综合平衡、与外国商定双边文化交流计划、签订政府间文化合作协定等项工作交由外交部管理；有关艺术表演和艺术展览交流的具体项目，交由中国人民对外友好协会承办。外交部和中国人民对外友好协会根据中央和周恩来的指示，在开展对外文化交流工作方面做了许多工作，使得由于“文化大革命”造成的对外文化交流沉寂一时的局面有了一定的改观。

新中国对外文化交流事业具有一定的特殊性和突围性，是曲折发展的。从近代史不平等的关系中走出来，中国在平等互利的基础上发展对外文化交流事业，扶植和培育各类演艺人才，填补国内文艺领域的空白。从党和领导人主导、文化代表团的相互访问，到外国友人感受中国文化自动创新融合，新中国向外的文化交流渠道越来越宽广；从杂技、京剧到芭蕾舞、钢琴、交响乐，中国文化向外界交往的形式越来越丰富全面；从苏联、缅甸等亚非拉国家再到法国、日本等资本主义国家，新中国对外文化交流的范围越来越广泛，领略到新中国优秀文化魅力的朋友也越来越多。新中国对外文化交流事业的发展过程，也是新中国不断进行文化建设，传承和创新文化，综合国力不断加强，提高国际话语权的过程。

新中国早期的对外文化交流事业在新中国发展史上留下了无法磨灭的印记，为之后的文化交流事业和国内文化事业发展打下了坚实的基础，让后来的中国对外文化交流事业越走越广，让中国在世界的形象更加饱满鲜明。

第二章

1978～1989年中国对外文化交流

一、发展背景：改革开放新时代

20世纪70年代末到80年代，和平与发展成为世界各国人民的普遍愿望和迫切要求。1978年，中国共产党第十一届三中全会决定把全国工作重点转移到经济建设上来，制定了改革开放的战略方针。根据国际形势和国内任务的需要，中国开始奉行不结盟的独立自主和平外交政策，为我们改革开放后的对外文化交流奠定了坚实的战略基础。

党的十一届三中全会开启了改革开放的新时代，对外文化工作迎来了大发展。1978年9月，国务院下达了《关于对外文化交流工作由文化部归口管理》的文件；1981年3月，经全国人大常委会批准，国务院恢复设立国家对外文化联络委员会，专门负责管理对外文化工作；1982年5月，国务院决定文化部、外文委、外文局、出版局和文物局五单位合并为文化部，由文化部主管对外文化工作。这一系列举措为我国在这一时期不断扩展对外文化关系提供了组织和管理上的保证。随着党和国家工作重点的转移和改革开放政策的逐步实施与深入，中国的对外文化交流事业进入了全面开展和日益繁荣的崭新发展阶段。

二、发展情况：发展迅速，影响深远

改革开放以来，中国的对外文化交流既有政府间的友好往来，也有民间的交流；既有由主管对外文化交流部门举办的交流项目，也有友好城市之间的交流计划；既有一般的友好互访，也有各种专业性的考察。各种渠道互相配合，推动着中国对外文化交流事业的迅速发展，改变了过去较多依靠官方渠道安排交流项目的做法，极大地调动了各部门、各地方的积极性。1986 年 7 月成立了全国性的民间文化交流组织——中国对外文化交流协会，主要同世界各国和地区的文化艺术机构、学术团体以及文化界知名人士进行交流和合作，并同各国相应的机构和团体就人员互访和图书交换等事项签订合作协议。此外，中国人民对外友好协会、中国国际文化交流中心、中国国际友谊促进会、中国文联、中国作协等每年都安排许多民间文化交流项目，开展了形式多样、规模不等的交流活动。民间交往成为中国对外文化交流工作的重要组成部分。从 1986 年起，中国对外演出公司通过民间渠道派出的艺术团组都占派出总数的 80% 以上。中国最早的商业性演出开始于 1979 年，有偿和商业演出成为民间文化交流的重要组成部分，是中国对外文化交流事业的新发展。①

1966 年以前，中国派出和接待各种文化团体平均每年约一二百起，五六百人次。而改革开放初期的十年间，仅文化部办理的文化交流项目就达 7 500 起，6 万余人次。对外文化交流从 1979 年的 194 起、3 035 人次迅速发展到 1986 年的 1 075 起、9 499人次，分别是“文革”之前年平均数的 16 倍和 40 多倍。

① 中华人民共和国文化部对外文化联络局：《中国对外文化交流概览》（1949 ~ 1991），光明日报出版社 1993 年版，第 68 ~ 69 页。

这一时期，除了过去派出的歌舞、杂技、民族音乐以及京剧、越剧等少数品种外，还增加了地方色彩浓郁、富有生活气息的黄梅戏、藏剧、新疆木卡姆、相声和川江号子等，还有从西方引进的芭蕾舞、交响乐、歌剧和话剧，在国外演出也受到了各国人民的重视和好评。中国优秀的杂技、歌舞、京剧、地方戏曲和交响乐在许多国家和地区演出时每每引起轰动，出现“杂技热”“京剧热”“地方戏曲热”等。这个阶段我国在国外举办的艺术展览超过500次，文物展览100余次。艺术展览中规模和影响大的有中国明清绘画展、中国历代书法回顾展、当代中国绘画展、齐白石画展、徐悲鸿画展、刘海粟画展、李苦禅画展和中国工艺美术展，不仅展现稀世的出土文物，还囊括各类巧夺天工、优美逼真的民间工艺；不仅有悠久传统的国画、书法、民间剪纸、工艺美术，还有水彩、雕塑、儿童画、农民画等。① 随着中国对外文化交流工作的迅速发展，中国的文化艺术在国外的声誉不断提高，受到国外观众和各国艺术同行的好评和赞许，邀请中国各类艺术家参加国际艺术比赛的越来越多。从1980年到1989年，仅文化部组派的中国艺术家在杂技、芭蕾舞、民族舞、钢琴、小提琴、声乐、器乐等国际艺术比赛中就获得了58个第一名、35个第二名、27个第三名，获得其他名次以及各种单项奖的则达200多项。中国绘画和儿童画作品参加了100多次国际展览比赛，获奖近800个，成绩斐然。② 继1982年在北京举办“亚洲地区保护与发展民间和传统舞蹈讨论会”后，中国参与和举办的多边文化活动逐年增加。促进了中国文化艺术领域内的专家、学者和艺术家与世界各国同行的相互了解与友谊，同时也有利于中国的对外文化交流朝着更宽广的领域发展。建立文化中心是常态化、阵地化

---

① 中华人民共和国文化部对外文化联络局：《中国对外文化交流概览》（1949～1991），光明日报出版社1993年版，第67～68页。

② 中华人民共和国文化部对外文化联络局：《中国对外文化交流概览》（1949～1991），光明日报出版社1993年版，第69～70页。

传播弘扬中华文化的重要手段。1988 年 7 月和 9 月，新中国首批驻外中国文化中心分别在非洲的毛里求斯和贝宁建成并对外开放，成为中国文化最为权威的海外传播阵地。博大精深的中国文化经常性地走入国外民众的文化生活之中，开启了中国对外文化交流的新篇章。在改革开放初期，对外文化交流的规模和范围不断扩大，广度和深度都有新的发展。

1982 年 12 月，中华人民共和国第五届全国人民代表大会第五次会议通过的《中华人民共和国宪法》，在序言中概括了中国外交政策的基本原则："中国坚持独立自主的对外政策，坚持互相尊重主权和领土完整、互不侵犯、互不干涉内政、平等互利、和平共处的五项原则，发展同各国的外交关系和经济、文化的交流；坚持反对帝国主义、霸权主义、殖民主义，加强同世界各国人民的团结，支持被压迫民族和发展中国家争取和维护民族独立、发展民族经济的正义斗争，为维护世界和平和促进人类进步事业而努力。"把对外文化交流列入国家的根本法，使得对外文化交流工作有了进一步的法律和政策依据，同时也为对外文化交流工作明确了任务。

（一）树立改革开放的社会主义中国的良好形象

国家形象关系到一个国家在国际上的地位、国际竞争能力和国家外交目标。中国长期闭关自守，近代又沦为贫穷、落后的半殖民地半封建社会，新中国成立后又受到帝国主义的政治、经济和文化封锁，西方舆论长期以来对中国进行恶意攻击、诋毁以及我们自身在建设社会主义过程中出现的某些失误，如"文化大革命"造成和加深了国际社会对中国的误解。改革开放之初的相当长的一段时期，中国在国际社会特别是西方世界印象中，是一个贫穷、落后、政策多变、动荡不安的国家。中国以前所未有的胸襟打开国门，走向世界，积极争取和充分利用有利的周边和国际环境，推进中国的发展和进步，保证分"三步走"战略目标的实现，是邓小平对外开放理论的核心内容。随着中国改革开放的进行，不断介绍中国真实情况，逐步消除疑虑，澄清误解，树立社会主义中国的崭新形象，成为题中应有之意，也开启了一个长期的、潜移默化的交流过程。

1. 典型交流之一——陕西歌舞剧院的《唐·长安乐舞》。

20世纪80年代初，中国文艺工作者在对古代乐器、雕刻和文献资料挖掘、整理、研究的基础上，创作出一批融“歌、舞、乐”为一体的古乐舞节目，其中较有影响的是陕西歌舞剧院的《唐·长安乐舞》和陕西歌舞团的《仿唐乐舞》，这些古乐舞多次应邀到日本、东欧和北欧一些国家以及香港地区访问演出。《唐·长安乐舞》通过大唐宫廷乐舞盛会里精美的舞段、飘逸洒脱的飞天、婀娜多姿的琵琶反弹和端庄慈祥的仙女群像，营造出了一个美妙绝伦的艺术境界，以其大气磅礴的唐风神韵，演技高超的歌舞表演和规模宏伟、富丽堂皇的舞台艺术成为格调高雅的上乘佳作。日本报纸赞扬说：“《唐·长安乐舞》特点鲜明，造型别致，古香古色，是‘华丽的唐代王朝的画卷’、‘丰富了国际音乐舞蹈宝库，给国际艺术增添了光彩’。”《仿唐乐舞》荟萃历代歌舞所长，兼收西域众多少数民族及国外文化之精华，充分体现了盛唐王朝百国朝贺、民族交融的鼎盛景象和风土人情，气势磅礴，场面壮观。集诗、词、歌、赋于吹奏弹唱，融钟、鼓、琴、瑟于轻歌曼舞。乐曲高亢悠扬，动作舒展流畅，服饰华丽多姿，堪称历代歌舞之最。唐乐舞的兴盛正是盛唐时期歌舞升平、国泰民安的完美写照。保加利亚某市文委主席观看《仿唐乐舞》后说：“我为精彩的演出倾倒！表演的舞蹈、音乐、舞台设计及服装烘托出了中国古代伟大的文明，演出达到了极高的美学标准。”①

---

① 中华人民共和国文化部对外文化联络局：《中国对外文化交流概览》（1949～1991），光明日报出版社1993年版，第343～344页。

2. 典型交流之二——杂技艺术交流。

1986 年 3 月至 4 月，中国人民对外友好协会派遣安徽 15 名杂技演员组成一个精干的演出队去巴基斯坦卡拉奇和尼泊尔首都加德满都进行友好访问演出。15 名演员承担 2 小时以上的一台杂技晚会，这在出访中是少有的，要求演员一专多能。这次演出在 19 天里共上演 14 场，观众达 2 万多人次，获得圆满成功。尼泊尔皇家剧院经理在首场演出结束后上台祝贺说："这是我看到的杂技中最精彩的一场。"在访问演出期间，各国驻巴基斯坦和尼泊尔两国的很多外交使节、政府官员观看了演出，联合国粮农组织代表斯泰拉特夫妇还给大使发来贺信，祝贺演出成功。[①] 1984 年 3 月 8 日，安徽省杂技团组成 25 人演出队赴瑞士与克尼马戏团合作演出。在瑞士的 148 天中，杂技团先后在苏黎世、卢塞恩等 34 个城镇演出 201 场，观众约 60 万人次。中国驻瑞士大使馆、中国对外演出公司、克尼马戏团对这次合作演出都给予很高的评价和热情鼓励。中国驻瑞士大使馆在书面总结中指出："通过这次演出，不但为我国积累了与外国马戏团合作进行商业性演出的经验，为国家挣了一笔可观的外汇，并且大大地帮助了瑞士老百姓对中国的了解，增进了两国人民的友谊和一定程度地提高了我国的声望。"[②]

3. 典型交流之三——体育交流。

美国丹佛大学的著名社会学者蒂姆·西斯克曾指出："一个社会在体育方面的成功反映了这个社会的结构运行良好，如果一个社会在体育方面十分出色的话，这个社会在管理整个社会方面也会相当出色。"体育兴旺与社会稳定、经济发达、文化繁荣是联系在一起的。1982 年、1986 年，中国参加了第九届、第十届亚运会，并在 1990 年成功地举办了第十一届亚运会，3 次金牌

---

①② 安徽杂技团出国演出，http：//61. 191. 16. 234：8080/was40/pdfshzh55/06_03_02. pdf。

总数均为第一。这一时期中国获得的世界冠军有 350 多个，包括许海峰于 1984 年在美国举行的第二十三届奥林匹克运动会上获得的男子自选手枪慢射比赛金牌，从而实现了中国在奥运史上金牌零的突破。1981 年至 1986 年，中国女子排球队在世界杯、世界锦标赛和奥运会上 5 次蝉联世界冠军，成为世界排球史上第一支连续 5 次夺冠的队伍。体操王子李宁 13 次获得世界冠军，邓亚萍、高敏、邢芬等运动员成为世界级的名将。国际体育交往日益频繁，体育竞技水平不断提高，展示了中国充满生机与活力、昂扬向上的精神风貌。

改革开放以来，国际国内环境和对外关系都为中国的对外文化交流提供了空前有利的时机。而中国对外文化交流的开展，在一定程度上改变了中国的国家形象。

（二）增进与世界各国人民的了解和友谊，推动国家关系的发展

1984 年 6 月，邓小平在会见第二次中日民间人士会议日方代表时指出："如果只有两国政府间的合作，而没有民间交往，两国关系是不可能有扎实基础的。"民间的了解和友谊是发展国家关系的基础，长远来讲决定着国家关系的现状和未来。

1. 为中美关系的发展营造了良好的氛围。

中国进行改革开放，把工作重心转移到经济建设上来，在对外关系方面发展与美国的关系是重中之重。1979 年 1 月 1 日中美正式建立外交关系，建交的同时签订了两国政府的文化协定，当时正在美国访问的邓小平副总理和卡特总统分别代表两国政府签字，该协定成为中美建交后最早签署的政府协定之一。建交后，中美之间的文化交流出现了新的局面。中国在美国举办的中国古代宫廷艺术展、七千年文明青铜器展览，中国的交响乐、芭蕾舞民乐、特别是中国的国粹京剧及独具特色的地方戏的演出和中国电影周的举办都产生了较大的影响。

（1）戏曲、乐团美国行。1980 年，北京京剧院一行 74 人，应美国 ICM 艺术演出公司的邀请，携带《十八罗汉斗悟空》《碧波仙子》《拾玉镯》《盗仙草》《雁荡山》等传统剧目，赴美进行为期 3 个月的商业性演出，共演出 82 场，每次演出过程中，热烈的掌声、喝彩声、口哨声、欢呼声都震动着演员的心弦。武戏自然大受欢迎，出人意料的是在赵燕侠主演的《碧波仙子》中有 10 分钟的唱功戏，在国内演出时，往往只是在最后一个唱腔有掌声，而在纽约演出时，这一段演唱就有 3 次掌声，谢幕达 7 次之多，美国最有影响的大报《纽约时报》《华盛顿邮报》等纷纷发表评论，刊登大幅照片，高度赞扬中国的京剧艺术："精彩的武打、细腻的表演、神奇的化妆，加上绚丽夺目的服装，使人看得眼花缭乱。"称京剧"是世界上第一流的艺术"。纽约大都会剧场工作人员说："我们接待过无数外国艺术团，都是世界一流的，但没有像你们这样连续爆满的。"为了庆贺和纪念演出成功，芝加哥市、马萨诸塞州还分别将每年 10 月 18 日和 28 日定为"中国京剧日"。[①] 1983 年，湖南花鼓戏剧团携带传统神话剧《刘海戏金蟾》首次出国访问，在美国纽约、华盛顿、费城三大城市演出十场，场场爆满。在纽约演出时，尽管加了三排座，仍有不少观众席地而坐。观众报以热烈的掌声和赞美声，对剧中所表现的媳妇勤劳而又孝顺婆婆的传统美德予以很高评价。1987 年 10 月，中央乐团应美国 ICM 艺术演出公司邀请赴美国进行商业性演出。这支浩浩荡荡的艺术大军，踏上堪称"交响乐王国"的美国大地，从东海岸到西海岸，行程 8 000 公里，访问了纽约、华盛顿、旧金山等 24 个城市，在林肯中心、肯尼迪中心等世界一流乐团才能进入的音乐厅中演出，引起了美国各界的强烈反响，美国几十家报纸以醒目标题、重要版面予以报道和评论，

---

① 中华人民共和国文化部对外文化联络局：《中国对外文化交流概览》（1949 ~ 1991），光明日报出版社 1993 年版，第 343 ~ 344 页、第 335 ~ 336 页。

称赞乐团演奏得“熠熠发光，轰动了美国”，美国音乐界称赞乐团达到了世界水平。纽约州立大学音乐学院院长帕克斯特诺说：“乐团是一流的。我要写文章提醒美国交响乐团，他们该清醒了，他们遇到了来自中国同行的挑战。”曾与中央乐团合作过的美国指挥家大卫·吉尔伯说：“演出极为成功，听众起立鼓掌，这在纽约是罕见的。”被称为“绅士派”的华盛顿听众，在中央乐团演奏时也曾数次起立鼓掌，许多同行都说这种盛况不多见。“‘绅士派’被你们征服了。”①

（2）中国电影周。1981 年，中美两国第一次有计划地进行了电影文化交流，相互举办了电影周活动。10 月份，在华盛顿、纽约、芝加哥、洛杉矶和旧金山 5 个城市先后举办中国电影周，上映了《舞台姐妹》《青春之歌》《刘三姐》《小字辈》《二泉映月》等故事片。对中国电影知之甚少的美国观众和评论家耳目为之一新，对中国电影有了基本的了解，并普遍认为中国影片内容健康、画面优美、风格明朗、具有浓郁的民族特色。美国电影学院院长菲斯坦堡这样说：“从放映的 5 个影片中，我们看到一个娱乐的和学识的丰富泉源，看到中国人当中的爱国者、艺术家、情侣、工人、年轻的和年老的，他们和我们多么不同，而又何其相似。”电影周活动成为艺术窗口，观众从中领略到了一个国家的历史、社会、艺术和人民生活。这样的作用，只有电影能够神圣而完美地承担下来。这种艺术交流活动的重要性和必要性也在此显露无遗。美国电影代表团团长卡宁夫人参加了美国电影周后，回国谈到电影这个“最伟大的大使”的作用时说：“中国人在几个星期内看到的美国影片，以人民对人民的方式讲了话，这是任何其他方式所做不得的……今年秋天，我们许多人看中国影

① 中华人民共和国文化部对外文化联络局：《中国对外文化交流概览》（1949～1991），光明日报出版社 1993 年版，第 349～350 页。

片时，情况也是如此。”①

中美建交初期，美国民众和从事文化交流的机构对中国传统文化有一种所谓“富有浪漫情调”的好感，对中国的当代文化充满好奇，对与中国开展交流有较大热情。美国政府及基金会之类的团体对与中国交流也给以较多方便和支持。中国的对外文化交流以中国文化特有的魅力对打破两国民众心理上的隔阂、增进美国人民对中国人民的了解和友谊，发挥了特殊的和不可替代的作用。

2. 有助于融解中苏关系的坚冰，推动中苏关系的正常化。

中苏两国互为最大邻国。20 世纪 60 年代在中苏关系紧张时期，苏军在中国北部边境陈兵百万，对中国国家安全构成严重威胁。80 年代初，苏联由于多方面的原因开始向中国发出缓和的信号。1982 年 10 月，中苏两国政府就两国关系正常化问题在北京举行第一轮磋商。1983 年 3 月，中国首先派出代表团参加苏联举办的多边活动“第四届莫斯科国际书展”；同年 7 月，电影《夕照街》等参加“第十三届莫斯科国际电影节”，纪录片《锦绣中华》获特别奖；同年 11 月，翻译家戈宝权、高莽出席在苏联举行的“苏俄文学翻译家第六次国际会议”。根据双方商定的年度文化交流计划，文化交流伴随着中苏关系的缓和开展了起来，其中一些具有中国特色的展演活动在苏联民众中产生了一定的影响。

（1）中国工艺美术展。1985 年，“中国工艺美术展”在苏联举办。展出期间，门庭若市，盛况空前。尽管观众要冒阴雨严寒排队一两个小时才能入场，但仍然兴致勃勃，他们说：“中国人打开了智慧的大门，人可以创造出多么美妙的东西。”“展品令人佩服得五体投地，我完全信服了。”不少人还在留言簿上尽情

---

① 中华人民共和国文化部对外文化联络局：《中国对外文化交流概览》（1949～1991），光明日报出版社 1993 年版，第 371～372 页。

地吐露对中国的友好感情。①

（2）四川木偶剧《玉莲花》。1987年，四川仪陇县木偶团携带神话木偶剧《玉莲花》访问苏联，这是该团首次出国访演，一举成功。大木偶的特点是形体高大似人，神情逼真，人偶同台，真假难分。在苏联演出期间，场场爆满。优美的造型，宛如真人的细腻表演和那些诸如划火柴、吸烟、系斗篷的神奇特技动作，使观众惊叹不已，苏联中央木偶剧院经理说："四川大木偶剧团演出极富表现力，在表现手法上丰富细腻，欧洲木偶还比不上中国，你们的表演征服了所有的观众。"②

50年代中苏两国建立了同志加兄弟的深厚感情，而后中苏政治关系恶化，两国人民把这种美好的感情埋藏在了心底。两国关系出现缓和迹象后，两国人民埋在心灵深处的美好感情再次焕发，对文化交流的热情和文化交流产生的影响成为改善中苏关系和实现两国关系正常化的重要的民意基础。

3. 有助于中日关系在新起点上的健康稳定发展。

1978年8月12日，中日两国外长在北京签署《中日和平友好条约》。10月23日，邓小平和福田首相出席了在东京举行的换文仪式，两国关系正常化在法律程序上完成了最后的手续。《中日和平友好条约》为两国的睦邻友好关系奠定了更加稳固的基础，也为进一步发展两国在各方面的关系开辟了更加广阔的前景。其中在文化方面，条约第三条规定，"缔约双方将本着睦邻友好的精神，按照平等互利和互不干涉内政的原则，为进一步发展两国的经济关系和文化关系，促进两国人民的往来和友谊而努力"。1979年12月6日，两国签署了文化协定。1979～1989年，双方互访的艺术团组和个人总共有95起，中国访日有58起，其

① 中华人民共和国文化部对外文化联络局：《中国对外文化交流概览》（1949～1991），光明日报出版社1993年版，第358～359页。

② 中华人民共和国文化部对外文化联络局：《中国对外文化交流概览》（1949～1991），光明日报出版社1993年版，第352～353页。

中主要有钢琴家刘诗昆（1979 年 6 月）、武汉杂技团（1979 年）、中国京剧院三团两次访日（1979 年 8 月和 1984 年 3 月）、北京京剧团（1982 年 4 月）、山东京剧团（1982 年 9 月）、中国宁夏京剧团（1986 年 9 月）、中国青岛京剧团（1986 年 12 月）、中国京剧院和日本著名歌舞伎演员市川袁之助等在东京合作演出大型新编神话剧《龙王》（1989 年 3 ~ 5 月）等，这些演出都产生了广泛而深远的影响。

京剧艺术大师梅兰芳先生曾三次赴日本演出，中国的传统京剧艺术在日本得到了广泛的传播，具有深厚的群众基础，深受日本各界的赞赏和喜爱。1982 年，庆祝中日建交十周年之际，北京京剧团李玉芙、李崇善等一行 60 余人，应邀赴日演出，他们在两个月的时间里足迹遍及 21 个大中小城市。岛根医科大学教授、著名世界卫生组织循环系统病理学专家家森幸男先生看完《白蛇传》，回到家立即用英文给李玉芙写信：“能够看到当代举世闻名的京剧表演艺术感到非常荣幸……用优美的舞蹈和唱腔艺术深深感动了我们松江人民，给我们留下了永不磨灭的最愉快的记忆。鉴于表演艺术和音乐是国际语言，我们能理解。”陪同家森教授看戏的他的学生——到日本留学的上海青年医师王洪说：“看戏那天，家森教授为了向演员献花、合影，没顾得上吃晚饭，看完戏完全被京剧艺术所陶醉，特意饮酒庆贺，并让我陪伴，我不会喝酒，教授非让破例，一直说：‘今天是中国日！’”一对叫林濑天治的老夫妇，从千叶县专程赶到东京看《白蛇传》，两位老人满意地看完演出，不忍离去，恭候在饭店门口，一直等到午夜 12 点，非要同演员见见面，他们的目的终于达成，兴奋地说：“我早就知道梅兰芳，今日看了梅兰芳弟子的演出真高兴。”然后要求签名并送了纪念品。剧团离开东京前两天，两位老人还打电话非要送行。结果他们又一次特意到东京，恳切地对李玉芙说：“希望您再到日本时，一定住到我们家里，住住我们的和式房屋。”这是日本人民表示对客人最欢迎的意思。[①]

邓小平从战略的高度来看待中日关系，指出要“把中日关系放在长远的角度来考虑，来发展。第一步放到二十一世纪，还要发展到二十二世纪、二十三世纪，要永远友好下去，这件事超过了我们之间一切问题的重要性”。[②] 青少年之间的了解和友谊决定着中日关系的未来。京剧团赴日演出的一个突出特点是青年观众居多，一些中学还专门组织学生看《霸王别姬》，因为《刘邦与项羽》是日本的畅销书。他们为学习中国历史来看演出，事实上他们不仅看懂了，而且被京剧艺术征服，他们在剧场门口等着，狂热地要求演员在字典上签名，还有的学生在节目单上写上“日中友好”的字样，高高举起，来回摇晃……[③]

1984 年，以梅兰芳先生子女梅葆玖、梅葆玥为首的北京京剧院三团赴日演出时，受到格外热烈的欢迎。首场演出，掌声多达 40 多次。剧终多次谢幕，日本七家电视台播放了新闻。日本各界对赴日演出团的表演艺术给予了很高评价。早稻田大学研究日本歌舞伎的专家都司正胜教授说：“我看了真正的古典艺术。《贵妃醉酒》很壮观，表演细腻动人。”[④] 舞蹈家花柳千代说：“你们的演出太精彩了，我要再看看，欣赏中国的古典艺术感到格外亲切，我更想访问中国了。”[⑤] 大阪“话剧人社”的柳川先生说：“日本戏剧界很多人像神一样崇敬梅兰芳先生，他高超的艺术造诣，精益求精的严肃精神和谦恭的人品，给日本老一代戏

① 中华人民共和国文化部对外文化联络局：《中国对外文化交流概览》（1949～1991），光明日报出版社 1993 年版，第 332～333 页；文川：《中国戏曲在国外——1984 年戏曲在国外演出和学术交流活动综述》，载《戏曲艺术》1985 年第 1 期。

② 《邓小平文选》第三卷，人民出版社 1994 年版，第 53 页。

③ 齐建昌、宋大声：《表演艺术和音乐是国际语言——京剧艺术在日本》，载《戏曲艺术》1982 年第 4 期。

④⑤ 文川：《中国戏曲在国外——1984 年戏曲在国外演出和学术交流活动综述》，载《戏曲艺术》1985 年第 1 期。

剧家留下了深刻的印象。"[1] 梅先生的旧交松尾国三先生的夫人感动地说："老一辈建立起来的中日友好，要靠你们一代代传下去。"[2]

1985 年三四月间，中国京剧院三团再次应邀赴日本参加"歌舞伎京剧比较公演"活动，这是一次别开生面的同台演出，也是中、日两国"国剧"艺术家友谊的盛会。日本人士评价说："这些戏结构紧凑，扣人心弦。演员们翻打扑跌，动作敏捷激烈，武旦演员的'打出手'，手足并用，准确无误地接踢四面八方飞来的缨枪，他们经过长期刻苦训练的精湛技艺，令观众目不暇接。"演员们还示范了京剧的基本动作，武将的亮相、乘马，武丑的特效技巧等，令人回味无穷。这种大胆的尝试，取得了很好的效果，加深了日本观众对京剧艺术的理解。有人评论说，这次比较演出，是中日艺术交流的新发展，是一个"划时代的壮举"。[3]

1982 年，是中日邦交正常化十周年，两国政府首脑确定了发展中日关系的三项原则，即和平友好、平等互利、长期稳定。1983 年 11 月，胡耀邦访问日本。在同中曾根康弘首相会谈时，双方同意在中日关系三原则的基础上增加"互相信赖"的内容，表示要按"四项原则"进一步发展中日友好合作关系。1983 年 11 月，邓小平在会见宇都宫德马时说："一个多世纪以来，日本军国主义的所作所为，受害的不仅是中国人民和亚洲其他国家的人民，日本人民也是受害者。我们赞赏日本舆论界、政治界的许多人士对这种倾向持批评态度，持警惕态度。对付这种军国主义倾向，不仅要加强批评、揭露，而且要扎扎实实地做一些发展我

---

① 文川：《中国戏曲在国外——1984 年戏曲在国外演出和学术交流活动综述》，载《戏曲艺术》1985 年第 1 期。

② 中华人民共和国文化部对外文化联络局：《中国对外文化交流概览》（1949～1991），光明日报出版社 1993 年版，第 332～333 页。

③ 中华人民共和国文化部对外文化联络局：《中国对外文化交流概览》（1949～1991），光明日报出版社 1993 年版，第 333 页。

们两国和两国人民之间友好关系的事情，加深我们之间的友谊，加深我们之间的了解，加深我们之间的感情。”[①] 中日关系专家普遍认为，1972年到1989年是中日复交后的一个黄金时代。

4. 推动中国与其他西方国家关系的发展。

欧洲国家有着深厚的文化底蕴，古老、文明的中国与它们在这方面是相通的，对外文化交流是改善和发展与西方国家关系的一个重要途径。改革开放初期，中国对西方国家的文化交流进入迅速发展的新阶段。

（1）赴英——“中国电影45周年回顾展”。20世纪80年代初，“中国电影45周年回顾展”在英国伦敦举办，这次回顾展是中国电影在世界上第一次全面的展映，作为中国电影对外交流史上的一大盛事而载入史册。回顾展规模之大，内容之丰富是前所未有的，在近一个月的时间里，共放映了从1935年至1979年45年间摄制的、反映中国各个历史阶段的社会与生活的影片30部，其中包括30年代的《马路天使》《十字街头》，40年代的《一江春水向东流》《乌鸦与麻雀》《八千里路云和月》，50年代的《我这一辈子》《家》《龙须沟》，60年代的《祝福》《李双双》等。从这些题材众多、个性鲜明、风格多样、许多已具有国际水准的影片中大致可以看出中国电影的跋涉历程。展演第一次让国外的专家和观众对中国电影有了较全面的了解。伦敦回顾展的成功引起了国际上的广泛注意和连锁反应，不少国家发出邀请，争相举办“中国电影回顾展”，同时开展对中国电影的研讨活动。英国影评家托尼·雷恩斯在很短的时间内完成了内容翔实的《中国电影45年》这本参考资料，起到了很好的宣传作用。[②] 1985年7月，北京京剧院四团一行35人，携带新编历史剧《三打陶

① 《邓小平文选》第三卷，人民出版社1994年版，第230～231页。

② 中华人民共和国文化部对外文化联络局：《中国对外文化交流概览》（1949～1991），光明日报出版社1993年版，第371页。

三春》和一台传统折子戏，应邀参加英国伦敦国际戏剧节和莫尔坎姆与兰开斯特第九届国际民间艺术节，在一个多月的时间里共演出 36 场，受到观众的热烈欢迎。《泰晤士报》《金融时报》等英国大报都做了大量的评论和报道，称赞“京剧是世界上最宝贵的财富。京剧服装之美，令人叹为观止，给人们带来无穷的欢乐”。著名戏剧评论家霍尔先生观看演出后走上舞台，激动地大声喊道：“了不起，京剧！真了不起！唱、念、做、打，样样俱全，它是西方歌剧所无法媲美的。”第二天，他又在报上发表文章，称赞道：“京剧是一种历史悠久、十分独特全面的戏剧，它比歌剧要丰富得多。”①

（2）赴法——中国中山王国出土文物展、侗族大歌演出。1984 年“中国中山王国出土文物展”在法国展出，近 3 个月的时间里观众达 8 万多人次。146 件战国时期的珍贵文物，使观众感到惊异，展厅内充满着赞叹声，有的观众说：“这些展品竟出自公元前 4 世纪的人之手，不可想象。”“过去只知道中国历史悠久，看了这些无价之宝，才知道几千年前就有这样的聪明才智。”② 1986 年 9 月，贵州黎平、从江两县的侗族大歌歌手应法国巴黎秋季艺术节的邀请赴法演出。首场演出安排在夏乐宫国家剧院。高标准的礼遇和高规格的演出场地，使侗族姑娘们有些心慌。作为艺术节总顾问的当德尔亲切地安慰大家说：“过去，到这里来演出的都是各国杰出的艺术家。你们来了，本身就是胜利，也就是最大的成功！”10 月 3 日，演出开始时，舞台上静悄悄。当这些缀耳环、带项圈、身着黑色民族盛装的侗族姑娘，在叮叮当当的银饰碰撞声中，迈着平稳的步伐缓缓出来时，平时看惯了飞旋舞步、听惯了强烈音响的巴黎各界的社会名流，意外地

① 中华人民共和国文化部对外文化联络局：《中国对外文化交流概览》（1949 ~ 1991），光明日报出版社 1993 年版，第 334 页。

② 中华人民共和国文化部对外文化联络局：《中国对外文化交流概览》（1949 ~ 1991），光明日报出版社 1993 年版，第 359 页。

观赏到了纯正、朴素、雅致的“东方美”，全场立即爆发出暴风雨般的掌声。当姑娘们开始演唱第一首歌——《自己许配才如意》时，会场突然静下来，静得连一根针落地都听得出来。巴黎观众惊奇地发现，侗族的演唱自成规则：不借助话筒，也不需要乐队伴奏，先由一个人领唱，然后合唱，不知不觉中，歌队又分成两部：低声部担任主旋律，高声部成为支声复调，巧妙地点缀着主旋律。继而，低声部又派生出一部分拖腔声部，不仅一直平稳地延续着，中间还加进模仿鸟叫、虫鸣和小河流水的声响。一时间，人类的情感、悠扬的音乐和大自然的美妙声响，高度和谐地交融在一起。首场演出取得了完全的成功。艺术节执行主席马格尔维特激动地对法国《世界报》《解放日报》及法国各电台、电视台等媒体说：“在东方一个仅百余万人的少数民族，能够创造和流传这样古老、纯正、闪光的声乐艺术，在世界上实为少见。它不仅受到法国观众的喜爱，就是全世界人民也都会喜爱的。”在这次艺术节上，侗族大歌共演出了 6 场，场场爆满，一场比一场热烈。从第四场起，剧场前面的过道上、后面的通道上都“人满为患”。最后一场姑娘们一口气唱了 20 余首歌，赢得了长达 15 分钟的雷鸣般的掌声。法国各电台、电视台的音乐编辑们高声宣布：“侗歌，是第一流的艺术，我们要向全世界播放!”卢森堡、马德里的电视台也赶到演出现拍摄并在当地隆重播放。法国《世界报》发表了题为《迷人的侗族复调歌曲吸引了西方观众》的评价文章，“精炼优雅的侗歌，可以和意大利歌剧媲美。无疑，在秋季艺术节中，侗歌是最给人们启示的节目之一，也是秋季艺术节的重要发现和成就之一”。《解放日报》也发表专题述评说：“侗族大歌是最有魅力的复调音乐，这种音乐要比纯粹遵循中国传统严格规则的音乐更能很快地为西方观众所接受。可以肯定，这些侗族歌唱家比起八九世纪之前西方复调音乐初期的任何专业音乐家都要高明!”在法国的奥地利籍音乐家彼雷称赞道：“侗族大歌的多声音乐织体与一般合唱不同，它个性独特，优美动听，使人感到非常新鲜，然而又印象深刻。”在联合国教科文组织工作的台湾同胞丘淑华女士看完演出后在现场眼含热泪同侗族姑娘长久地握手，激动得断断续续地发表观感：“好啊，中华儿女是好样的……我们高兴地分享了大陆同胞成功的喜悦！”侗族大歌在巴黎所展示的艺术魅力，震撼了秋季艺术节，令以艺术欣赏的高水平而闻名于世的法国巴黎观众为之倾倒，创造了一个神奇而美丽的秋天的童话。

（3）赴德——昆剧演出。具有300多年历史的古老剧种昆曲，在国内尚且曲高和寡，20世纪80年代，江苏省昆剧院访欧演出竟然场场爆满，不少持站票者大多席地而坐，静静地看着、听着、品味着。《游园惊梦》一场演完后，大幕未合，掌声雷动，谢幕长达10分钟。德方负责人希格荣先生高兴地说：“今天全柏林都在为你们祝贺，实践证明昆剧能够为西欧观众接受。”意大利国家电视台称赞说：“在300年前的东方和西方，几乎同时升起了两颗艺术明星：西方的歌剧和东方的昆剧。昆剧耐看，耐听，耐人寻味。”报刊称赞昆剧演员炉火纯青的高超技艺“具有一股强烈的吸引力，他把歌舞、身段、眼神、步法高度结合在一起的表演，是西方观众从未见过的艺术精品”。柏林自由大学决定增设昆剧课，戏剧研究所主任要求将三台戏全部录像，供学生上课作为教材使用。拥有500万读者的西柏林画刊《镜报》总编观看演出后，准备派人专程去南京采访，准备为昆剧出专刊。①

（4）赴欧——各类演艺剧目。改革开放以来，各类演艺团体纷纷应邀出访，以各自特有的风格和技艺，在对外交流中赢得了海外观众的热烈掌声。

1980年9月至11月，人艺话剧《茶馆》应邀赴德国、法国、瑞士等国演出，这是中国话剧第一次走出国门。演员们用汉

① 中华人民共和国文化部对外文化联络局：《中国对外文化交流概览》（1949～1991），光明日报出版社1993年版，第337页。

语演出，由于事先准备好同声传译，所以观众完全能听懂剧中的对白，扣人心弦的精彩演出深深吸引住广大观众，随着剧情的起伏时而喜悦，时而忧心，优秀的文化艺术是没有语言隔阂、不受国界局限的。每场都获得观众们的热烈欢迎，在曼海姆剧院首场演出后，观众鼓掌达七八分钟之久，团长和演员们一再谢幕 24 次之多。在弗莱堡最后一场演出结束时，观众的掌声更像雷鸣一般，演员们不得不在观众热情的欢呼声中先后谢幕 30 多次。汉诺威国立剧院院长说："你们这个戏有三个特点：剧本好、导演好、演员好。这个剧本是不朽的作品，你们的演出是具有世界水平的，演员是具有世界水平的。"《茶馆》演出团应邀到法国演出时，正值法兰西戏剧院建成 300 周年。在巴黎演出的 6 场，每次都博得长时间的掌声，幕间休息和散场时，观众议论十分热烈，在斯特拉斯堡演出的一场，剧场在戏票卖完后，不得不临时加卖站票，闭幕时观众欢呼叫好声不绝。法国《费加罗报》在评论中写道："72 个人物使人们在两个半小时内生活在中国半个世纪的历史中。" 11 月 9 日，《茶馆》演出团作为瑞士苏黎世市长魏特曼先生的客人，到苏黎世访问演出。早在《茶馆》剧团到达苏黎世前，苏黎世电视台便组织了"中国文化"专题节目，播映了从联邦德国买去的《茶馆》录像片段。苏黎世闹市区早就张贴了海报，两场演出的入场券很快销售一空。10 日晚间，《茶馆》在苏黎世举行首场演出。剧场里座无虚席，同声传译使得苏黎世人看懂了话剧的每一个细节。演员们发现，如同在国内演出一样，哪儿该乐、该急、该忧、该愁，苏黎世人都做出了恰如其分的反应。演出结束后，许多观众涌到后台，请演员签名留念。第二天，苏黎世各报发表了文章、剧照，热烈祝贺《茶馆》在瑞士首演成功。有一家报纸以《茶馆：记载了半个世纪的历史》为题，高度赞扬了老舍先生这一不朽的名剧。①

① 《老舍名剧〈茶馆〉誉载西欧》，载《人民日报》1980 年 11 月 15 日。

1982 年 8 月至 11 月，为执行中国同希腊、比利时、卢森堡、联邦德国、马耳他的文化协定和文化交流计划，安徽省杂技团赴上述 5 个国家进行为期 86 天的友好访问演出，在希腊的雅典，比利时的布鲁塞尔、卢森堡，联邦德国的波恩、西柏林、慕尼黑、汉堡和马耳他首都瓦莱塔等 23 个城市演出了 61 场，观众达 10 多万人次，每场演出都受到了极其热烈的欢迎。卢森堡首相皮埃尔·维尔纳观看了演出后说，“中国杂技是独一无二的”，“所有的节目都很精彩”。1983 年，安徽杂技队一行 12 人应奥地利维也纳市政厅的邀请，参加在维也纳举行的“国际杂技马戏节”，从 2 月 4 日至 3 月 10 日，演出了 39 场。参加这次杂技马戏节演出的有中国、瑞士、民主德国、西班牙、罗马尼亚和意大利等 6 个国家。维也纳《信使报》两次刊登《顶碗》剧照，并两次发表评论：“中国节目给整个演出增添了光彩。”1985 年秋天，安徽杂技团在德国和瑞士访演两个半月，观众反映强烈，应接待单位盛情挽留，又延期 3 个月。报刊评论说：“这样的演出是身体、智慧、精神完整的统一和协调，我们这里的人从未见过，来自东方的艺术家，把德国的观众如同放在手心里一样给征服了。”圣诞节晚上，德国电视一台、三台在播放了总统的祝词后，播音员接着说：“今晚上的圣诞节，大家都愿意过一个愉快的夜晚，我们将推荐一台来自中国伟大杂技艺术家的表演，他们的表演使人入迷，你们不信，请自己欣赏吧!”接着，把该团一个半小时的整台节目，作为节日的礼物，向全国播放。后来，电视二台在向全国报告 1985 年德国所发生的几件大事时，把中国杂技团在他们国家巡演作为大事之一，并播放了几段杂技演出的镜头。①

1983 年 3 月，江苏省京剧团携带《孙悟空大闹天宫》《赤桑

① 中华人民共和国文化部对外文化联络局：《中国对外文化交流概览》（1949 ~ 1991），光明日报出版社 1993 年版，第 330 ~ 331 页。

镇》《三岔口》《虹桥赠珠》等九出戏赴澳大利亚演出。3 月 15 日，首场演出座无虚席。当大轴戏《虹桥赠珠》演毕，剧场沸腾，观众席上发出雷鸣般的掌声，欢呼声经久不息，谢幕多达八次。剧场工作人员高兴地说："这么精彩的演出，这么激动的观众。整个剧场如此轰动，这是多年来第一次。"京剧团为救济维多利亚州丛林大火受害者，在墨尔本举行专场义演。当江苏京剧团团长张辉把义演的全部收入交给州政府艺术部长马修斯时，他激动地说："我们接受过许多捐款，但没有比这次更使我感动的了。这是你们崇高的情谊，是你们高超艺术的结晶。"①

1984 年秋，内蒙古京剧团一行 40 人携带京剧中的特别受外国观众喜爱的《闹天宫》等传统猴戏剧目赴欧洲访问演出，由李万春和李少春亲授的家传弟子李小春扮演孙悟空，受到热烈欢迎和高度评价。其中"偷桃""盗丹"两段表演细腻逼真，唱腔优美动听，观众对一招一式、一板一眼都报以热烈的掌声。11 月5 日晚在西柏林国际会议中心剧场演出，4 500 个座位全满，还售出加座票和站票 500 多张。演出过程中不断响起掌声和口哨声。最后谢幕时，上百名观众涌到台前，团团围住美猴王李小春要求握手、签名和拍照。尽管李小春在台上已翻、滚、打、斗了两个多小时，勒着头，穿者戏装，又累又热，满头大汗，他还是一一为观众签字，满足大家的要求。当他筋疲力尽地回到后台时，其他演员已卸完妆等待上车了。像这样的场面和动人的情景，在荷兰、比利时、瑞士和匈牙利也曾多次出现，演员们高兴地说："我们京剧在欧洲有知音。"②

1985 年夏季，四川省川剧院携带传统剧目《白蛇传》《挡马》《秋江》等参加以介绍东方文化为宗旨而重点突出中国文化

① 文川：《中国戏曲在国外——1983 年戏曲在国外演出和学术交流活动综述》，载《戏曲艺术》1983 年第 3 期。

② 中华人民共和国文化部对外文化联络局：《中国对外文化交流概览》（1949～1991），光明日报出版社 1993 年版，第 334～335 页。

艺术的西柏林第三届“地平线”艺术节，之后又分别转赴荷兰、瑞士、意大利等国访问演出。川剧被安排在艺术节首场演出，反应强烈，轰动了柏林。《每日镜报》说：“川剧团在西欧的首次演出是一次巨大的成功，同时也是第三届艺术节的成功。”《法兰克福日报》形容说：“观众表现出只有在观看意大利歌剧时才有的那种狂热激情”，“他们成了昨晚演出的狂热崇拜者，售票处被层层叠叠地包围着，迟到的观众被关在门外，待演出开始半小时以后才准入场”。《新苏黎世报》称赞川剧“是一个超越国界的戏剧艺术，这一艺术是人类为全人类创造的”，认为色彩鲜艳的服装和脸谱，舞台布景的诗情画意，演员表演技巧的完美无缺，快速的变脸技巧，以及无比激烈的武打场面，“这一切给在座的内行和外行都带来一次丰富和令人激动的经历”。①

1987 年，由中央音乐学院青年教师和学生组成的平均年龄只有 21 岁的中国青年交响乐团访问了欧洲六国，首次登上了西方舞台。瑞士日内瓦的观众见多识广，被人们称为最挑剔的观众。然而当中国青年交响乐团在这里拉开演出序幕时，门票早已售完。演奏时，听众屏气聆听，曲终，掌声雷动，以致《日内瓦论坛》惊呼：“维多利亚音乐厅险些被掌声震塌。”意大利观众更为热情，在米兰演出时，2 000 余座的音乐厅内座无虚席。在英国，出席音乐会的多是文质彬彬的名流雅士。然而，终场时，观众竟在外交大臣杰弗里·豪的带领下，全体起立，随着乐团雄壮的《军队进行曲》放声高唱起来。②

5. 有助于增强与第三世界国家的传统友谊。

1982 年 8 月，邓小平在同联合国秘书长谈话时说：“中国的对外政策是一贯的，有三句话，第一句话是反对霸权主义，第二

① 中华人民共和国文化部对外文化联络局：《中国对外文化交流概览》（1949～1991），光明日报出版社 1993 年版，第 336～337 页。

② 中华人民共和国文化部对外文化联络局：《中国对外文化交流概览》（1949～1991），光明日报出版社 1993 年版，第 349 页。

句话是维护世界和平，第三句话是加强同第三世界的团结与合作，或者叫联合和合作。”① 1983年6月中国政府宣布：“第三世界是反对帝国主义、殖民主义、霸权主义的强大力量。中国是第三世界的一员。加强同第三世界国家的团结和合作，是中国外交工作的根本立足点。”② 60年代，中国提出的外交政策包括依靠广大亚非拉国家的内容，对外文化交流主要针对第三世界国家，改革开放初期，中国继承了这一传统，继续发展对第三世界国家的文化交流。

（1）典型交流之一——杂技演出。

1979年10月，安徽省杂技团组成45人演出团，受文化部派遣赴马里、塞拉利昂、几内亚比绍、利比里亚、贝宁等西非6个国家进行友好访问，历时718天，受到6个国家政府的热情接待。6个国家的领导人和政府高级官员观看了演出，演出赢得了非洲观众的高度赞誉，他们普遍用“难以置信”“无与伦比”“卓越”“非凡惊人”等词汇来形容杂技演出。在尼日利亚，杂技团还应邀到总统府举行演出。③

1985年7月，中国杂技魔术小组一行10人，飞往南太平洋几个岛国访问演出。在仅有3万居民的萨瓦伊岛，杂技团演出了两场。散场后，观众纷纷涌来，紧紧地握着演员的手高呼：“中国伟大！”有的说：“多少年来，只有中国艺术团到这个遥远的海岛为我们演出，你们的演出为我们子孙后代播下了友谊的种子，我们岛上的人民，特别是孩子们将永远记着你们。”在斐济演出时，天气炎热，为满足当地居民的要求，演员们披着像皮袄一样的狮子皮，汗流浃背，坚持演出狮子舞，

① 《邓小平文选》第二卷，人民出版社1994年版，第415页。

② 《中华人民共和国第六届全国人民代表大会第一次会议文件汇编》，人民出版社1983年版，第37页。

③ 安徽杂技团出国演出，http：//61.191.16.234：8080/was40/pdfshzh55/06_03_02.pdf。

接待人员感动地说："你们不仅演得好，而且心地好，你们太辛苦了，你们的演出和你们的友好态度，将成为我们五年内谈论的话题。"①

1987 年，云南杂技团赴墨西哥演出近一年之久，仅在墨西哥城一个多月的近百场的演出中，3 000 座位的场地，场场爆满，创当地马戏界最高纪录。主持演出的墨西哥马戏老前辈赫苏斯先生激动地说："我创业半个世纪，马戏通常在人们心目中的地位并不高，上流社会和新闻界是从来不光顾的，如今，德拉马德里总统夫人成为墨西哥第一位走进马戏棚的总统夫人，还是中国杂技团为我们争得了荣誉和社会地位。"他拿起话筒，向全场观众介绍说："这是中国的杂技艺术家，他们来自太阳升起的地方，中国万岁！中国杂技万岁！"②

（2）典型交流之二——中国工艺品赴坦桑尼亚交流。中国工艺品曾几次参加坦桑尼亚"77 国际博览会"。1987 年在坦桑尼亚展出时，坦桑尼亚革命党主席尼雷尔和总理、议长等高级领导人前往参观。展出 11 天，观众近 20 万人次，观众们说："中国的工艺品简直是登峰造极了，世界上再找不到第二家了。"议长还表示要他们的青年人来中国学习这门艺术。1989 年又一次出展时，为祝贺展览获得成功，坦桑尼亚总统姆维尼亲自向中国随展组颁发奖状和奖杯。③

（3）典型交流之三——"中国磁州窑陶瓷展"于土耳其展出。磁州窑具有数千年的历史，是中国著名的瓷窑之一。1989 年，由 200 多件展品组成的"中国磁州窑陶瓷展"在土耳其展出，得到了观众和专业人士的喜爱和好评。他们说："展品丰富

---

① 中华人民共和国文化部对外文化联络局：《中国对外文化交流概览》（1949 ~ 1991），光明日报出版社 1993 年版，第 329 页。

② 中华人民共和国文化部对外文化联络局：《中国对外文化交流概览》（1949 ~ 1991），光明日报出版社 1993 年版，第 331 页。

③ 中华人民共和国文化部对外文化联络局：《中国对外文化交流概览》（1949 ~ 1991），光明日报出版社 1993 年版，第 359 页。

多彩，独具特色，使我们陶醉于艺术享受之中。”有位陶瓷专家说：“看了这个展览，土耳其陶瓷源于中国这一历史结论得到了最好的证明。”①

（三）有助于为改革开放营造良好的周边和国际环境

1978年，我国GDP相当于美国的6.5%、日本的15.2%、联邦德国的20.6%，但中国当时与国外先进技术水平的差距比GDP的差距还要大。当年联邦德国一个年产5 000万吨褐煤的露天煤矿只用2 000名工人，而中国生产相同数量的煤需要16万名工人；法国戴高乐机场一小时起降60架飞机，而北京首都国际机场一小时起降2架；日本东京的大型商店商品多达50万种，而北京的王府井百货大楼仅有2.2万种……中国当时给世界留下的最深的印象就是僵化。② 不难想象，这样一场深刻的变革，外部环境极为重要。经济建设的开展，资金、技术、先进管理制度的引入等，都需要一个和平宽松的国际环境。艺术源于生活，中国的文化艺术反映着中华民族的历史传统和现实生活。艺术高于生活，中国的文化艺术又是我国各族人民多年来对生活的感悟，体现着他们的追求与梦想。对外文化交流一方面以其他国家易于接受的方式来进行，另一方面在文化艺术作品中隐含着本国的价值观。中国的对外文化交流在营造良好的周边和国际环境中发挥着独特的作用。

1.《丝路花雨》。

甘肃省歌舞团以闻名中外的敦煌壁画和“丝绸之路”为题材创作并演出了大型历史舞剧《丝路花雨》，展现了我国盛唐时期，敦煌莫高窟画工神笔张和女儿英娘，在茫茫的戈壁滩上解救

---

① 中华人民共和国文化部对外文化联络局：《中国对外文化交流概览》（1949～1991），光明日报出版社1993年版，第359页。

② 纪双城、乔生等：《中国改革，最复杂也最成功》，载《环球时报》2008年12月24日。

了一名被狂风沙浪吞没的波斯商人伊努思，结成异国知己后，神笔张父女和伊努思在危难时刻互相援救、互传技艺、生死与共、为发展两国人民的深厚友谊而斗争的故事，歌颂了我国古代劳动人民的创作才能和中华民族同世界各国人民的传统友谊。从1979年12月开始至1985年9月，在不到6年时间里，甘肃省歌舞团连续6次出访，先后到过日本、朝鲜、法国、意大利、泰国、苏联和中国香港等地，轰动一时。各地观众不仅为它的头饰、服装、布景所倾倒，而且对优美的舞姿、动人的故事情节赞叹不已。《丝路花雨》在东京演出时，正赶上15年不遇的大雪，致使交通瘫痪，但依然场场满座，观众反映："太精彩了，这才是真正的艺术。"日本戏剧评论家尾崎认为："《丝路花雨》剧不仅再现了东方艺术精华——敦煌艺术之美，而且是中国经历了'十年动乱'之后，文艺界绽开的一朵鲜花。"

1981年该团134人访问朝鲜，金日成在接见时称赞说："《丝路花雨》剧演出精彩、严谨，非常好，演员技艺高超，舞剧反映了爱国主义的精神，反映了当时中国和邻邦的友好关系，是一部有很大成就的作品。"此后该剧相继赴法国、意大利、日本、泰国、苏联、土耳其、美国、西班牙、英国演出。美国纽约市长爱德华·科奇说："演出精彩，在纽约再没有其他团体比你们更好的了，我作为纽约市长邀请你们去纽约。"《匹兹堡新闻邮报》称："在经济衰退的日子里，你将很难看到像《丝路花雨》舞剧这样瑰丽多姿的优秀作品，上百人的丝绸舞衣，把世界上所有最美的颜色全都包括进去了。"荷兰著名导演伊思说："这是一个具有民族风格的舞剧，表现中国人民自古以来就与各国人民有友好的联系：这是一个展现美好的舞剧，对中国社会主义远景有很好的表现，希望将来有更多的《丝路花雨》。"①

---

① 中华人民共和国文化部对外文化联络局：《中国对外文化交流概览》（1949～1991），光明日报出版社1993年版，第346～347页。

2. 木偶艺术。

1978 年 12 月，应澳大利亚国际木偶团邀请，扬州木偶剧团一行 10 人前往澳大利亚访演。首场演出结束时剧场一片欢腾，观众两次起立欢呼。在艺术节闭幕式上，该节主席讲话时热情赞扬中国木偶艺术精湛，演出动人，提议全场起立向中国木偶团热烈鼓掌致意。应澳观众的要求，该团延长访期 20 天。1984 年，中国扬州木偶剧团访问日本，在东京等 34 个大中小城市演出 50 多场，几乎场场满座。日本报纸评论说："中国扬州木偶剧团的演出栩栩如生，有着细腻的动作，美丽的服装，精彩的特技，高超的技艺，使木偶不是真人胜似真人，是世界第一流的艺术。"1985 年陕西木偶团应邀参加柏林（西）"地平线"国际艺术节，演出《孙悟空三借芭蕉扇》等剧目，《柏林晨报》评论说："这是一出美不胜收，每一个细节表演都令人赞叹不已的戏，他们在空中飞，水中游，地上跑，变化无穷，使剧场变成了木偶世界。幸亏观众时而发出轻叹声，才使人们又回到了现实中。"①

3. 人艺话剧。

1980 年 9 月，北京人民艺术剧院一行 78 人，携话剧《王昭君》赴香港地区演出 8 场，受到当地话剧界、新闻界的赞扬，认为"这出抒情话剧的舞台处理令人耳目一新"，是话剧艺术的精品。《王昭君》是曹禺受周恩来嘱托而编写的历史剧，经过了长时间的酝酿和构思，剧中表现出深刻的民族团结和文化交流内涵。之后，北京人艺携带话剧《茶馆》，于 1980 年 9 月至 11 月访问德国、法国、瑞士，1983 年访问日本，1986 年 6 月访问新加坡，均取得成功。《茶馆》漫步于世界剧坛，创造了一次又一次座无虚席的神话和持久不断的掌声。跨越了语言和文化的《茶

---

① 中华人民共和国文化部对外文化联络局：《中国对外文化交流概览》（1949 ~ 1991），光明日报出版社 1993 年版，第 352 ~ 353 页。

馆》在国际上好评如潮，更被誉为“东方舞台上的奇迹”。[①]

改革开放初期，在党的外交政策和文化政策的指导下，中国改善发展了与大国的关系，与周边邻国的关系比较稳定，加强了与第三世界国家的团结与合作，为中国改革开放赢得了一个良好的环境，中国在国际舞台上树立起热爱和平的、负责任的大国的形象。

民主和法制化的政治体制开创了我国对外文化交流的新局面。中国民主与法制的方略，是在世界民主化、法制化的潮流下，在中国革命与建设的实践中形成的，并成为我国社会主义法制建设的指南。“社会主义要赢得与资本主义相比较的优势，就必须大胆吸收和借鉴人类社会创造的一切文明成果，吸收和借鉴当今世界各国包括资本主义发达国家的一切反映现代社会生产规律的先进经营方式，管理方法。”[②] 民主和法制化的政治体制，不仅具有重大的理论意义，还对我国建设社会主义文化的实践具有重大现实意义，为我国对外文化交流打开了新局面。民主法制改革立足于开放性和国情的统一，促进了我国对外文化交流事业的发展。

同时，民间文化交流成为推动我国对外文化交流的重要力量和因素。文化交流是人与人之间交流的纽带，也是国家与国家之间、民族与民族之间交流的基础，交流才有沟通，沟通才能理解。民间文化交流根据对外文化交流主体不同分为两种形式。第一种以非政府文化组织为民间对外文化交流主体。在我国，非政府组织的定义比较宽泛，泛指“除政府、企业之外的人民团体、社团组织、行业协会、基金会以及其他各种非营利性民间机构”。第二种以社会知名人士和普通群众为民间对外文化传播主体。在改革开放初期，我国涌现出很多在各自的领域内取得了卓越成就

① 《〈茶馆〉的风雨五十年》，中国网，www. china. co. cn/2009 - 01/06。

② 《邓小平文选》第三卷，人民出版社 1994 年版，第 373 页。

的社会团体，他们在对外文化传播中也同样做出了杰出的贡献。例如在改革开放初期，各种地方戏曲纷纷应邀出访，以各自特有的风格和技艺，赢得了海内外观众的热烈欢迎。艺术无国界，民间文化交流拉近了情感的距离，实现润物细无声的效果。

伴随着国家改革开放的推进，这一时期中国的对外文化交流活动变得更加丰富多彩，如涓涓细流般，以其特有的亲和力、吸引力与影响力，通过官民并举、以民促官等多样形式，搭建起心灵沟通的桥梁，以自己独特的方式和特有的优势为对外文化交流做出了贡献。

第三章

1989～1996 年中国对外文化交流

自 1978 年改革开放之后，中国经历了发展迅速的十年，中国外贸和文化交流事业也获得了巨大成就。但在 1989 年春夏之交，中国爆发了一场“政治风波”，西方的制裁迅速使中国各领域的对外交流几近停止。面对这一危机，中国政府通过“一个立场，三条战线”的斗争，打破了西方制裁，推动中外文化交流继续进行。

一、发展背景：山雨欲来风满楼

1989 年春夏之交的“政治风波”被平息后，从 1989 年 6 月 5 日到 7 月 15 日，短短一个月内，在美国的带领下，美国、日本和西欧一些国家几乎同时对中国采取了制裁措施。

制裁对中国带来的伤害是巨大的。1989 年中国国际旅游接待人数比 1988 年下降了 22.7%，外汇收入下降了 19.6%。而 1986～1988 年，中国每年吸引的国际旅游人数和外汇收入达到 17%～20% 的增长率。

同时，中国在国际舆论上面临着很大的挑战。根据 1989 年 3 月盖洛普民意调查结果表明，当时有 72% 的美国人对中国政府心存好感。但 3 个月后，《洛杉矶时报》6 月 14 日、15 日的电话调查表明，78% 的美国人对中国政府怀有恶意。

在这种情况下，摆在中国领导人面前的难题是：如何通过外交、政治、经贸等各个方面打破西方国家的经济制裁？如何通过各种渠道赢得国际舆论的理解与支持？在改革开放面临重大挑战甚至是挫折的关口，中国应当如何选择？

在这样的危急关头，党中央表现出了惊人的坚定意志和高超的战略决断能力。针对美国的干涉，中国政府在政治层面予以坚决反击，明确表示不接受美国的压力；而在经济上，通过美国政界和商界的有识之士的工作逐步缓解美国的制裁，利用中国市场分化西欧、日本与美国的同盟；在文化上，中国优先推动民间外交，通过民间文化交流带动官方的各种文化互动。中国政府的领导人多措并举，采用多种渠道，在较短的时间内解决了问题。

中国领导人通过“一个立场，三条战线”的策略，多措并举，多点开花，在外部环境最为恶劣的时期，仍然通过智慧与勇气打破了西方对于中国的制裁，为中国的进一步改革开放赢得了良好的环境。

二、发展情况：新的开拓与突破

1992 年，在改革开放大潮的推动下，我国对外文化交流进一步拓宽了渠道，采取多样化的形式，取得了大幅度的发展。仅 1992 年一年，经文化部审批的交流项目就达 1 200 多起（派出近 800 起、接待 400 多起），比 1991 年增加近 500 起。同年，派出政府文化代表团 11 起，艺术表演团组 318 起，艺术展览 78 起，文物展览 20 起。在艺术教育、出版、文博、图书、文学、宗教、电影和文化管理等领域和外国同行开展了广泛的交流与合作。出国参加各类国际艺术比赛 17 起，获奖 22 项。此外，我国在一年时间接待外国政府文化代表团 21 起，艺术表演团组 22 起，艺术展览 87 起。另外还有地区自行审批办理的交流项目。1992 ~ 1996 年间，中国与俄罗斯、乌兹别克斯坦、马耳他等 13 个国家签订了文化合作协定。至此，同中国签订文化协定的国家已达 117 个。中国还同塞内加尔、巴林、哈萨克斯坦等 11 个国家签订了新的年度文化交流执行计划。这充分表明对外文化交流继续保持着蓬勃发展的良好势头，有力地促进了中国人民与世界各国人民之间的相互了解和友谊，促进了中国与世界各国友好关系的发展。到 1993 年，据不完全统计，全年仅经中国政府文化部受理的对外文化交流活动就达到 2 000 起、13 500 人次，其中出访 1 000 多起、8 500 多人，来访 500 多起。

这个时期中国的对外文化交流有以下几个特点：

（一）同第三世界国家的文化交流得到进一步加强

仅在 1992 年，中国政府文化代表团就出访 19 个国家，其中 8 个是西亚、非洲国家。同时应中国政府邀请，有 8 个非洲和西亚国家的政府文化代表团相继来华访问。中国与第三世界国家的文化交流的起数和人数都比往年有较大增加，交流的范围也更加广泛，形式更加多样。文化交流为巩固中国与第三世界国家的传统友谊、增进友好合作关系发挥了积极作用。

（二）中国同周边国家的文化交流与合作有了新的突破

1992 ~ 1994 年，中国派出了 7 个政府文化代表团先后访问了朝鲜、印度、泰国、越南、日本和缅甸；朝鲜、孟加拉国等国的政府文化代表团也相继来华访问。为庆祝中日邦交正常化 20 周年，两国间的文化交流达到了当时的最高峰，交流项目的数量和艺术质量大大超过以往的水平，从而为推动两国间的友好合作和增进两国人民之间的传统友谊做出了积极努力。

根据中印两国政府 1990 年 12 月的联合公报精神，中国在印度成功地举办了中国文化节，派出杂技、京剧、木偶等艺术团，举办了美术和手工艺品展览以及文化艺术研讨会，受到印度政府和人民的热烈欢迎。

中国同马来西亚、新加坡、印度尼西亚和泰国的文化往来比上一个时期都有长足的发展。1992年一年内中国有27个艺术团访问马来西亚，30多个艺术团访问新加坡，这不仅加强了双方的文化交流，也促进了双方的经贸往来。

同时，中国派出政府文化代表团访问了立陶宛、乌克兰、白俄罗斯和摩尔多瓦，得到四国政府的热烈欢迎和高度重视。哈萨克斯坦、吉尔吉斯斯坦、俄罗斯联邦和白俄罗斯也相继派出政府文化代表团访华。几年中，中国政府相继与乌兹别克斯坦、亚美尼亚、哈萨克斯坦、摩尔多瓦、乌克兰、土库曼斯坦、白俄罗斯和俄罗斯联邦等国政府签署了文化合作协定。随着边贸关系的日益加强，中国同哈萨克斯坦、吉尔吉斯斯坦、俄罗斯和塔吉克斯坦等国的文化交流不仅在边境地区十分活跃，而且在内地其他城市也得到了很大发展。这标志着中国同上述国家的文化交流进入了一个新阶段。

中国与东欧国家继续保持良好的文化合作关系。1992年，中国与保加利亚签订了政府间1992～1994年文化合作计划；斯洛伐克文化官员访华，双方就两国今后的文化交流进行了工作会谈。此外，南斯拉夫和罗马尼亚等国的文化界友好人士也先后来华访问。据不完全统计，仅仅1991年一年，中国与东欧和独联体国家就开展了128个文化交流项目，其中派出65项、接待63项，人员往来达2 167人次。

（三）同西方国家的文化交流得到了进一步的恢复和发展

1992年，中国政府文化代表团率先访问了澳大利亚和新西兰，并与两国政府签署了文化交流执行计划和备忘录，推动了中国与这两个国家文化合作关系的新发展，双边交流项目有较大增加。为庆祝中澳建交20周年，天津京剧团与澳大利亚室内乐团成功地实现互访。澳大利亚艺术部长访华也取得圆满成功。从这时开始，中国在文化领域与西方各国的交流正式解冻。

继 1991 年中国与西欧 10 国签订了文化交流执行计划后，1992～1996 年，中国政府又同马耳他政府签订了两国政府文化合作协定，同瑞典政府签订了两国文化交流计划。在恢复了官方文化交流的同时，中国同西欧国家的民间文化交流也得到了进一步的发展，往来十分频繁。江苏、河南两省分别派艺术团赴法国参加“友好月”活动，贵州歌舞团访问了比利时和荷兰，中国残疾人艺术团访问了西欧四国，中国对外文化交流协会组派的两个艺术团赴希腊和西班牙进行了访演。中国赴西欧国家进行有偿演出的杂技、京剧等艺术团组继续增加。

1993 年上半年，美国新闻署署长访华，与中国签署了新的文化交流执行计划。加拿大外交部负责对华文化交流项目的官员来华访问，商定一系列的交流项目。与此同时，中国西藏艺术团赴美、加访演，并参加了各地艺术节演出活动，中央乐团高水平的艺术家小组访美，也获得了圆满成功。同时中国派出不少杂技、歌舞艺术团赴美、加进行了有偿演出。中国和美国文化交流的开启，也是这个时期重要的成就。

此外，内地与港澳地区的文化交流也得到很大发展。据不完全统计，这段时期内地赴香港的文化交流项目年均近 300 起，香港到内地的文化交流项目 50 多起。首届“神州艺术节”是内地在前五届“地方戏曲展”的基础上举办的大型文艺演出活动，内地共有 7 个艺术团组 420 多人先后参加了艺术节的演出。它规模大，艺术品种齐全，无论在香港文艺界还是在香港市民中，都产生了很大的反响。

中国举办和参加的多边国际文化交流活动越来越频繁。中国不仅派出众多的艺术团组和艺术家参加了在世界各地举办的各类国际艺术节和艺术比赛，而且中国各地举办的各类文化艺术节如雨后春笋般涌现，也吸引了世界各国的文化艺术团组和人士前来观摩或参加演出。在第三届中国艺术节、武汉国际杂技节、天津友城节、沈阳秧歌节、西安古城文化节、兰州丝路艺术节以及中国第二届国际民间艺术节期间，就有来自世界各地的几十个国家的文艺团组前来参加，他们的精彩演出受到了中国观众的热烈欢迎和高度评价。

在这样一个困难时期，中国打破了西方的制裁与封锁，避免了走上文化全盘西化的道路并导致自身危机，重新掌握了对外交往与文化互动的主动权。由于对外文化交流在政府、官方层面面临较大困难，通过采取“以民间带动官方”的模式，充分发挥民间文化交流的作用，我国在许多领域都取得了骄人的成果。

1. 青年交流领域。

自古英雄出少年。青少年国际奥林匹克竞赛（IOI）是得到联合国教科文组织认证、具有最高学术水平的青年学科竞赛。尽管这项赛事已经举办了几十年，但中国直到20世纪80年代才真正参赛。中国从1985年开始陆续组队参加了国际数学、物理学、化学、信息学和生物学奥林匹克竞赛。1989～1996年，中国代表队并没有受到国内外政治经济环境的影响，始终发挥出色，在这段时期连续摘金夺银。在这八年中，中国队参加了8届大赛，每一届都名列前茅，总共派出选手31人次，全部获奖，累计金牌17块、银牌6块，铜牌8块。在这种世界级的大赛中，中国的青少年给参赛国的领队和选手留下了深刻的印象，盛赞“中国队是整体实力最强的队”。在1992年IOI的发奖大会上，组委会为金牌得主设置了6台高档微型计算机，中国队捧回了3台。在1994年IOI（瑞典）中，黄天明编的程序比组委会的标准答案运行速度快了20倍，组委会非常欣赏，派专人到中国队驻地索取原程序。1995年中国队首次派女选手参加IOI，结果两位女选手杨域和林凌荣登金牌领奖台，填补了国际信息学赛事上女选手从未拿过金牌的空白，引起轰动。在1996年IOI（匈牙利）上，中国队经努力拼搏，4名选手夺得4枚金牌，实现了全“金”的突破，创造了新的纪录。

同时，中国参加国际学科奥林匹克竞赛的规模和影响的日益增大，也为了增加中国文化打破封锁、与世界交往的机会，在每年组队参加由各国举办的国际学科奥林匹克竞赛的同时，中国也曾先后主办过3届国际学科奥林匹克竞赛，即1990年第31届国际数学奥林匹克竞赛、1994年第25届国际物理学奥林匹克竞赛和1995年第27届国际化学奥林匹克竞赛。来自世界各国的近千名优秀中学生选手先后会聚中国首都北京，增进了各国青少年之间的了解和友谊，成为世界了解中国、中国走向世界之盛事。

2. 声乐竞赛领域。

在声乐竞赛方面，中国的年轻歌唱家们在各大赛事上也取得了令人骄傲的成绩。

1990年，在蒙古国举行的“乌兰巴托—90”国际流行歌手比赛中，腾格尔获第一名，彭康亮获第三名。

1994年，在哈萨克斯坦“亚洲之声”国际流行音乐比赛中，总政歌舞团白雪获第一名。

1994年，在意大利维皇蒂·瓦尔赛西亚国际音乐比赛中，北京军区战友歌舞团孙秀苇获第一名。

1994年，在法国巴黎声乐比赛中，上海音乐学院廖昌永获最佳法国歌曲演唱奖。

1996年，在法国巴黎国际声乐比赛中，中国音乐学院金永哲获二等奖，中央音乐学院杨光获二等奖。

1996年，在法国图卢兹国际声乐比赛中，上海音乐学院廖昌永获男子第一大奖。

1996年，在日本静冈国际歌剧比赛中，总政歌剧团戴玉强获二等奖，中央歌剧院王蕾获男声组第一名。

1996年，在西班牙第6届国际声乐比赛中，中国音乐学院金永哲获男声组第一名。

……

这些歌唱家不仅是中国的骄傲，也让世界人民看到了中国改革开放的成绩与中国文化的魅力。通过这些大赛，他们不仅将中国的声音带到了国外，也向世界各国传递了一个开放、包容、自信的社会主义中国形象。也就是在这一时期，如戴玉强、廖昌永、腾格尔等歌手崭露头角，如今已经撑起中国歌坛的半壁江山。

3. 体育领域。

在体育领域，在 1992 年西班牙巴塞罗那奥运会上，中国队获得了 16 枚金牌、22 枚银牌、16 枚铜牌，位居奖牌榜第四位；而在 1996 年第 26 届亚特兰大奥运会上，中国队更是获得了 50 枚奖牌，包括 16 枚金牌、22 枚银牌、12 枚铜牌。在改革开放十余年后，中国的训练体系、训练方式、国际化水平都达到了前所未有的高度，因此中国的骄人成绩也是水到渠成。

同时，乒乓球等项目在国外受关注的程度也不断增加。当时著名的期刊《乒乓世界》这样报道："在 1996 年亚特兰大奥运会上，痴迷于橄榄球、棒球、篮球等项目的美国观众对乒乓球的到来并不冷漠，相反，他们在比赛开始之前就显示出了极大的热情。"据奥组委统计，乒乓球是继体操之后第二个卖光比赛门票的奥运会项目，除了球场座位相对较少和票价实惠之外，众多当地华人的追捧也是一个重要原因。同时，从一个细节也可以看出美国人对于中国乒乓球项目的重视：尽管当届奥组委提供的交通、比赛信息使许多代表团和新闻媒体都怨声载道，但乒乓球赛场的条件却值得称赞，尤其是竞赛委员会在乒乓球赛场的进出口统一设置了两道门，如果有人需要通过时，工作人员先开启一道门，然后让出入者在两道门之间等，待第一道门关好之后再开另外一道，这样就有效控制了空气流动，解决了运动员最担心的场地"吹风"问题。场地测试阶段，竞赛委员会专门做过实验，在两道门同时关闭的场馆内，乒乓球从高空丢下，落地时的位置偏差仅有 3 厘米。此外，主办方还把原来场馆内的斜射灯全部换成了垂直向下的直射灯，保证每张球台两边有相同的光照条件，为运动员提供了最适宜的比赛环境。

经过 10 天的争夺，中国队气势如虹地囊括了 4 个项目的金牌，并且还获得了 3 枚银牌和 1 枚铜牌，创造了一个国家或地区在奥运会乒乓球项目中的最佳战绩。①

4. 文化传播相关刊物出现。

在这一时期，中央与各级政府意识到，要传播好中国文化，需要有合适的平台与抓手，需要有优质的对外文化传播刊物。

在这种情况下，以《中外文化交流》为代表的一系列文化刊物如雨后春笋般陆续出现。创刊于 1992 年的《中外文化交流》，由中央对外文化宣传小组（国务院新闻办公室前身）和国家新闻出版总署共同批准，是当时全国唯一的国际刊物。其办刊宗旨为向世界各国介绍和传播中国优秀的传统文化和充满生机的现代文化，向中国读者介绍世界各国优秀的民族民间文化。此后，如《中国日报》《环球时报》《人民日报（海外版）》等也陆续推出，为中国对外发声、文化对外传播提供了重要的平台与途径。

5. 留学生人数不断增多。

改革开放后，党和政府的工作重心向社会主义现代化建设转移，急需大批建设人才，为此大批派遣留学生出国学习西方科技与文化被提上了日程。20 世纪 80 年代，中国出现了留学史上最大的一次留学浪潮。1989 年，中国大陆赴美留学生人数首次超过台湾地区，成为美国最大的留学生来源地。1992 年，中共中央提出了“支持留学、鼓励回国、来去自由”的出国留学工作方针。1996 年，国家留学基金管理委员会成立，形成了机制合

---

① 《奥运会乒乓球赛场见闻》，载《乒乓世界》1996 年第 3 期。

理、渠道多样、层次均衡的国家公派出国留学新局面。

1990年前后，中国政府出台了一系列鼓励留学的政策。1990年1月，中共中央办公厅下达《关于印发中共中央常委会关于出国留学问题会议的纪要的通知》，该通知指出，“要热情做好回国留学人员的安置工作，……要充分发挥他们的作用。制定特殊的政策，吸引更多的优秀拔尖人才回国服务”。

此后中国也陆续设立大量基金、奖学金等，支持鼓励学者、学生出国、归国等。留学生的交流也构成了中国对外文化交往的重要部分。

在国内外形势复杂多变的情况下，中国各领域的文化精英们，用自己的智慧、汗水、辛劳，在许多方面为中国争得了荣誉，也取得了巨大的成就。他们不仅将中国的文化传播了出去，也让世界更加全面、客观地认识到了中国发展和改革开放的伟大成就。

第四章

1997～2003 年中国对外文化交流

一、发展背景：经济助力，国家推动

经过多年改革开放的洗礼，中国在经济建设及对外开放上取得了空前的成就，国际地位大幅提升。

1997 年文化部发布了《涉外文化艺术表演及展览规定》，对我国文化“走出去”的手段进行了规范管理，以促进其良好发展。

1998 年，国务院在政府工作报告中提出要“继续扩大对外开放，加强经济、科技、教育、文化等各个领域的国际交流与合作”，显示出政府对参与国际文化交流的重视程度不断增强。

世纪之交，我国的对外文化交流水平在摸索中逐步发展，取得了骄人的成绩，对外开放水平也在对外文化交流和对外经贸合作的相互促进下进一步提高。我国高速发展的经济使世界目光聚集于此，相比以往，世界对认识、了解中国显得更为迫切，这提高了我国对外文化交流工作的要求。江泽民适时提出“三个代表”重要思想，号召全党全国要把握好中国先进文化的发展方向，努力建设文化大国。在党的十五大报告中，他指出：“我国文化的发展，不能离开人类文明的共同成果。要坚持以我为主，为我所用的原则，开展多种形式的对外文化交流，博采各国文化之长，向世界展示中国文化建设的成就。”在全国对外宣传工作会议上，江泽民发表重要讲话，在谈到对外文化交流在新时期的作用时，他说：“在新形势下……我们应该站在更高的起点上，分析形势，审时度势，把外宣工作做得更好，我们要在国际上形成同我们的国际地位和声望相称的强大宣传舆论力量，更好地为改革开放和现代化建设服务，为促进国家统一，世界和平和人类进步做出更大的贡献。”在党和政府的高度重视下，截至2003年，我国累计与154个国家建立了教育文化交流合作关系，达成了145份文化合作协议，累计接收来自170个国家的54万名留学生，我国的对外文化交流工作在摸索中不断走向成熟。

二、发展情况：承上启下，繁荣发展

在新时期，对文化交流的探索不仅受到政府的高度重视，也引起了民间艺术组织团体或个人的浓厚兴趣。

（一）政府官方主办的对外文化交流

政府牵头举办的文化交流活动在这个时期的探索过程中主要有以下两类：

1. 以文化活动的形式展现中国新形象。

我国政府为向世界展现中国新形象，提升我国的国际地位，尝试牵头举办了一系列大型文化活动，其中既包括在国内举办的供来华游客参与体验的旅游节、文化节等活动，也包括在国外举办的“中国文化周”等活动。

“97中国旅游年”是国内大型文化活动的典型例子。我国尽管拥有丰富的旅游文化资源，但旅游业却十分落后。经过1978年改革开放以来的快速发展，1996年我国入境人数达5 112万人，居世界第五位，外汇创收102亿美元，居世界第九位。[①] 但彼时改革开放初期形成的神秘感已不复存在，随着新兴旅游景点和旅游项目的不断涌现，国际旅游市场竞争日益激烈，宣传工作成为促进旅游业持续发展的关键因素。1996年，为向世界全面推广我国丰富的旅游资源，进一步树立我国对外开放新形象，给旅游业带来新的发展，并配合庆祝我国对香港恢复行使主权，经国务院审批，通过了国家旅游局《关于97中国旅游年活动方案的请示》，并予以肯定和鼓励。1997年，国家旅游局以“游中国——全新的感受”为口号，围绕山水风光、文物古迹、民俗风情、度假休闲、专项旅游五大主题，推出16条旅游专线、35个著名景点，与之配合，还推出了以春、夏、秋、冬四季划分的48个旅游节庆，使1997年“月月有活动，季季有高潮”。中国旅游年在政府的高度重视及相关人员的配合下取得了出色的成果。

除国家部委主办的活动以外，一些单位和地方政府也举行了一些规模较大的文化活动。

1997年初，中国记协与中国对外文化交流协会、人民日报社、中央电视台、中央人民广播电台、中国贸促报等十几家新闻单位共同在北京发起、举办了“外国人眼里的中国”国际摄影大赛，共收到来自56个国家500名作者送来的1 000多幅作品，由中国摄影家协会组成的评委会评出获奖作品20件。[②] 这一活动增进了中国人民与世界各国人民之间的友好情谊，加强了文化交流，同时也扩大了中国的国际影响。

1997年4月份，由国家文化部外联局、上海市文化局、上海电视台主办，上海对外文化交流公司筹办，上海杂协魔艺会、上海魔术师协会、上海魔术团承办的“上海国际魔术节暨首届上

---

① 尹青：《97中国旅游年的由来》，载《中国成人教育》1997年第7期，第47页。

② 赵彦华：《第四届“外国人眼里的中国”国际摄影大赛颁奖会在京举行》，载《新闻战线》1997年第5期，第39页。

海国际魔术比赛”在上海成功举办。比赛参照国际惯例制定比赛规则和评比办法，并邀请了来自俄罗斯、英国、德国等国家的魔术专家担任评委。这是首次在中国设立国际魔术赛场，也是中国魔坛进一步与国际魔坛接轨的大事，引起了上海市及全国魔术界的密切关注与支持。①

为了进一步满足世界了解中国的需求，推动中国文化“走出去”，在国务院的统一部署和协调下，中国在西方国家也组织了一系列大型文化外交活动。

以“巴黎·中国文化周”为例。1999 年，为庆祝新中国成立五十周年，同时也为了让世界更加全面、深入地了解日新月异的中国，以“迈向 21 世纪的中国”为主题的为期 12 天的“巴黎·中国文化周”活动在欧洲举办，活动内容包括大型展览、文艺演出、文化讲座和主题论坛四项内容。其中值得一提的是大型展览内容繁多，主题丰富，共分“中国当代陶瓷艺术”“中国京剧服饰”“中国编钟”“中国书画精品”等 20 多个主题，较全面地展现了中国文明史的发展脉络和新中国成立五十年来，特别是改革开放以来，在教育、科技、文化及人类文化与自然遗产保护方面所取得的成就。此次活动参与者达 10 余万人次，向世界展现了一个全新的中国，获得一致好评。法国文化部部长托特曼在接受采访时表示：“这是一次向世界展示古代中国与现代中国的好机会，它也同时表明了中国正在向法国向欧洲敞开大门。”西欧议会联盟议长德普伊泰先生在评价文化周时说：“形式多样、博大精深的中国文化，令许多西方人震撼，即使是我们这些对自己的文化感到骄傲的欧洲人，看到如此高质量的展览，也不得不对中国的文化感到赞叹。”它使人们在获得美的感受的同时，抛开了地理差距，在心理上感到中国不再遥远。欧盟一位前驻华外交官

① 《今年 4 月将举行首届国际魔术比赛》，载《杂技与魔术》1997 年第 1 期，第 6 页。

指出："这个文化周活动不仅展示了中国伟大的文化传统，而且也使人看到了迈向21世纪的中国。它帮助欧洲各国观众了解了中国的文化传统，也促进了国际社会对当代中国的认识。"

1999年国务院侨办推出的"中国寻根之旅"夏令营活动，是侨务部门开展华文教育工作的品牌活动，受到海外侨胞尤其是华裔青少年的热烈欢迎。侨务官员在接受中新社采访时曾表示："'寻根之旅'主要是让海外华裔青少年回中国看一看，通过课堂学习、参观游览、联谊交流等活动，使这些孩子对祖国多些了解，多些认识，也多些感情。"参加"中国寻根之旅"活动的海外华裔青少年踏着祖辈的足迹了解中华文化，感受祖籍国的发展变化。这不仅增强了他们作为炎黄子孙的骄傲感，也让他们成长为沟通中外的使者。"中国寻根之旅"有助于让他们融通中外，从中华文化中汲取的养分让华裔青少年强壮"筋骨"，这一份东方智慧也为其增添了竞争力，让华裔新生代们在学业事业的发展中"如虎添翼"。

除此之外，还有在国外举办的"中国文化行""中国文化艺术节""中国天津周""柏林亚太周"等，均获得了良好的反响，为我国日后更深入的对外文化交流工作打下了良好的基础。

在这些大型文化活动取得良好效果的同时，一些由地方政府举办的规模相对较小的文化活动也如繁星般点缀其中。

1997年，广东省为宣传其改革开放以来现代化建设和社会主义精神文明建设取得的辉煌成就，举办了"广东改革开放成就图片展览"，应邀到加拿大、哈萨克斯坦等国家和地区进行展出。

福建省为让海外游客切身感受福建地方文化的魅力，同时也为了让更多的海外客人来闽开展经贸合作，在世纪之交开展了妈祖千年祭、国际龙舟邀请赛、国际南音大合唱、闽东畲族民俗风情节、朱熹国际学术研讨会等一系列活动，成为福建省对外交流的"拳头"产品。

2. 政府间的文化交流与合作。

除了政府牵头举办一些文化活动以外，国与国政府间以领导人交流为主要形式的文化交流与合作也是我国对外文化交流探索历程中的一个重要组成部分。截至2002年底，中国与其他国家签订的文化合作协定共191项，其内容涵盖了图书、体育等几乎所有的文化领域，合作方式也在探索与发展中变得多种多样。文化合作不仅仅推动了双方文化事业的繁荣发展，同时也是增进互相了解的重要外交手段之一。

以中法之间的文化合作为例。中法自1964年建交至20世纪90年代，两国一直保持着良好的关系，每年都有众多的文化交流项目，合作范围及方式也不断推陈出新。1997年，法国总统希拉克和时任中华人民共和国主席江泽民在北京签署了《中法联合声明》，宣布两国建立面向21世纪的全面伙伴关系，自此两国文化交流水平也上了一个新的台阶——中国于1999年和2000年在法国成功举办了“巴黎·中国文化周”“中国文化季”等大型文化活动，而法国也在华举办了“罗丹雕塑展”、巴黎歌剧院芭蕾舞表演等一系列文化活动。2001年，李岚清副总理访法期间与法国外长韦德里纳签署了《关于中法互设文化中心和互办文化年的会谈纪要》，商定2003～2004年两国互办文化年。这不仅是中欧文化交流史上的一次创举，也使得文化关系成为两国双边关系的重要组成部分，提升了两国的政经关系。

除此之外，我国还组织或参与了众多的国际文化会议，如国际文化政策部长年会、佛山亚洲文化部长论坛、中印经济文化研讨会等，通过这些会议将与会各国的力量集中起来，共同促进文化交流与合作。

不仅是国家层面的互访交流，我国一些省级政府也逐渐开始发展适合自身的对外文化交流之路。山东省作为国内较早开展对外文化交流的省份之一，较早地成立了对外文化交流协会。1996年4月份，山东省对外文化交流协会会长董凤基率领山东省新闻文化代表团，应邀到法国进行了为期一周的访问考察，主要目的是接触法国新闻文化界有关机构和人士，增进相互间的了解和友谊，加强相互间的业务联系和交流合作，提高了山东省在法国乃至欧洲的知名度，并促进了山东与法国在新闻文化等多领域的友好往来。当时也正值中国国务院总理李鹏访法前夕，这次访问考察取得了较大的实质性成果，在增进相互了解和友谊的基础上，还就一些具体的新闻文化合作项目与相关单位机构达成了初步意向，如出版《欧洲时报》山东专版、与中国驻法国大使馆文化处共同筹办孔子文化展等，这些成果揭开了山东与法国新闻文化交流合作的新篇章。

（二）其他形式的对外文化交流

这一时期除由政府完全主导主办的文化交流活动外，还有逐渐发展起来的一些民间性质的文化交流项目和活动。它们有一些完全由民间组织或个人组织举办，还有一些或多或少有政府的指导帮助或参与。这些项目或活动的开展以我国的外交形势为基础，依托政府的顶层设计进行发展，同时又服务于我国外交工作。

1. 以传统文化为主的文化交流探索阶段。

我国的对外文化交流工作以传统文化为主，交流活动的对象国主要是中国周边的国家，如日本、韩国等。

以日本为例，中日双方的文化工作者互相交流、互通有无，交流形式包括展览、交流会、研讨会、代表团访问等，涉及的领域主要是传统文化领域，如陶艺、传统舞蹈、茶文化等。1996年9月，中日陶艺展在江西省陶瓷研究所艺术大楼开幕，该展由江西省陶瓷研究所和日本陶光会联合主办，展览为期40天，共展出中日陶艺家创作的陶瓷艺术品200件，是当时中日两国举办的档次最高、规模最大的一次陶瓷作品展评，充分展示了中日两国陶艺家的创作成就。[①] 日本陶光会会长、日本陶艺家代表团团长对这次展览给予高度评价，并说参加陶艺展“旨在向景德镇的陶艺家们学习，以求进一步提高日本的陶艺水平，增进两国陶艺界的合作与交流”。同年 10 月，在沈阳举办了“中日文化交流演讲会”，会上东京大学渡边浩教授和中国民俗学会副会长乌丙安教授分别就中日两国交际习俗特征发表了学术讲演，引起了良好的反响。1997 年正值中日邦交正常化 25 周年，中国佛教文化研究所与日本历史街道推进协议会于 11 月在中国画研究院展览馆举行了《中日友好佛教书画交流展》，获得观众的好评。12 月，日本莹舍国际文化交流中心与河北省文化厅共同举办了中日传统舞蹈交流活动，日本传统舞蹈访华团一行 4 人与河北省的传统舞蹈表演艺术家、理论家们进行了深入的交流，增进了两国艺术家之间的友谊和交往。1998 年 9 月，中国茶叶博物馆派出代表团赴日本金谷町茶之乡博物馆进行访问，双方经过反复磋商，建立了两馆之间的友好关系，并签署了协议书。中日之间的文化交流层次不断加深，领域也逐步拓宽，呈现出一派繁荣的局面，极大地促进了两国关系的进一步发展。

中韩两国自 1992 年正式建交以来，官方和民间的交流与合作都取得了长足的发展，尤其是在文化交流方面，自 1994 年 3 月中韩签署《文化合作协定》之后，不仅文化界各个官方部门频频互访，互通有无，非官方的文化交流也迅猛发展，在韩国形成了一股强大的“中国热”。在宗教文化领域，韩国佛教广播电台理事长朴钟夏在 1996 年就在中日韩佛教代表团召开会议时提出了促进中韩佛教人才交流和文化发展的可行性设想；在教育领域，双方教育部门缔结姊妹关系，互通互访，签署教育交流与合作协议，每年互派教育行政官员代表团；在影视领域，以演艺明

① 章卫卫：《加强国际技艺交流促进陶瓷文化发展》，载《陶瓷研究》1996 年第 12 期，第 218 页。

星和偶像剧“先头部队”进入中国市场，1997 年韩国电视剧《爱情是什么》在中国中央电视台播放，并在中国市场上产生了火爆效应，之后几年，韩剧开始在中国市场大放异彩；在语言上，韩国出现了学习汉语和中国文化的风潮，汉语成为许多外国人学习外语的首选，韩国在当时有近百所学校开设中文课程，中文教育也成了韩国的一个新兴的产业。在文化艺术领域，中韩之间包括演员、画家、书法家等在内的文艺界工作者通过各种文艺活动进行民间交流或访问旅游。1996 年在汉城举办了“中韩版画交流展”，1998 年举办的中国文化大展，共展示 1 200 多件文物，是当时中国在外举办的规模最大的展示会。同日本和韩国之间这种亲密友好的文化交流关系同样存在于与周边众多其他国家之间，我国与周边国家亲密的交流关系成了这一时期我国对外文化交流的主要组成部分。

当然，随着我国与西方国家之间的关系越来越密切，与其之间的文化交流也开始发展出规模。进入 20 世纪 90 年代以来，我国在西方国家举办了大量的文物展览以增进西方世界对中国文化的认识与了解，如在法国举办的“中国河南史前文物展”，在美国举办的“中国帝王陵墓展”，在挪威举办的“中华文明珍宝展”，先后在德国、英国、瑞士、丹麦举办的“中国古代人与神展”，在丹麦举办的“东方文明瑰宝展”等，这些展览主要展现了中国的历史和传统文化。当然也有一些展现西方国家传统文化的展览，如 1998 年初在北京图书馆一楼大厅举办了题为“文化中心：圣加仑修道院”的历史图片展，以丰富的图片、模型和实物展示了圣加仑修道院的历史和成就。除展览的形式以外，我国也有大量的艺术团体或个人多次到西方国家进行演出交流。例如，泉州市木偶剧团 1997 年应邀赴英国伦敦、苏格兰等地为华人春节联欢活动献演，1999 年 3 月赴德国为“莱法州与福建省结好十周年庆典”献演，4 ~ 5 月，应邀赴西班牙参加塞古维尔国家木偶节演出，并在十几个城市巡回公演，7 月，剧团派出代表赴美国西雅图参加“美国庆千年”国际木偶节的演出及学术研讨活动，木偶剧作为具有中国传统民俗特色的技艺，随剧团的对外交流不断被发扬光大。再如，山西以太钢工人锣鼓队为主体的“中国山西工人唢呐艺术团”，在1997年4月赴美国休斯敦参加了以中国为主题的国际艺术节，演出28场，《国际报》以《并州鼓声回荡在休斯敦上空》为题对演出做了报道，并高度评价。在戏剧领域，1999年4月，浙江小百花越剧团一行36人赴美演出，携带3台大戏和1台折子戏，在两周时间内辗转洛杉矶、旧金山、纽约三大城市，共演出8场，观众达10 700多人次。[①] 中国驻洛杉矶总领事安文彬称这次演出创下“四个第一”：轰动程度第一，上座率第一，媒体报道第一，侨界关注程度第一。也有一些形式综合、规模较大的外出交流活动，如1999年3月受邀到意大利维泰博市访问的“山东省孔子文化代表团”，以孔子文化图片展览为主要活动，同时为意大利文化界、学术界、政界、军界演出了中国杂技、武术节目和舞龙、舞狮等传统节目，代表团还与意大利学术界在“东西方文化比较学术研讨会”和“迎接新的百年经济发展研讨会”上进行了广泛交流，这次交流活动在中意双方的共同努力下取得了很大的成功。在图书出版领域，有大量的外国图书被引进中国市场，同时中国书籍越来越受到西方国家民众的喜爱。1997年10月，为评估美国图书在华传播的情况，北京席殊书屋有限公司联合中国社科院美国研究所以及《中华读书报》《美国研究》杂志在京召开了“美国图书在中国”学术研讨会，对“美国图书在中国的传播及其影响”“中国翻译家所感受到的文化互动”等问题进行了深入广泛的研讨，这次研讨会是有关美版图书在中国传播情况的首次披露。同时席殊书屋举办了“百种美国新书展销”活动，在北京、上海、广州、武汉以及美国分店推出了100种以上最新出版的美国图书

① 叶彤：《小百花香飘美国》，载《对外大传播》1999年第Z2期，第32页。

的中文版本。

除了在文化交流中频频出现的传统民俗文化外，也有一些内容、形式新颖且现代化的交流活动出现。1996 年，第一届中美舞蹈文化交流夏令营在北京舞蹈学院举行，邀请了当时美国舞蹈界最受欢迎的现代舞老师达格·尼尔森以及现代舞大师丹·万格尼等，是中美两国现代舞爱好者的一次盛会。1996 年也是中国与奥地利建交 25 周年，10 月份奥地利维也纳爱乐乐团在北京举办了两场演出，同时奥地利艺术史博物馆举办了馆藏珍品的展出，而来自奥地利另一座音乐名城林茨的五位青年音乐家也带来了奥地利民歌及著名的歌剧唱段，系列活动的顺利开展加深了两国人民的友谊，也增进了相互了解，获得了社会的高度评价。1997 年在美国皮博迪艾塞克斯博物馆举办的“珠江风貌：澳门、广州及香港”展，展出了来自香港艺术馆和美国皮博迪艾塞克斯博物馆的油画、水彩画、铜版画、铅笔素描及瓷器、银器、家具等 81 件艺术品，[①] 反映了澳门、广州、香港等地当时的风貌，具有很强的纪实价值，当时香港也即将回归祖国，使得这场展览有了非凡的意义。与此相类似的还有 1998 年 3 ~5 月在加拿大温哥华举行的“江南”主题现代与当代中国艺术展览会暨国际研讨会，该系列活动从历史和批评的角度，集中介绍和探讨了江南现代与当代的美术历史及发展趋势，受到国际学界的广泛关注，成为当年春天北美洲的一个艺术焦点。除了现代艺术的交流，也有些活动通过文化交流来展现地方发展和资源优势以带动经济发展。1997 年 9 月，应美国斯科拉电视网和加拿大 BC 省政府的邀请，以山西省对外文化交流协会为主的山西新闻文化代表团一行赴美国和加拿大进行考察访问，其间举办了“中国山西电视周”和“发展中的中国山西图片展”，全面展现了改革开放以来山西

---

① 劳涅：《中西美术交流的历史痕迹》，载《美术观察》1997 年第 10 期，第 74 页。

在经济、文化上的建设成就，美国斯科拉卫星电视网和熊猫电视台用一周的时间集中播放了介绍中国山西经济、旅游、文化及发展前景的专题片，代表团借此次机会就一些合作交流事宜与相关方面进行了磋商，为山西省的旅游发展及吸引海外投资营造了良好的环境。在图书出版领域，我国出版界积极寻求对外交流与合作，向国家轨道靠近，开展了许多图书进出口、合作出版与版权贸易的项目。中国出版对外贸易总公司仅在 1997 年就举办或参与了日本东京国际书展、韩国汉城国际书展、马来西亚国际华文书展、法兰克福国际图书博览会等 9 场对外书展，参与单位达 370 家次，为中国图书走向世界提供了一个重要渠道。

得益于这一时期良好的经济政治环境，我国的对外文化交流工作在摸索中不断创造出新的成果，形成了一定的规模，也为日后文化交流的全面深入发展打下了基础。

2. 21 世纪对外文化交流繁荣发展阶段。

世纪之交，我国与世界各国的文化交流也在经历了一步一步的探索之后开始向更全面更深入的方向发展。中国不仅在之前的交往中奠定了与许多国家之间的友谊基础，同时迅速发展的经济和逐渐提升的国际地位也使越来越多的人对中国文化产生兴趣。我国除与以日韩为代表的亚太周边国家仍保持着亲密友好的文化交流关系外，与其他国家之间的交往也越来越多，相互之间的了解也慢慢加深，有越来越多的国家与我国建立了亲密的合作关系，与日韩之间的文化交流不再占据主要地位。与此同时，在以前的文化交流中作为主要内容的传统文化也不再是主角，腾飞的经济给中国文化注入了很多新鲜血液，现代文化与传统文化相辅相成，共同向世界展现出 21 世纪日新月异的中国，对外文化交流作为我国与世界沟通的重要方式，也开始进入繁荣发展阶段。

在艺术交流领域取得了丰硕的成果。2000 年 5 月，阿拉伯联合酋长国国家文化中心为中国画家孙新川在首都阿布扎比举办了个人画展。孙新川的许多作品都表现了阿拉伯人民的生活，他在中阿文化交流方面做了大量的工作，阿联酋国家文化中心负责官员默汗麦德·赛夫对其给予了高度赞扬。① 个人画展共展出孙新川的油画、水彩、雕塑作品 40 余件，在当地获得了强烈的反响，是中阿文化交流的又一成果。在中日邦交正常化 30 周年之际，2002 年在上海举办了“日本现代墨表现展”，旨在推动中日两国水墨文化交流，营造两国艺术家新的表现环境，建构 21 世纪东方水墨文化与现代感的互融。同时举办的还有中日当代版画艺术展，该展在西安美术学院举办，在展览举办的同时中日两国的版画艺术家还研究和探讨了版画艺术的国际发展趋势等学术问题，为版画艺术纵深发展营造了一个更为立体的格局，这也表现出中日两国之间的文化交流由民间进入了学术层面，在学术交流的基础上拓展版画艺术的知识技能，相互影响，共同繁荣。泉州木偶剧团从 1999 年到 2003 年先后赴澳大利亚、美国、德国、克罗地亚、斯洛文尼亚、西班牙、日本、埃及、马来西亚、法国进行了多场演出，并斩获多项大奖。此外，音乐交流也出现了一些新颖的形式。2001 年 5 月，应德国慕尼黑警察局的邀请，首都警察合唱团一行 58 人赴德国进行了为期十天的访问演出，一行 58 人肩负起了“文化大使”的重任。演出受到了德国新闻媒体的广泛关注，慕尼黑电视台和柏林电视台对首都警察合唱团给予了很高的评价。音乐交流的形式不止于演出，还有众多的学术会、交流会等。如 1999 年 10 月在哈尔滨举行的中日音乐比较研究国际学术会议，对东西方音乐文化交流与世纪之交中国同日本的音乐教育做了回顾和展望，围绕以上主题的 18 篇论文，从不同的角度总结了在东西音乐文化交流的大背景下，中日两国各自音乐教育的发展历程以及两国之间相互交流、相互促进的历史。

① 张惠战：《阿联酋国家文化中心举办孙新川画展》，载《美术》2000 年第 8 期。

这次会议既是对中日音乐交流的一次总结，也是吸取经验、继往开来的重要里程碑。

在宗教文化的对外交流方面，2001 年，由新成大和尚率领的中国佛教代表团访问了斯里兰卡、泰国、马来西亚等国，受到了斯里兰卡总理、泰国僧王等当地要人的亲切接见。此后两年，又有佛教代表团出访英、法、美、日、韩及南亚诸国弘法传道，为佛教友好交流做出了巨大的贡献。

汉语国际化也取得了巨大成就，尤其是在中国加入 WTO 以后，汉语言教育的国际化和产业化开始获得发展，出现了汉语“托福”考试的形式，也有不少国外教育投资机构感知市场潜力之后申请来华办学或者合作办学。

相比以前，在这一时期也出现了很多高水平的国际性学术研讨会，这些研讨会给文化交流理论基础增砖添瓦，对我国的对外文化交流工作有着不可磨灭的贡献。如 2000 年 6 月在南京举行的“中欧交流与文化”国际学术研讨会，来自英国、法国、奥地利、意大利和中国近 30 所大学和科研机构的近百位代表围绕中欧交流中的文化因素提交了 50 余篇论文，内容涉及中欧文化传统的特点、中欧政治外交经贸关系等方面。2001 年 4 月，“文化艺术交流与文化产业国际研讨会”在北京举行，来自美国、加拿大、日本等国的专家学者围绕主题“文化艺术交流与文化产业”做了研讨报告，分析了我国文化产业的市场现状并做了前景预测，也对传统文化市场和高科技文化市场之间的关系做了探讨。这是我国首次以文化产业为主题的国际性学术会议，给我国文化产业的发展提出了很多实质性的建议。涉及我国对外文化交流各个方面的学术研讨会相继召开，不仅增进了国际学者和艺术工作者之间的关系，同时也为解决我国文化交流中遇到的问题，推动我国与世界各国文化更深一步的交流打下了基础。

1997~2003 年是我国对外文化交流史上一个重要的过渡时

期，具体来说就是在交流内容上不断延伸，交流面不断扩展，交流形式推陈出新，具体又可分为两个阶段。

第一个阶段是 1997 ~ 1999 年，是中国对外文化交流复兴之后的探索阶段。这一时期有两个主要特点：一是当时我国与以日韩为首的亚太周边国家有着更频繁、更民间的文化交流；二是文化交流的内容主要以传统文化为主，如陶艺、戏剧等。这一时期的文化交流形式相对单一，主要有展览、演出、学术会议以及国际比赛四种，对交流形式缺乏灵活处理。

第二个阶段是 2000 ~ 2003 年，这一阶段经济政治环境友好，我国的对外文化交流形成了一定的规模，开始走向繁荣发展。相比前几年，这一时期我国与世界各国广泛建立了友谊，因此文化交流的对象也不再以周边国家为主，同时文化交流的内容也随着社会的进步不再以传统文化为主，而是更加全面丰富。

在这一时期，我国的文化交流除了国家层面的交流，地方政府也在积极地推动文化合作交流，而且随着我国对外文化交流的不断发展，地方对外文化交流所占比重越来越大。具有代表性的有广东省和山西省。据不完全统计，山西省 1997 年共派出演展团组 25 起，出访人员达 816 人次，出访团组和人员的数量均达到了新高。这些活动不仅取得了良好的社会效益，也给山西省带来了经济效益和影响力。广东省由于地理位置优越，对外文化交流也在全国处于领先水平，1999 年广东省开展双向对外交流项目共 836 起、10 601 人次，涉及 42 个国家和地区，其中出访进行不同形式的艺术交流活动 449 起、6 362 人次，来访 387 起、4 239人次，其规模居全国之首。

随着文化交流的发展，交流内容不断拓展，交流形式不断创新。文化交流活动的形式从艺术演出、文物展览或图片展览、学术会议到国际比赛等，越来越多样化。在 1999 年山东省孔子文化代表团赴意大利的访问交流活动中，既包括宣传孔子文化的图片展览，也包含了中国杂技、舞龙舞狮、中国武术的表演，还召开了“东西方文化比较学术会议”和“迎接新的百年学术发展研讨会”，共有展览、演出和学术会议三种形式，作为在意举办的首次以“孔子文化”为主题的文化交流活动，在中意双方的共同努力下取得了很大的成功，引起了强烈的社会反响。这些形式较为传统的文化交流活动为我国的对外文化交流工作贡献了诸多的成就和发展经验，为我国后来文化交流的发展奠定了坚实的基础，是对外文化交流在我国发展壮大历程中重要的探索与尝试。到后来经过不断探索，发展出了一些将几种形式结合起来的综合型的、大规模的外出活动，也出现了如鸡尾酒会、夏令营、教育交流等新形式，这些在探索过程中逐步产生的新形式赋予了我国 21 世纪下对外文化交流勃勃生机，也符合文化交流发展的需要。在内容创新上，一方面，中国传统文化让世界人民产生浓厚的兴趣，在世界范围内广泛传播。在传播过程中为与当地民情民风相适应，也为了适应时代旋律，做出了一些创新性的调整，赋予我国传统文化一个崭新的面貌。另一方面，随着我国社会不断向前发展，我国在文化和经济建设上也取得了辉煌的成就，一些代表中国现代新文化的交流活动不断涌现，同时为了让世界了解和认识这些成就，认识新时代腾飞的中国，我国的对外文化交流越来越注重协调和结合中国传统文化与现代文化，注重文化展现的立体感，在此基础上做出了很多创造性的工作。

继往开来，推陈出新，我国与世界的文化交流在探索中向前发展，不断升华，随着全球化的影响及人民生活水平的提高，我国的文化也在变迁发展中日新月异，对我国的文化交流工作来说，这不仅仅是机遇，更是挑战。

第五章

2004年后中国对外文化交流

一、发展背景：国家战略，政策引领

经过了数十年的探索阶段，作为世界文明古国之一的中国不断开拓适合自己的文化发展道路。自2004年以来，特别是在“十一五”期间，随着我国国际地位上升，我们逐渐认识到加强国家文化软实力的重要性，各种各样的文化活动不断涌现，包括音乐、体育、影视等各种形式在内的官方或民间的文化交流活动日渐繁荣，文化交流的范围和规模逐渐扩大，内容更加丰富，渠道更加多样化，在推广我国优秀文化的同时，也积极引入外来先进文化，真正做到“引进来”与“走出去”相结合。

我国文化交流取得重大进步并不断繁荣，离不开政策、经济和思想三大层面的背景。

（一）政策背景

“文化走出去”战略首次提出是在中国共产党第十五届中央委员会第五次全体会议通过的《中共中央关于制定国民经济和社会发展第十个五年计划的建议》中，表述为：“实施‘走出去’战略，努力在利用国内外两种资源、两个市场方面有新的突破。”

"走出去"战略首先应从经济贸易开始，然后扩大到文化领域，这次变迁始于2004年6月文化部外联局和北京市文化局联合举办的"中国文化企业'走出去'"专题研讨会[①]。此处研讨会提出的将中华民族悠久的历史和丰富的文化艺术带到别的国家，与对外交流活动中"两个文明一起抓、两手都要硬"的方略高度吻合。推进我国"文化走出去"战略的实施，不仅要大力发展文化产业，增强我国文化产业竞争力，还要培养文化人才，增强文化人才创新力，要加强文化传播，提高我国文化软实力，增强综合国力，扩大国际影响力，进而最终促进世界文化的发展。[②]

2006年，中国参与了制定《文化多样性公约》的过程，2006年12月29日，第十届全国人民代表大会常务委员会第二十五次会议通过决议，正式批准了《文化多样性公约》，这也显示了中国愿为促进世界文化多样性而努力的决心。[③] 文化的多样性是人类社会的基本特征，也是人类文明的重要意义，因此保持文化的多样性于人类社会是必不可少的。

2009年，我国第一部国家层面的文化产业专项规划——《文化产业振兴规划》由国务院常务会议审议通过，标志着文化产业已经上升为国家的战略性产业。在国务院常务会议上，温家宝总理提出要坚持以体制改革和科技进步为动力，增强文化产业发展活力，提升文化创新能力，坚持推动中华民族文化发展与吸收世界优秀文化相结合，走中国特色文化产业发展道路。尽管本项规划并未将重点放在对外文化交流方面，但是从其中的个别条款还是能看出国家已经将重点慢慢向对外文化交流转移。

2011年10月18日，中国共产党第十七届中央委员会第六次

---

① 王风：《一路走好，中国文化企业——侧记〈中国文化企业"走出去"〉研讨会》，载《中外文化交流》2004年第8期，第14～15页。

② 郭琦、洪晓楠：《中华文化走出去战略研究》，载《文化学刊》2016年第9期。

③ 李爱华：《论推动中华文化走向世界——学习党的十七届六中全会决定的体会》，载《学习论坛》2012年第4期。

全体会议通过了《中共中央关于深化文化体制改革推动社会主义文化大发展大繁荣若干重大问题的决定》，这一重要文件明确提出了推动中华文化走向世界的要求。党的十七大明确指出，“当今时代，文化越来越成为民族凝聚力和创造力的重要源泉，越来越成为综合国力竞争的重要因素”。党的十七届六中全会又进一步指出，当今世界正处在大发展、大变革、大调整时期，世界多极化、经济全球化深入发展，科学技术日新月异，各种思想的交流、交融、交锋更加频繁，文化在综合国力竞争中的作用日益突出，维护国家文化安全的任务也更加艰巨，增加国家文化软实力的使命更加紧迫。推动中华文化走向世界，就是把中华优秀的传统文化展示给世界看，增强中华文化在世界上的感召力。但其中难免会遇到一些文化壁垒，我们在这个阶段学会了改造中国文化，尊重并遵守国际准则，生产外国人乐于消费的文化产品。

2012 年，党的十八大报告重申提高国家文化软实力的重要性。十八大报告指出，到 2020 年，我国文化软实力显著增强，这是文化建设的中期目标，也是建设社会主义文化强国的必然要求，而文化软实力的提高主要体现在四个方面：构建完善的社会主义核心价值观；公共文化服务体系基本建成；文化产业成为国民经济支柱性产业；中华文化走出去迈出更大的步伐。十八大报告指出：“文化实力和竞争力是国家富强、民族振兴的重要标志。”

2013 年，党的十八届三中全会《中共中央关于全面深化改革若干重大问题的决定》就我国现代市场体系和现代文化市场体系建设分别做出论述。该《决定》指出，我们要建立健全现代文化市场体系。完善文化市场准入和退出机制，鼓励各类市场主体公平竞争、优胜劣汰，促进文化资源在全国范围内流动。而当前我国的文化市场开放程度低，市场中思想性强的文化内容产品由于开放度低而供应不足，低俗的产品由于开放度高而有些泛滥。在此种背景下，我们更要建立开放的文化市场机制，加强版权保护，推出更多的文化精品。要建立健全现代文化市场体系、构建现代公共文化服务体系，就必须在发展本国文化的同时大力开展对外文化交流活动。只有内外结合、多头并举，才能使我国的文化战略有序推进，才能努力实现国家的伟大复兴。

2014 年 5 月，推动中华文化走出去座谈会在深圳举行。中共中央政治局委员、中央书记处书记、中宣部部长刘奇葆出席会议并讲话，强调要认真学习贯彻习近平总书记系列重要讲话精神，不断提高文化开放水平，加快推动中华文化走出去，尽快形成与我国经济社会发展水平和大国地位相适应的国家文化软实力。[①] 推动中华文化走出去要把内容建设放在第一位，突出思想内涵和价值观念。要注重对外宣传阐释中国梦，讲清楚中国梦是追求和平的梦、追求幸福的梦、奉献世界的梦，更要积极传播当代中国价值观念，充分展示优秀传统文化的独特魅力，让各国群众感受中华文化的魅力，感知当代中国发展活力，使中国的形象在世界上不断树立和闪亮起来。

2015 年政府工作报告中提到，要“拓展中外人文交流，加强国际传播能力建设”。不仅要重视文化交流，更要重视文化传播，我们应在新兴媒体上掌握主动权，否则就无法在国家话语权上掌握主动权，也就无从提高国际传播能力。作为多年来一直致力于中外文化交流的艺术家，全国政协委员、北京金台艺术馆馆长袁熙坤认为，在对外文化交流中，无论国家大小都要平等对待，要了解、熟悉对方的文化。“这些年，金台艺术馆旁边建设了国际名人雕塑园，吸引了很多中外游客。在这里，参

---

① 章红雨、尹琨：《推动中华文化走出去座谈会在深圳举行　刘奇葆出席并讲话》，载《中国新闻出版报》2014 年 5 月 16 日，http：//www. gapp. gov. cn/news/1671/202693. shtml。

观的妈妈会告诉孩子，这是印度的甘地，这是古巴的何塞·马蒂。如果我们希望别人了解和认同我们的孔子，那也应该了解人家的马克·吐温、西奥多·德莱塞，只有这样，文化交流的过程才会更顺畅。"①

从这一系列的政策及措施可以看出，中国的文化交流在不断成熟、深入、与时俱进，在这些政策的指导下，我国的对外交流活动也在不断蓬勃展开。

（二）经济背景

自2004年以来，我国的经济实力快速增强，良好的经济实力是国家对外文化交流的基础。更重要的是，在经济增长的同时，我国还注重优化产业结构，服务业中的文化产业占比逐步提高，逐渐成为一个新的经济增长点，促进了我国进一步的对外开放，政府也有资金开展对外文化交流，进一步促进了民间自发的文化交流活动。

（三）思想背景

社会主义核心价值观体现了文化交流的核心，这是对外交流的指导思想，中国作为社会主义国家，文化也自然要代表先进文化的前进方向，努力切合更广大人民的利益，才能在世界多样文化中独树一帜。中国作为世界文明大国，传统文化在当今更能凸显现代价值，近十年来，我们越来越重视弘扬中华文明、继承和发扬传统文化，中华文化是中华民族生生不息、团结奋进的不竭动力。加强对传统文化的挖掘，在保持民族性的基础上增强时代性，才能使中华文化更具有时代影响力和竞争力。②

---

① 《代表委员热议政府工作报告：拓展中外人文交流》，载《中国文化报》2015年3月10日。

② 周璐铭：《中国对外文化战略研究（2000～2015）》，中共中央党校博士学位论文，2015年。

二、发展情况：拓宽广度，延展深度

21 世纪以来，中国越来越重视文化的国内建设和传播，发展软实力，提升国家形象已经成为重要的目标；另外，在文化贸易上我国也取得了一定发展。随着“一带一路”倡议的展开和数字技术的运用，文化交流的广度和深度不断拓展。

截至 2017 年底，我国已与 157 个国家签署了文化合作协定，与近千个国际文化组织和机构有着不同形式的文化往来。我国与许多国家合作开展文化年活动，在全球各大城市举办文艺表演、民俗展示、讲演会等，扩大中华文化的影响力，吸引更多外国人走近中华文化。

（一）文化交流的主要渠道

1. 政府主导的文化交流。

文化交流不仅是一项文化活动，同时也是一项国家外交活动，这也是增强综合国力的必要手段。仅在 2004 年，我国就举办了多个有重大意义的活动。“中国文化年”由文化部牵头，多部委及部分省市共同参与，成为中欧文化交流史上的创举，它对树立我国良好的国际形象、促进中法全面战略伙伴关系的深入发展具有重大意义。2004 年 1 月 27 日，中法建交 40 周年，胡锦涛主席在埃维昂与法国总理希拉克会谈时指出：“现在是中法建交以来最好的时期。”两国的亲密关系也使得两国间的合作进一步深化。2004 年 7 月，中国文化年在法国落下帷幕。中法文化年以“古老、多彩和现代的中国”为主题向法国公众展现了深厚而富有生机的中国文化，深入到了许多法国百姓的心中，中国中央民族乐团、《红色娘子军》芭蕾舞演出等都在此时进入法国的剧院，为法国民众带来一场饕餮盛宴。

中国与非洲及亚洲其他国家也在此阶段建立了良好的文化交流关系，相关活动包括“非洲主题年”和“亚洲艺术节”等。第六届亚洲艺术节有 17 个亚洲国家的近千名艺术家参加，观众达 50 万人次，是当时历届亚洲艺术节中规模最大、最贴近观众的一次。除此之外，我国成功主办了“国际文化政策论坛”第七届部长年会，会议积极推动了《保护文化内容和艺术表现形式多样性公约》的制定工作，并发表了《上海声明》，为维护世界文化多样性做出了贡献。

2013 年，习近平总书记提出“一带一路”倡议，这是以习近平同志为核心的党中央根据国际局势的深刻变化、统筹国内国际局势制定的发展决策。文化建设是“一带一路”建设中必不可少的一部分。文化建设要广泛借鉴各国优秀文化成果，更要将中国的优秀文化不断传播。“中俄蒙经济走廊”“万里茶路”的历史文化传统正成为中国、蒙古国、俄罗斯三国重振“草原丝路”的共识,[①] 当年的丝绸之路承载着不同的宗教与文化，共同推动着这条丝路的繁荣。

政府主导的文化交流在发展中呈现出以下特点：

（1）与国家政策、外交活动紧密结合。

政府主导的文化交流将对外文化工作纳入外交格局，常与当下时政或外交事件结合，注重时效性。如 2009 年纪念中美建交 30 周年、中俄建交 60 周年，2010 年中印建交 60 周年等都开展了针对性的文化纪念活动，文化交流有助于在特别时段加深国与国之间的合作关系。

（2）注重与民间文化交流的互动。

2007 年，在对东欧国家的文化交流中，针对独联体、波罗的海国家经费不足、难以完成官方交流计划的情况，中国借助民

① 张赞：《“一带一路”背景下加强中外文化的交流与合作》，载《青春岁月》2017 年第 32 期，第 434 页。

间力量，促成广东、天津、沈阳等地的艺术团分赴白俄罗斯、北马其顿、保加利亚和波罗的海三国的国际艺术交流活动，收获了不错的效果。借助民间资源展示中华优秀文化，是中国与小国开展文化交流努力发展的方向。[①] 由此可见，官方主导的文化交流活动也需要民间力量的支持。

2. 半官方半民间文化交流活动。

这部分的活动主要是将政府支持与民间力量结合起来。如中印两国电影交流过程中，印度各大城市都设有电影协会等民间组织，这些大城市的一些组织与我国大使馆文化处保持着长期合作，他们不以营利为目的，每年通过使馆将电影拷贝在各大城市巡回放映，这使我国电影在印度一些城市拥有了一批忠实的观众。这样的电影组织已与我国大使馆文化处合作多年，几乎每年都从使馆借片子举办一次原汁原味的中国电影节。这样民间与官方的合作深入民众，在推广优秀中国文化的过程中也发挥着一定作用。

3. 民间文化交流活动。

民间文化交流活动主要源于民众自发组织，包括海外华侨在内促成的中国文化对外交流活动数不胜数，这种形式无疑是对前两种形式很好的补充，丰富了文化交流的内容。

4. 其他途径。

中国到国外访问、定居、留学的人数不断增多，调查显示，中国公民每年的出境人数突破 5 000 万人次，2008 年人数达到 3.5 亿人次。据不完全统计，中国在海外的华侨有 3 500 多万人。如此频繁的人员流动也为对外文化交流提供了一种快捷的渠道。美国国务卿鲍威尔曾发表过一篇名叫《从美国的国家利益出发，我们欢迎国际留学生》的演说，强调了在美国的国际留学生对于美国文化传播的重要性，因为国际学生往往怀着对美国价值观和

---

① 蔡武主编:《中国文化年鉴 2008》，新华出版社 2009 年版，第 216 页。

制度颇为欣赏的态度回国，不知不觉中在下一代青年的思想中植入了美国的文化烙印。中国近些年国际留学生也逐渐增多，截至2006年底，北京累计接受留学生15.6万余人，据中国教育部统计，中国吸纳外国留学生的规模每年以5 000人的速度激增，2009年全年来华留学生接近24万。2019年，有来自202个国家和地区的397 635人在中国811所大学和科研机构学习。而随着来华留学生的增多，与汉语教学有关的需求也不断增加，许多院校积极汇入这个大潮中，越来越多的年轻人投入对外汉语教学或孔子学院等教育事业。各种文化相关学术会议和国际组织也从更高层面促进文化交流，国家的研究机构、跨国大型企业联合的项目以及各类高校的科研机构都形成了新兴的文化交流渠道。

（二）文化交流的主要领域

不同领域对外文化交流的拓展非常迅速。

1. 文学对外交流。

2002年起，文学“走出去”的步伐不断加快，“请进来与走出去相结合”已经成为文学交流的常态。在文学对外交流中，中国作家协会一直在促进中国文学的对外译介，致力于推动文学走出去的进程，采取的措施包括推动优秀作品的译介，组织实施中国当代作品翻译工程、中国当代文学精品译介工程等，举办汉学家文学翻译国际研讨会等。同时，中国作家与外国翻译家和主流出版机构的合作正在日益深化。2009年，中国作协牵头组织数百位作家参加法兰克福国际书展的相关会议，创造了与外国读者直接接触的良好机会，达成了富有成果的文学交流活动。除了参加国际书展，中国作协还通过举办文学活动、拓展交流渠道等推动中国文学“走出去”。随着中外作家交流日益增多，中国作协在建立并发展有长效机制的文学交流平台——文学论坛上不断努力，促进交流形式更加多样，交流内容更加丰富，交流水平不断提高。2013年，中国作家协会举办第二届中澳文学论坛，中澳作家就“文学的传统与现代性”“诺贝尔文学奖及其意义”“文学的本地化与世界性”等主题进行研讨。在 2015 年举行的中韩日东亚文学论坛上，来自中韩日的 33 位作家围绕“现实生活与创作灵感”展开对话交流。2016 年举办了第四届中法文学论坛；2017 年举办了首届中葡文学论坛、首届中瑞文学研讨会和中国、丹麦文学论坛。中国作协不断拓展与欧美及周边国家的文学交流渠道，近年来实现了与南非、毛里求斯、冰岛、西班牙、英国、加拿大等过去交往较少的国家的友好交流。2015 年，在李克强总理出访拉美期间，中国作协主席铁凝率中国作家代表团成功访问哥伦比亚和秘鲁，在波哥大举行“中国—拉丁美洲人文交流研讨会”，不仅沟通了两国人民的心灵，也为中拉的务实合作奠定了人文基础。

除了中国作协，许多地方上的文化协会也采取了一定的措施推动文学的对外交流。2005 年，北京国际图书博览会设立了主宾国，截至目前已经吸引了俄罗斯、印度、韩国、德国、法国等众多国家参展，《人民文学》杂志也相继推出英、法、德、西、韩等不同语言的版本。

2012 年，莫言获得诺贝尔文学奖，作品被翻译到多个国家，影响力不断攀升，在各种中外文学交流活动上也都有莫言的身影。近些年来，曹文轩获国际安徒生奖，刘慈欣、郝景芳获得雨果奖，中国作家在国际上的影响力正在日益提升。

我国文学的对外交流通过“官方协会推介 + 作家传播”的模式进行：一方面，全国性的作家协会承担起了主动推介国内优秀作品的义务和相关工作，地方作协作为补充增强地方作家的影响力；另一方面，优秀的作家凭借实力将作品推出国门，走向世界。

2. 艺术对外交流。

（1）美术对外交流。

2004 年以来，官方的美术交流主要借助中外文化交流中心、各省市的美术馆等平台，其中最重要的组织为中国美术家协会，它在美术的对外文化交流上起着不可忽视的作用，而民间文化交流活动的形式主要包括团体或个人在海外举办交流展或参加国际美术展会等。尽管近年来民间交流形式与数量不断增加，但美术的对外交流仍是以官方为主导。

2008 年，中国美术家协会举办了“同一个世界——中国画家彩绘联合国大家庭艺术大展”，自 2008 年起在瑞士、墨西哥等地展出。

2009 年，中国美协开始实施“中国美术世界行”系列活动之一——“水墨中国：中国当代国画精品展”项目，分别在巴黎、维也纳、法兰克福、柏林等城市举办了专题展。同年，中国美协还在意大利的罗马、米兰等地举办了“雪域高原——中国绘画作品展”，这是我国首次在国外举办西藏题材的综合性画展。①

2010 年，中国美协从“第十一届全国美展”参展作品中精选出获奖作品，并积极组织在世界各地巡回展览。

2012 年，中国美协、荣宝斋、瑞士水墨基金会共同主办了“水墨阿尔卑斯——中国当代国画精品展”，分别在瑞士和北京举行。

在 2016 年的研修会议中，中国美协指出将以“一带一路”沿线国家为研修目的地，而这些国家以往较少涉及，研究相对缺乏，因此这将加强国内美术研究领域的薄弱环节，填补相关空白。

除了中国美术协会的官方交流活动，地方协会及政府近些年来对美术交流也更加重视。据雅昌艺术网不完全统计，2017 年，艺术展览“引进来”和“走出去”的比例大致为 3∶1，对外交流展中个展与群展比例约为 3.5∶1，艺术家个展的数量多于群展的数量。一方面，艺术家个人交流更为频繁和丰富；另一方面，群展的缺乏也说明文化交流的集约效应和展览的大品牌建设还有

① 张瞳：《积极凸显中国美术的国际艺术形象——五年来中国美协中外美术交流的多样探索与深层互动》，载《美术》2013 年第 11 期，第 6 ~ 9 页。

待加强。

（2）音乐对外交流。

近年来，随着西方古典音乐在欧美面临观众老龄化等市场挑战，中国经济的发展为西方古典音乐在中国的传播带来了全新的机遇与挑战。中国各地的剧院不断涌现，西方古典音乐演出行业看好中国市场的发展潜力。同时，在外来音乐的刺激下，中国的当代音乐创作也更加繁荣，中国作曲家创作出了许多优秀的作品，并且积极走上对外交流的道路。

一方面，我国各地积极与国外的音乐博物馆或官方音乐组织建立紧密的联系。2014 年，美国国家音乐博物馆馆长约翰逊·克里文地与珠海香洲区、卡都投资有限公司三方签约，将在珠海合作建设国际音乐交流中心，在乐器展示展览、音乐文化交流、专业演出等领域展开全面合作，并努力打造中美文化交流的典范，让包括中国、美国在内的国内外朋友能够在此了解音乐、热爱音乐并且传播音乐。一些城市在探索城市发展之路时，也将音乐作为自己的定位，"音乐之都"哈尔滨每年都会迎来众多的国内外演出团体。哈尔滨交响乐团团长、哈尔滨音乐厅经理曲波说："如今的哈尔滨，正在搭建国际音乐交流平台。"莎拉·布莱曼独唱音乐会、空政文工团新创音乐剧《嘎利娅》、理查德·克莱德曼钢琴独奏音乐会……众多享有盛誉的演出缘聚哈尔滨，越来越多的外地音乐迷们专程飞赴哈尔滨。

另一方面，中国本土的艺术家也积极寻求对外交流的机会。著名音乐家及扬琴演奏家刘月宁，作为音乐"外交家"的开拓者，多年来积极致力于中国音乐文化的对外交流与传播，取得了丰硕的成果，特别是在中印音乐文化交流方面，她成功组织及参与了多个文化项目。2014 年，刘月宁率领"茉莉花"扬琴重奏团在北京音乐厅演绎了中国民歌《茉莉花》，乐团也正式发行了第二张唱片《茉莉芬芳》。此外，诸多艺术家登上维也纳金色大厅或是各国文化交流中心的舞台，为中国文化的对外传播做出了贡献。

2018 年，中国与巴基斯坦联合举办了音乐家交流论坛，巴基斯坦中国文化中心项目主管奥马尔认为分享两国文化十分重要，这能进一步加强两国之间的友好关系。在社会发展的过程中，文化推广具有建设性作用，而年轻人在这方面扮演着非常重要的角色。这次活动中，两国音乐家得以学习演奏对方的特色乐器，包括巴基斯坦的长笛、塔布拉鼓、多尔吉鼓，以及古筝、中阮、琵琶等中国传统乐器。

（3）舞蹈对外交流。

现代的舞蹈对外交流包括众多门类，其中民族舞和芭蕾舞都十分有特色。

民族舞作为国家瑰宝之一，有其独特的艺术特征，有着动态性、意象性和情感性。民族舞蹈是民族文化的象征，为所有不同文化背景的人提供了一个可以想象与感悟的空间，因此它有巨大的优势，可以超越时空和语言，成为全世界的人们都能理解的艺术。作为典型民族舞的发源地，云南通过众多蕴含着传统文化的民族舞蹈向世界展现了文化底蕴深厚的中国。自 1985 年开始，云南省舞蹈家协会与日本黛民族舞蹈文化财团就达成了“对等互访”的交流协议，开始进行学术研究和交流性演出，几十年来让中国民族舞在舞台上大放异彩。

2003 年，由著名的舞蹈家杨丽萍任总编导并领衔主演的大型原生态歌舞集《云南印象》在云南上演时引发巨大轰动，2004 年在上海角逐中国舞蹈“荷花奖”时获得金奖，同年 4 月，舞蹈在北京保利剧场上演，赢得好评。2009 年《云南印象》开始年度世界巡演，在美国辛辛那提做连续两个星期的推广性演出，16 场精彩表演轰动了整个美国。辛辛那提市的市长特意将演出日命名为“云南印象日”。2011 年 1 月，纽约时代广场上 6 块电子显示屏播出中国首部国家形象宣传片，杨丽萍被标榜为“中国五美人”之一，出现在《中国国家形象片——人物篇》的第一个画面上。民族舞不仅是艺术的体现，也带来了解不同民族、文化的机会，成为文化交流的媒介之一。

芭蕾舞作为一种外来舞种，在一段时期的交流融合后，与我国的传统文化结合得非常贴切。随着我国经济的稳步增长和生活水平的不断提升，世界顶级的古典、现代和当代芭蕾舞团——巴黎歌剧院芭蕾舞团、莫斯科音乐剧院芭蕾舞团、里昂歌剧院芭蕾舞团和莱茵芭蕾舞团等纷纷来到中国，为中国民众献上饕餮盛宴，络绎不绝的芭蕾舞团演出不断提升大众的高雅艺术欣赏水平。而在芭蕾舞的融合方面，数十年来，在俄罗斯流派的坚实基础上，国内舞团大量吸收了意大利、法国、丹麦、英国、美国各大流派的众家之长，并在上演更多西方传统和现当代芭蕾经典的同时，将芭蕾舞巧妙地与我国的传统文化相结合，创作出了《大红灯笼高高挂》《牡丹亭》《二泉映月》《末代皇帝》《梅兰芳》等中国题材的大型芭蕾舞剧及一大批中小型的芭蕾节目，使中国芭蕾向着更加多样化的方向发展。以上海为例，上海国际舞蹈中心自 2016 年 10 月 1 日对外开放，充分激发自身原创活力，推出了多部舞蹈艺术精品佳作，创造出豪华版《天鹅湖》《白毛女》《马可・波罗——最后的使命》《梁山伯与祝英台》等经典芭蕾片段，同时广泛引进国内外一流舞蹈项目，不断提升文化原创力和文化影响力。

中外舞蹈交流离不开政府部门和众多机构组织的支持。多年来，中国舞蹈家协会、北京舞蹈学院和中国艺术研究院舞蹈研究所等机构一直承担着组织联络和人才培养的重要任务，并确保这项工作后继有人。尽管舞蹈交流取得了一定发展，但在输出中国优秀传统的舞蹈文化上还有很长的一段路要走。

（4）影视对外交流。

互联网时代极大地丰富了文化传播的介质，文化创意产业迎来了黄金发展的时代。21 世纪我国的影视文化悄然兴起，影视剧的对外交流也经历了上升、下降和突破三个阶段。

2004 年，由四大名著改编的电视剧及《康熙王朝》《铁齿铜牙纪晓岚》等历史剧首先在国际上受到了广泛关注。2004 年，借助“中法文化年”的机会，中国电视界也首次获邀进入主展厅参展。在 2004 年之后，中国台湾地区逐渐成为大陆电视剧的最大买家，而中国电视剧在国际上的销量有所下降。

到了 2007 年，得益于宽松的政策以及新媒体崛起的影响，众多的民营影视公司开启了影视剧的拍摄，也促成了我国影视剧市场的繁荣。同时，一些大型的民营公司如华谊兄弟、花儿影视等不断开拓海外市场。

2010 年，随着新媒体行业的不断发展，国内的新媒体相继在国外建立自己的域名，国外观众可以直接搜索到资源，加强了与国外的交流。2010 年 3 月，优酷首次与韩国三大电视台之一的首尔电视台（SBS）达成战略合作，签约其旗下的所有韩剧，总量达到 200 部，6 000 余集。①

2014 年底，腾讯视频也与美国的有线网络媒体公司 HBO 开展战略合作，立志于打造最优质的美剧平台，独家引进《权力的游戏》《新闻编辑室》等多部获奖剧集。近年来，新媒体与国外的合作有增无减，交流更加频繁。不仅仅是电视剧播出的交流，中国与各国在多领域都开展了合作，从演员到场景布局，再到策划、编剧、制片等，更加深入与全面。

自 2016 年成立以来，“丝路电视国际合作共同体”在国际合拍方面持续发力，不断促进成员间进行合拍项目的共同开发，在作品原创和生产制作流程方面开展全方位的国际合作与交流。在共同体合作机制下，我国制作机构先后与英国、法国、澳大利亚、美国、奥地利等国媒体合拍的纪录片《孔子》《天河》等相继在国际主流媒体播出；与捷克媒体合拍的《熊猫与小鼹鼠》、

① 张婧：《浅议中国电视剧艺术的对外交流历史进程》，载《中国广播电视学刊》2016 年第 5 期，第 86 ~ 89 页。

与新西兰媒体合拍的《熊猫和奇异鸟》、与俄罗斯媒体合拍的《熊猫和开心球》等“熊猫+”系列跨国合拍动画片成为新的亮点。

除了经济上带来的巨大收益，电影和电视连续剧作为受众最广的文化传播手段，对中外文化交流的意义十分重大。利用影视作品传播本民族的文化，加强中外影视文化交流合作，是国家文化外交战略的有机组成部分。

3. 体育对外交流。

体育作为人类社会的一种特殊的文化现象，在促进人类文明交流、促进各国友好关系方面都有重要的作用。中国的体育文化也一直活跃在世界舞台，自20世纪70年代的“乒乓外交”起，体育对外交流开创了“以和为贵”的中国作风。2008年北京奥运会提出的“绿色奥运、科技奥运、人文奥运”的口号也体现了以人为本的中国文化的核心。与西方体育不同的是，中国的体育发展是以娱乐为主线的，如拔河、武术等，而西方的体育则是以战争为主线，如搏击、摔跤等。中西方的体育文化差异给中西方的体育文化交流提供了很好的契机。

2011年，为期4天的“2011 X GAMES世界极限运动大赛亚洲站”在上海体育中心精彩落幕，来自全球五大洲近30个国家和地区的近200名顶尖极限运动选手在极限单车、直排轮和滑板三大项目中展开激烈角逐。极限运动项目在中国起步较晚，但近年来却呈现出爆炸式的增长势头。如今这个以活力张扬、标新立异、随意自由为特征的“酷玩文化”正被中国主流文化所接纳，商业价值日益凸显。

同年，由国际奥委会创办的世界群众体育大会在北京召开，首届会议于1986年召开。大会的目标是：通过经验交流，推动世界群众体育的发展。参加会议的人员主要来自奥林匹克大家庭、联合国机构、国际组织、各国政府机构、体育运动组织、体育科学和学术界、体育相关产业及主要国际媒体等。

2012 年为纪念中美乒乓外交 40 周年，两国领导人在人民大会堂举行了纪念活动，国家主席习近平、美国前总统卡特共同出席并致辞，并观看了中美两国乒乓球老运动员的友谊比赛。

2014 年，来自北京体育大学、首都体育学院、上海体育学院、美国职业棒球大联盟、NBA 中国的中美两国体育专家围绕“体育运动与青少年创新能力培养”的主题进行交流研讨，开创了首届中美体育研讨会。中美体育研讨会的举办为两国体育专家、学者交流经验提供了沟通互动的平台，为推动两国体育界开展全面且富有成效的合作注入了新的活力，也为两国体育交流机制化、常态化开辟了更加广阔的空间。

2018 年 8 月，第五届中美体育研讨会在京举办。此前，在“中美人文交流高层磋商机制”和“中美社会和人文对话”框架下，中美体育研讨会已举办了四届，分别围绕青年与体育、青年体质健康促进、身体运动功能与表现、体育人才培养等专题进行了研讨。

体育对外交流的先河为中国武术。经过历史长河的洗涤，中国武术融合了哲学、宗教、艺术、兵法等传统的中国文化，不再只是一种单纯的健身方式，更成为了我国的瑰宝之一，展现了中华文化的博大精深。自 1990 年开始，武术比赛已经被列入每一届亚运会正式项目。武术蕴含着中国文化“天人合一”的精神。通过对传统武术的挖掘整理，符合“源流有序、权理明晰、风格独特、自成体系”特征的拳种就有 129 个，光是太极拳就包括陈式、杨式、吴式、孙式、李式等多个拳种。武术对外交流大概通过以下几种方式进行：

一是借助大众媒体。近些年来，越来越多有关于武术的影视作品在世界范围内广为流传，大大提升了中国武术的知名度，如《功夫熊猫》《太极》《卧虎藏龙》等，一些武馆也会通过外文网站推介武术文化。

二是组织重大武术交流活动。以武当山武术为例，高水平的专业武术团队经常赴美国、韩国、英国等地进行展演、交流和教学。仅 2016 年，武当武术团分别出访美国、俄罗斯、日本、法国、新加坡、德国、南非等 10 个国家和地区，进行了 46 次的交流活动，演出共计 243 场。①

三是成立管理研发机构。武术的对外传播离不开武术本身的产出，这其中包括建立武术发展的相关理论、武术体系的标准化、开发武术养生文化产业等。

我国一些地方武术团体较早地开始了武术交流之路。山东省武术院因为成熟的训练理念、先进的训练设施，成为包括印度、日本和马来西亚等国在内的众多国外武术国家队集训的首选之一。在引进来的同时，省武术院也积极走出国门，对外传播中国武术的精髓，双向交流，为山东武术发展拓宽了新的思路。借助武术在国外的流行，山东省武术院迎来“走出去”的良机。在澳大利亚南澳州同山东建立友好省份 30 周年外事活动中，省武术院积极尝试在国外建立武术基地，借助对方的场地和组织力度推广和传播中国的武术理念，宣传山东本地的拳种。

在体育的对外交流方面，传统的中国武术占有重要的地位，随着时代发展，一些新兴的极限运动也逐渐拓展影响，体育行业呈现出欣欣向荣的发展态势。体育的对外交流在国际上具有较大影响力，体育项目的交流活动需要进一步发展。

4. 博物馆对外交流。

博物馆对外交流一直以来都是我国对外文化交流中重要的一部分。进入 21 世纪以来，我国博物馆的国际交流与合作形式不断丰富，次数不断增加，规模也不断扩大。随着“中法文化年”“中意文化年”的举办，博物馆展览已经成为固定项目和活动的

---

① 张正荣、胡立清：《武当武术文化对外交流的现状及发展对策研究》，载《湖北经济学院学报（人文社会科学版）》2017 年第 7 期，第 114～116 页。

亮点，博物馆文化的对外交流同时还可以使中国在国际上争取更多的文物话语权。

2004 年 10 月，中国国家文物局与美国大都会艺术博物馆共同举办的“走向盛唐展”在大都会艺术博物馆正式推出，展出了大量珍贵的历史文物，2 年内先后在美国、日本和中国香港的 6 个博物馆展出，观众达 110 万人。

2008 年，汉阳陵博物馆与荷兰博物馆签署了友好馆协议，南京博物院也与加拿大皇家安大略博物馆签署了文化交流备忘录，在策划展览、文博科研等方面开展进一步交流。

2009 年，“秦汉—罗马文明展”分别在北京、洛阳、米兰和罗马展出，两大文明的瑰宝齐聚一堂，向世界展示了中意两国悠久的文化与历史。设计师将两大文明的特点以“和而不同”的手法表现出来，体现了文明的平衡。

2010 年，中国秦兵马俑的考古项目在 27 个提名项目中脱颖而出，获得在西班牙语世界有“诺贝尔奖”之称的“2010 年度阿斯图里亚斯王子奖社会科学奖”，这也是中国首次获得该奖项，说明了国际社会对我国文物的高度肯定。

同年，国际博物馆协会第 22 届会员代表大会在上海举办，这为中国博物馆学习世界博物馆经营、促进自身的发展提供了绝好的机会，也扩大了中国博物馆与国外博物馆的交流。

近年来，我国国内的博物馆也相继举办了来自世界各地的展览，例如在上海、北京成功举办的“凡尔赛宫‘太阳王’路易十四展”“大英博物馆 240 年藏品展”等，给许多没有机会踏出国门的人提供了欣赏世界各地精美展品的机会。

文物交流展反映了世界人民的劳动与智力成果，对于文化的交流和促进有着正向作用，同时也实现了世界各地人民的心灵沟通，加强了我国与世界各地的联系。作为世界文明古国之一的中国，我们拥有丰富的文物，担负着推广传播中国璀璨文化的重大使命。

【案例】

中国文化传播的摇篮——中国文化中心

20 世纪以来，许多国家都在探索文化传播的新模式——在国外设立文化中心。设立中国文化中心是双边关系进一步深化的重要标志，旨在加强两国文化交流与合作，增进两国人民之间的相互了解和友谊。中国自 20 世纪 80 年代开始在海外设立文化中心，至今海外中国文化中心已建成运营 35 个，遍布非洲、欧洲、亚洲、北美洲和大洋洲；规划到 2020 年，海外中国文化中心总数将达到 50 个，形成覆盖全球主要国家和地区的中国文化对外传播推广网络。

文化中心作为体验中华文化的绝佳场所，是对孔子学院的一种补充。中心常态化、不间断地举办演出、展览、艺术节、文体比赛等各类文化交流活动，开展语言、文化艺术、体育健身等各类培训项目并实施各类短期教育培训计划，举办学术讲座、研讨会、汉学家交流等活动。中心内还设有图书馆、多功能厅、阅览室等，介绍中国的历史、文化、发展和当代社会生活。

中国文化中心自建立以来，举办了各式各样具有很大影响力的活动，已经成为中华文化传播的有力场所，出色的工作得到了国内外的高度肯定。中国建于柏林的文化中心，自 2002 年建立以来，国家领导人相继前来访问，与学员共同体会中华传统文化之美。

中国文化中心主要通过几个方面来传播中华文化：

第一，介绍国情、推广文化始终是文化中心的根基与重点，各中心充分利用国庆日、建交纪念日等重要时间节点，通过展览、座谈等多种形式介绍中国发展成就，通过文化艺术表演等展示中国丰富多彩的优秀传统文化与现当代文化。

第二，深层次的文化交流。通过各式研讨会和学术访谈，国内外知名学者与观众得以进行面对面交流。莫斯科中国文化中心连续5年开展中俄经典文学互译项目，出版了几十部著作；巴黎中国文化中心与法国知名院线合作，连续举办7届“法国中国电影节”，每年放映数百场次的中国电影。

第三，教学培训。各国的中国文化中心近年来相继开办了书法、绘画、烹饪等一系列培训课程，培养了一批对中华文化有浓厚兴趣的艺术人才。

回顾21世纪十多年来的对外文化交流历程，中国在政策制定与对外交流活动规划上日益成熟。结合当前“一带一路”大背景，我们应把握机遇，推动文化产业迅速发展，并在国际上争取更多的话语权。

当前，和谐的社会关系为文化发展提供了最好的环境。借助网络与科技手段，我们正努力形成开放友好的文化交流环境，推动中华文化走向世界，切实提升国家软实力，维护文化安全。

传播好优秀的传统文化，将优秀传统文化中具有当代价值、世界意义的文化精髓提炼、展示出来，使中华文化所蕴含的自然人文精神，为当今世界人民提供智慧，为构筑和平稳定的世界秩序奠定文化基石，不仅是为了中国的国家利益，更是为了整个世界的利益。

第六章

1978～2000 年中国对外文化贸易

一、发展背景：改革开放，文化贸易逐步开启

改革开放以前，我国对外文化贸易极少。从 1978 年我国开始进行改革开放至 2000 年我国加入世界贸易组织（WTO）前夕，我国实行了改革开放的经济发展政策，打破了与世界各国进行经济、文化交流的障碍，广泛进行对外贸易。政府及整个社会初步认识到文化贸易及其必要性与重要性，而非仅仅把文化及文化产品当作对外交流的手段与工具。

文化贸易政策在我国对外文化贸易发展中起着极为特殊且重要的作用。一方面国家通过发布政策来对贸易行业进行政治、资金、人才方面的支持；另一方面，国家通过政策来规范贸易的发展、畅通贸易渠道、维护我国企业的合法贸易权利，不断增强我国文化贸易的国际竞争力。

1987 年 1 月《中华人民共和国海关法》颁布。《海关法》的制定、实施对于我国对外贸易以及对外文化贸易的发展具有划时代的意义，我国对外文化贸易进一步走向正规化。

1998 年 3 月，国务院发布《中华人民共和国反倾销和反补

贴条例》。反倾销是国际上通行的进口国政府对进口的倾销产品依法进行调查并征收反倾销税的一种法律制度，是抵制不公平竞争的重要手段。中国正式颁布、实施《中华人民共和国反倾销和反补贴条例》，使该项工作有法可依。该条例的公布和实施，增强了我国保护对外文化贸易的能力，确保我国对外文化贸易在更加公平的贸易环境中进行，维护了我国对外贸易经营者的合法权益。

1989 年 2 月中共中央发出的《关于进一步繁荣文艺的若干意见》提出，要坚持文艺“为人民服务、为社会主义服务”的方向以及“百花齐放，百家争鸣”的方针，这是长期稳定地发展我国社会主义文艺事业的根本保证。党对文艺事业的领导是政治原则、政治方向的领导。文艺体制改革上，《关于进一步繁荣文艺的若干意见》指出，首先要明确党、政府和群众文化艺术团体的关系及职能。其次，还要增强文艺单位的自主性、竞争性以及相关人才的自由流动，以此来提升单位发展文化艺术的活力，从而完善社会主义市场机制，科学地对大众的文化消费进行引导和管理。对于文艺事业发展较为落后的老、少、边、穷地区，文件从精神产品生产的特点出发，提出要在税收及价格方面给予一定的优惠，帮助这些较为落后的地区发展文艺事业，为当地民众提供一些基本的公共文化服务。国家对于文化工作的重视是我国对外文化贸易萌芽的重要支持力量之一，主要体现在对于文化产品原创性生产的重视以及对于广大人民多样化文化需求的关注。《关于进一步繁荣文艺的若干意见》的发布，进一步体现了国家对于文艺工作的重视。尽管文件仍主要关注文艺事业，产业性质的文化服务、文化产品并没有得到国家的特殊支持，但是，国家支持下的文艺事业的进一步繁荣能够通过激发人们多样化、丰富化的文化需求促进文化市场的出现，进而推动我国文化贸易的发展壮大。

1992 年 6 月中共中央、国务院发布的《关于加快发展第三产业的决定》提出，小康水平不仅表现在居民收入所达到的标准，更重要的是要看社会化服务水平和居民生活质量，还在文化娱乐、广播影视、图书出版、体育康复、旅游等精神生活方面提出了更多、更高的要求。这是我国第三产业尤其是文化产业发展过程中一个重要的里程碑，也是我国对外文化贸易发展中的一个重要节点。由此开始，文化事业与文化产业逐渐分离，文化的产业属性增强，社会商业性的、自发性的文化产品和文化服务的出口贸易也逐渐展开。

1997 年 1 月中共中央发布《关于进一步做好文艺工作的若干意见》，意见分为七个部分，从文艺工作面临的形势、接下来要完成的任务及文艺工作的指导思想等文艺工作的宏观管理到文艺创作、文艺体制改革、文艺事业管理等微观管理详细规划了下一阶段我国文艺工作的前进路径。此外，在这一意见中，还提出要加强对文化作品的进出口管理，努力把更多体现中华民族优秀文化传统和当代中国人民精神风貌的优秀文艺作品推向世界。该意见是对我国文艺工作进行指导的纲领性文件，可以看到其中提出了许多有利于我国对外文化贸易发展的指导性意见，甚至可以看到对进行对外文化贸易的鼓励，这不得不说是我国对外文化贸易的进步。

二、发展情况：萌芽阶段，贸易环境逐渐完善

在此阶段，我国对外文化贸易存在以下特点：对外文化贸易处于萌芽期，总体上文化贸易极少，但文化产品贸易数量和种类在缓慢增多，部分传统文化开始以服务的形式进行贸易；对外文化贸易发展的条件逐渐完备（管理走向正规化、对外贸易环境逐渐得到改善、国际化程度不断加深）；文化贸易主要以“引进

来”为主，“走出去”的文化贸易相对较少；以文化产品的代理制造加工再出口为主，本土原创性文化产品较少，但本土性原创产品和服务逐渐获得国际认可和接受。

（一）对外文化贸易处于萌芽期，总体来看文化贸易极少，但文化产品数量和种类缓慢增多，部分传统文化开始以服务的形式进行贸易

1. 文化产品数量和种类缓慢增多。

1976 年 10 月，中共中央一举粉碎了“四人帮”，随后进行拨乱反正，对十年来的混乱局面进行了根本性的扭转。

1977 年，党和政府开始有意识地探索如何继续建设社会主义，彻底改变我国贫穷、落后的经济面貌，在对外贸易方面做出了部分积极尝试。例如，为了了解外国、宣传中国，中国政府派出出国推销小组。这是一个考察兼推销的组织，调查当地的市场及基本经济状况，并推销我国企业的工业产品。[①] 这样的尝试意味着我国政府发展经济开始放眼世界，这对于我国对外文化贸易的发展意义深远。

1978 年是我国对外文化贸易的开端。这一年，对外贸易受到党和政府的重视，对外文化贸易也开始出现。

1978 年 2 月，五届人大一次会议的政府工作报告中提出：中国的“对外贸易要有一个大的发展”，“要认真总结对外贸易工作的经验，按照平等互利的原则，把生意做好做活”。为了保证对外贸易有个大的发展，中央提出：第一，一定要思想解放，开阔思路。第二，要在体制上、经营管理上进行改革。第三，必须全国动手，全党齐心协力。

10 月，秋季中国出口商品交易会在广州举行，这是我国第

① 李妍：《1976～1978 年间的中国对外贸易》，载《当代中国史研究》2007 年第 4 期，第 91～92 页。

44 届广交会。本届广交会摆脱了“文革”的阴影，成为一届真正的商品交易会，展品包括纺织品馆展示的服装、景德镇出口的陶瓷、南海站鳌滴水观音、玉雕、地毯等，也有湖南特产大型湘绣绣画，引起来会客商的竞相购买。1978 年的广交会展示了我国丰富多样的文化产品，极大地推动了我国对外文化贸易的发展。

改革开放之初，国内一系列政治、经济会议的召开给予了对外贸易较大的正面影响，在纠正过去十年国家发展过程中出现的错误的同时，我国对外贸易不断发展。

1992 年 10 月，北京广告公司、北京对外文物交流中心与荷兰国际贸易咨询公司在京联合举办中国首次国际拍卖会，[①] 在这次国际拍卖会上出现了大量代表中国传统文化艺术的手工艺品，有瓷器、玉器、金银器、书画作品等，拍卖数量巨大。这是我国自发主动的、正式进行的第一次以本土原创文化产品为主的对外文化贸易，虽然当时的成交金额远远低于组委会的预期，但此次国际拍卖会对我国对外文化贸易的发展具有特殊而重大的意义，是我国改革开放初期进行的比较典型的对外文化贸易。更为重要的是，本次国际拍卖品大部分具有我国传统文化内涵，这成为我国本土性原创文化产品走出去的一个标志性的事件。

1993 年 11 月，首届中国艺术博览会在广州隆重开幕。这届艺术博览会被业内人士称为我国的艺术品“广交会”，完全改变了过去由国家财政拨款支持举办的单一模式，博览会是由画院、画廊、画商共同参与举办。这次博览会可以说是我国首次开放式的国际性博览会，主推我国艺术品走向国际舞台与市场，展示其美学价值与贸易价值。博览会上，来自国内外超过 200 家单位的 400 多个展位的原创艺术作品成为此次博览会成功举办的最大亮点。此外，来自海外的展台众多，为国内人民带来了一场视觉上

---

① 《1992 年 10 月 11 日　新中国第一次国际拍卖会开槌》，中国网，http：//www. china. com. cn/aboutchina/txt/2009 - 10/10/content_18674415. htm。

的文化盛宴。此次博览会为国内外的艺术家及其艺术作品提供了一个交流互鉴的平台，是一场高水准的、精致的文化展示活动，为我国开展之后的文化贸易活动起到了引导作用。

2. 部分传统文化开始以服务的形式进行贸易。

文化服务作为文化贸易的一部分，在文化贸易中的重要性愈发显著。我国拥有悠久的历史文化传统，文化服务的输出在体现我国丰富、深邃的传统文化积淀的同时，能为我国的文化贸易带来利润与持久的发展潜能。随着文化产品进出口贸易的缓慢发展，我国部分传统文化服务也在国家、知名艺术家和传承者、艺术表演团体以及移民的推动下走出国门，传统文化在国外开出了美丽的传承之花。如将中国武术之名传遍世界的李小龙，通过教授武术、拍摄武术电影等，使得“Kung Fu”（功夫）一词传遍世界。戏剧方面，也有许多著名的传统艺术家做出了杰出贡献。例如著名京剧表演艺术家孙萍女士，孙萍女士是获得国外大学博士学位的著名京剧表演艺术家，是在艺术大师梅兰芳、张君秋之后第三位得如此高学位的京剧艺术家。除了在艺术表演方面获得了广泛认可外，孙萍女士还力图把京剧推向欧洲艺术舞台，力图在京剧艺术的传播和创新发展方面获得更大的突破，帮助中国文化更好地走出国门，为世界观众所喜爱。

除了知名的文化人，还有一些文化团体实现了走出国门、走向世界的传统文化贸易之路。例如，少林寺作为中国佛教禅宗祖庭和中国功夫的发源地，现在已经成为世界文化遗产、全国重点文物保护单位、国家 AAAAA 级旅游景区。自中华人民共和国成立，少林寺与世界各地的文化交流就在规格、规模、频次和范围等方面不断提升。世界各国的著名人士都曾慕名前来探访，寻觅神奇的中国功夫文化，其中有文化人士、明星、运动健将，还有各国首脑，影响力巨大的宗教界人士、政界人士，这些都进一步证明和彰显了少林寺非同凡响的广泛影响力。此外，少林寺除了接待了大量有影响力的人物提升了其在世界宗教领域中的地位外，还在世界范围内建立相关文化机构，覆盖全世界超过300座城市，少林僧侣在这些少林文化中心讲经授法、练武修禅。少林寺还先后在欧洲和北美举办少林文化节，通过各种方式向世界各国传递中华文化的精神内涵和东方价值观。少林寺因其在佛教中和武术领域的独特地位，逐渐成为国内知名的旅游景点之一，每年接待大量国内外游客，成为我国对外文化贸易的龙头之一。

浙江小百花越剧团也为我国对外文化服务贸易做出了卓越贡献。浙江小百花艺术团创建于1983年，是中国当代越剧艺术最具经典意义的女子专业表演团体之一，被海内外专家学者誉为“东方奇葩”。浙江小百花越剧团先后出访过美国、法国、西班牙、荷兰、比利时、日本、新加坡、泰国，并多次赴香港、澳门、台湾地区献艺。所到之处，无不受到当地观众和媒体的热烈欢迎及高度关注。

此外，中国传统文化本身也极具吸引力，诸多传统文化在文化贸易中显示出越来越强的发展潜力，中医是其中的佼佼者。中医作为最具有中国传统色彩的医学理论，由于其具有很好的科学性和治疗效果，而且渗透着深厚的中国传统哲学思想，在国际上引起了众多关注和研究，并且随着我国贸易国际化的发展，逐渐跟着中国人出国的步伐走出国门，走向各国，获得了各国人民的认同和信任。20世纪80年代后，中医在日本迅速发展起来。根据数据统计，日本以中医为主的从业人员大约有15 000人，从事针灸推拿的大约有10万人，此外还有近3万的中医研究人员，中医研究机构十多个，许多大学或者研究院中也开设了中医研究部门和专业。从数据可以看出，日本官方对中医的应用和研究给予了越来越多的支持和关注，也有越来越多的人从事中医相关的产业和研究工作，中医在日本的影响力在不断扩大。

中医在美国的发展状况与日本类似。随着针灸在美国使用的逐步合法化，中国传统医学在美国的发展势头良好。据统计，1987年已经有大约2 500名的针灸师拥有执照，从事相关医疗工作的人多达万余人。1989 年，相关领域的人员增加至约 2 万人，仅在加州的执照针灸人员就已经达到了 8 600 余人，且其学历都较高，约 64% 的人拥有大学本科学历，相关中医诊所超过 800 家。此外，随着中医、针灸的发展，中药也成为美国的新宠。数据显示，美国人每年要花费 60 亿美元用于营养保健品，而且美国约有 5% 的患者服用天然药物，其中 80% 的患者在治疗过程中服用中药。庞大的中药消费数量引致了庞大的中药需求市场，我国每年的中药材贸易成为传统中医服务贸易的重要一部分。

我国优秀的传统文化在向世界人民展示其魅力的同时，其价值也获得了越来越多的认可。传统文化服务在国内缓慢兴起，并且通过发展文化旅游或者由一些知名文化人士带出国门，功夫、中医等传统文化广为人知，相关的文化贸易逐年上升，并最终形成“功夫热”“中医热”，席卷全球。这成为我国传统文化进行贸易的一种最重要的方式，并推动我国文化服务贸易持续发展。

（二）对外文化贸易发展条件逐渐完备

对外文化贸易的顺利进行并获得可观的贸易收入需要一定的国内外硬件条件进行支撑，以引导、规范贸易活动，这些条件应该包括政治条件、经济条件、法律条件、机构条件等，尤其是国内的经济发展状况，对于刚刚进行改革开放、探索经济建设的我国来说尤为重要。

1. 管理走向正规化。

对文化贸易进行正规化的管理是帮助对外文化贸易发展的主要措施之一。正规化的管理不仅大大节省了政府等相关部门的工作，提高了管理和贸易的效率，而且简化了对外贸易的程序，在为相关企业和个人带来便利的同时，保障了相关各方的合法权利和利益，刺激了对外贸易的发展。

1978 年 10 月 16 日至 11 月 2 日，由中国对外贸易部、联合国贸易和发展会议共同在上海主办了“中国对外贸易及经营管理座谈会”，这是中国第一次举办这种类型的活动。在此次会议上，通过认真总结对外贸易经验、合理吸收采纳国外先进管理理念，我国政府部门对管理对外贸易有了新的、更深的认识，这有助于我国对外文化贸易体系的建立。

1982年2月，我国政府公开公布了第一批历史文化名城：北京、承德、大同、南京等。1987年12月，五处古迹被联合国教科文组织列为世界文化遗产，它们是长城、北京故宫、周口店北京人遗址、秦始皇陵及兵马俑坑、敦煌莫高窟。我国古迹列入世界遗产表明我国的历史文化资源在国际上具有强大的影响力和吸引力，这成为我国国际文化旅游发展的基础，是推动我国对外文化贸易的重要力量之一。通过这种给予荣誉的“正名”方式，一批具有代表性的文化城市、文化建筑纳入国家正规管理之下，并由国家财政拨款进行修缮保护，这极大地促进了这些地区的文化旅游业的发展。

我国作为拥有着五千多年历史的文化大国，文化资源的丰富性和多样性毋庸置疑，但是如何合理管理并进而充分利用它们却是摆在我们面前的一个重大问题。规范化的科学管理是一切后续保护、开发工作的基础，文化资源管理的重要性可见一斑。确定历史文化名城以及我国古迹列入世界遗产预示着我国将开始对文化资源进行规范化管理，通过规范、科学的管理进而将它们推向世界，将其打造为我国对外文化贸易的知名品牌，推动我国传统文化走出去。

1984年10月，在实行第二步利改税和改革工商税制的同时，我国加快了对进出口税制的改革。国务院相继颁布了《中华人民共和国增值税条例（草案）》和《中华人民共和国产品税条例（草案）》。此外，政府也大力鼓励加工贸易，还实行了汇率双轨制。这些贸易措施的实施大大刺激了国内的对外贸易，我国进出口贸易总额从1983年的1 201亿元增长至2 066.7亿元，增长了72.1%。出口总额从580亿元增长至808.9亿元，增长了

39.47%，我国对外文化贸易也获益良多。

1992年7月，中国通过递交加入“世界版权公约”的官方文件从而正式加入了“世界版权公约”。加入“世界版权公约”是中国政府在进行改革的过程中为了深入推进改革进程而做出的科学决断，是中国政府为了进一步扩大对外开放的领域，加强国际文化贸易的便利化所做出的重要决策。“世界版权公约”能够加速我国知识产权制度的完善，促进我国与欧美国家文化交流与文化贸易，为国际合作提供新动力。版权保护作为文化产品和服务进行国际贸易的重要保障，是对外文化贸易公平、合理进行的关键，加入“世界版权公约”标志着我国的对外文化贸易走出了正规化的重要一步，为我国对外文化贸易的大范围展开创造了条件。

1998年9月，中国版权保护中心成立。中国版权保护中心是中华人民共和国新闻出版总署（中华人民共和国国家版权局）的直属事业单位，系独立法人单位。中国版权保护中心主要职责是：具体实施《中华人民共和国著作权法》以及有关法规和规章，为著作权人和与著作权有关的权利人以及使用者提供著作权专业服务。

中国版权保护中心作为综合性的著作权服务机构，在贯彻实施著作权法律、实施著作权行政管理制度、帮助著作权人行使合法权利、促进作品的创作与传播、实现著作权的立法宗旨等方面发挥着重要作用，尤其是在我国进行对外文化贸易时，版权保护为对外文化贸易起到了保驾护航的作用。

2. 贸易环境逐渐得到改善。

贸易环境是指我国对外文化贸易进行的背景环境，分为国内环境和国外环境两部分，主要包括经济环境（市场）、政治环境（制度、政策）、社会环境、文化环境等。从我国国内来说，最重要的就是经济环境，体现为随着改革开放的深入进行及社会主义市场经济体制的逐渐确立，我国的对外文化贸易逐渐融入国际市场，发展势头向好。国外环境主要是国际化的贸易走向正轨，各国逐渐在经济方面接纳我国，相关贸易政策对我国放开。但是应该看到，我国国际贸易环境依然不容乐观，充满不确定性和挑战。

1978 年 12 月，十一届三中全会召开，该次会议的主题是根据邓小平同志的指示讨论把全党的工作重心转移到经济建设上来。该次会议体现出的市场经济的思想，为我国在国际市场上进行文化贸易打下了思想基础。同时，此次会议坚决批判了“文化大革命”中的极左思潮，确立了实事求是的思想观念，极大地解放了人民群众的思想，有利于民间商业性质文化贸易的展开。

1980 年，对外贸易领域发生了几件大事，对我国对外文化贸易影响深远。1 月 24 日，美国国会批准中美贸易协定，给予中国“最惠国待遇”。4 月 1 日，国务院授权中国银行在国内发行外汇兑换券。4 月 17 日，国际货币基金组织正式决定恢复中华人民共和国在该组织的代表权。5 月 15 日，中华人民共和国恢复了在世界银行与国际货币基金组织中的合法席位。这些重要事件的发生，极大地改善了我国的对外文化贸易环境，我国文化产品“走出去”的通道更加通畅。

1981 年 11 月，全国人大五届四次会议召开，会议上宣读了政府报告《当前的经济形势和今后经济建设的方针》，报告中对于我国的对外开放做出了新的指导，拓展对外贸易、努力增加出口、进入国际市场成为报告中提到的工作要点之一。针对经济体制的改革，会议提出经济体制改革的目标是“计划经济为主、市场调节为辅”，要大力发展社会主义的商品生产和商品交换。

1981 年作为中共十二大的预热之年，为中共十二大的召开做了政治上、思想上的准备，同时，中共十一届六中全会以及全国人大五届四次会议的召开更加明晰了我国的经济发展道路，在肯定我国商品经济发展的同时，为对外文化贸易的发展方向释放了信号，使得国内商品市场更融洽地与国际市场接轨。

1982 年 9 月，党的十二大胜利召开，大会再次强调："正确贯彻计划经济为主、市场调节为辅的原则，是经济体制改革中的一个根本性问题。"经济体制改革充分承认与发挥了市场在经济发展中的地位和作用，客观来说是我国的一个历史性的发展进步。在该发展模式下，市场这只"看不见的手"通过调节需求与供给，实现了对文化贸易、文化产品与文化服务的商业属性的真正挖掘、利用。会议报告还指出，允许对于部分产品的生产和流通不做计划，由市场来调节，这进一步放开了国内市场，有助于我国商品市场的形成和完善，为文化产品的国内生产和国际销售开辟了较为自由的空间。

1984 年 10 月召开了十二届三中全会，会议突破了商品经济同社会主义计划经济对立的认识，为中国的改革确立了正确方向。邓小平称其"是马克思主义基本原理和中国社会主义实践相结合的政治经济学"。这次会议最终确定了我国发展商品经济、建立市场经济的最终方向，为对外文化贸易的发展奠定了良好的国内经济环境。

在 1985 年国务院转发国家统计局的《关于建立第三产业统计的报告》中，文化艺术作为第三产业的一个组成部分被列入国民生产统计项目，从而确认了文化艺术的商品属性和产业属性。商品属性和产业属性的确立增强了对外文化贸易的合法性，事实上刺激了我国文化产品的对外贸易。

1987 年 9 月，以欧洲共同体和欧洲自由贸易联盟成员国为主的 20 多个国家的代表在布鲁塞尔的海关合作理事会总部正式签署了国际统一商品命名和编码系统协议。这次对于商品名字及商品编码进行统一的行动有利于世界范围内贸易国际化的发展，这对加强各国之间商品信息交流、促进国际贸易的开展，是一种十分有益的技术保证，通过采用这样一种新海关系统，国家间的贸易活动会发展得更加便捷。

1987 年 10 月 25 日至 11 月 1 日在北京举行了中国共产党第

十三次全国代表大会。会议报告中明确指出我们必须以更加勇敢的姿态进入世界经济舞台。报告中还指明了外贸体制改革的方向，即促进外贸企业自负盈亏、放开经营、工贸结合、推行代理制的方向，坚决地、有步骤地改革外贸体制。改革外贸体制对于当时的中国尤为重要。计划经济时代遗留下的外贸体制早已不适应新的国际经济环境，且对我国外贸发展造成了巨大阻碍，尤其是文化产品与文化服务这一新兴的商品市场，急需新的体制结构进行规范与指导。

十三大的胜利召开是我国改革开放过程中的一个重要节点，是建设社会主义市场经济体制过程中的一次重要会议。该次会议进一步理清了计划与市场之间的关系，提出了社会主义有计划商品经济的体制应该是计划与市场内在统一的体制，同时提出要建立“国家调节市场，市场引导企业”的经济体制，进一步改善国内的经济环境，促进对外文化贸易的发展。

20 世纪七八十年代以来，我国虽然已经开始改革开放的进程，但毕竟我国经历了长时间的国家封闭、经济封闭、思想封闭，党和全国人民对于文化事业、文化产业的认识不充分。当时，文化被当作一种国家事业而服务于国家总体的政治、外交，服务于人民大众，文化产品的经济属性未被正确而充分地认识和挖掘，相应的对外文化贸易也就极少，主要是进行国外文化产品的代理加工，这就导致我国的对外文化贸易一直处于萌芽状态。然而，这种萌芽状态事实上为我国之后进行对外文化贸易创造了各种条件，例如国内外的市场条件、经济条件、政治条件等。这是贯穿于改革开放到 80 年代的对外文化贸易发展的主要特点和状态。

1991 年起完全取消出口亏损财政补贴等一系列改革措施，促进了出口贸易的发展。

1994 年 6 月 16 日，国务院新闻办公室发表《中国知识产权保护状况》白皮书。白皮书的发布表明我国对于知识产权保护的重视，以及我国政府恪守保护知识产权有关国际公约及双边协定的真诚立场和充分承担国际义务的能力，同时表明我国完全可以适应国际化的文化贸易，能够对国际文化市场的公平交易和繁荣发展做出贡献。这有力地反击了某些国家对于我国知识产权保护现状的不当言论，保护了我国对外文化贸易的正当权利。

当时，中国正积极要求加入世贸组织，内部法律规定应符合世贸规则。于是在 1992 年 9 月 4 日，第一次修改的《专利法》颁布，其标准已基本达到了世贸组织知识产权规则——TRIPS 的要求，《版权法》《商标法》以及反不正当竞争的立法方面也有不小的进展。

1997 年 9 月，为期两天的首届亚欧经济部长会议在日本千叶县幕张国际会议中心开幕，来自亚洲和欧洲 25 个国家主管经济和贸易的部长以及欧盟委员会负责人出席了会议。首届亚欧经济部长正式会议的召开为亚欧各国进行经济问题的交流提供了通道，帮助亚洲各国，尤其是经济快速发展的中国，打开了通往欧洲市场的大门，之后中国和欧洲的进出口贸易飞速发展。1998 年中国同欧洲的进出口总额 5 976 779 万美元，1999 年为 6 812 664 万美元，2000 年为 8 626 564 万美元，2001 年为 9 764 102 万美元，在之后这几年中，中国与欧洲的对外贸易呈逐年增长态势[①]。

1997 年，亚洲金融危机从泰国开始并迅速席卷全球。在亚洲金融风暴中，尽管中国采取了有力措施予以应对，但中国的对外贸易仍然受到了一定的冲击，出现了波动。我国在 1997 年的进出口总额为 26 967. 20 亿元，在 1998 年这一数据下降到 26 849. 70 亿元，进出口贸易略受影响，出现小幅波动。1997 年出口贸易总额 15 160. 70 亿元，进口总额 11 806. 50 亿元，1998 年出口总额 15 223. 60 亿元，进口总额 11 626. 10 亿元，出口贸易小幅增

① 国家统计局贸易外经司：历年《中国对外经济统计年鉴》。

加，进口贸易小幅减少[1]。

1998年5月13日，第八届15国集团首脑会议在通过一项联合公报后在开罗闭幕。该次会议吸取了亚洲金融危机的教训，号召各国积极采取相关措施应对金融危机，早日帮助亚洲尤其是东南亚国家走出危机，重建经济。同时，与会各国也深刻认识到了现存的世界经济和贸易体系的不合理性，对于公平、合理的世界经济秩序的认识、建立具有现实意义。

1998年5月15日，八国集团首脑会议在伯明翰（英国）开幕。八国集团首脑会议的召开对于缓解亚洲金融危机、促进亚洲各国经济的恢复有重要意义。同时，中国政府坚定的危机应对措施、勇于担当的表现也为我国国际贸易的顺利进行奠定了经济、政策基础，在国际上树立了负责任的大国形象。10月11日，根据世界银行当日发布的最新统计，以人均国民生产总值计算，1997年中国首次摘掉“低收入国家”的帽子，进入“中等收入国家”行列。随着改革开放的进行，我国国民收入显著提升，文化生产和消费市场随着收入的提升逐渐生成、完善，加大了对文化产品进出口的需求，为我国对外文化贸易的发展提供了现实机遇。

3. 国际化程度不断加深。

国际化程度的加深是指我国与越来越多的国家进行了国际文化贸易，我国文化产品的国际市场不断扩大。我国文化是随着我国对外交往的加深、扩展而一步步走出国门，走向国际化，获得更多国家人民的认可、接受和喜爱的。

改革开放之初，国内的对外贸易相关工作和活动进行得如火如荼，我国政府与外国各国进行的对外贸易合作也进行得有声有色。1978年2月，中日签订了从1978年开始为期8年、总额达200亿美元的贸易协定。4月，欧洲共同体也与中国签订贸易协定，宣布给予中国贸易最惠国待遇。9月，日本政府建议，将中

① 国家统计局各年度统计公报。

日长期贸易协定再延长5年，贸易额扩大至600亿美元。我国开始与更多国家建立贸易关系，对外文化贸易逐渐走向国际化。

1979年1月1日《中华人民共和国和美利坚合众国关于建立外交关系的联合公报》正式生效，中美两国的建交实际上为中国的对外文化贸易打开了西方市场，使得越来越多西方国家开始与中国进行贸易往来，使中国的对外贸易真正走向国际化、全球化。1月31日，邓小平访美期间，与当时的美国总统卡特签订了两国政府间第一个正式合作协定——《中华人民共和国政府和美利坚合众国政府科学技术合作协定》，该协定的签订推动了中国对外开放的进程以及中美政治关系的发展，为后来两国之间进行的对外文化贸易奠定了合作基础。

1983年4月，在北京举行了南南会议。此次北京南南会议针对的是第三世界国家，符合当时我国经济发展情势，是我国开启国际贸易进程、推动国内经济初步发展的重要一步。南南会议召开的目的是第三世界国家谋求合作发展自身经济，并且以联合的方式形成利益共同体以改变由发达国家所主导的不合理、不公正的国际经济秩序。会议的召开帮助中国增加了贸易伙伴，拓宽了对外文化贸易的市场。

南南合作对我国外贸的影响明显地体现在了中非贸易中。20世纪80年代，中非贸易额虽然存在起伏，但总体保持着增长。在中非贸易中，中国一直处于出超地位。中非之间的贸易额在1980年、1981年、1982年都超过了10亿美元，其中1982年中非贸易额为11.91亿美元，为80年代最高水平。之后中非贸易额连续三年下降，1985年为80年代最低水平，贸易总额为6.27亿美元，比上一年减少了28.5%。在80年代的后几年中，中非贸易逐步上升到10亿美元，1986年、1987年、1988年、1989年，中非贸易额分别为8.5亿美元、10.1亿美元、10.2亿美元、9.51亿美元。与此相对应，这一时期，中国出口迅速增长，进口则有所下降[1]。

1983年4月28日，邓小平会见美国总统里根。这是中美两国1979年建交以来访问中国的第一位在职的美国总统。两国领导人的会面给中美贸易的进行带来了福音，进一步消除了两国贸易中存在的障碍，加强了两国在贸易方面的合作交流。

1989年5月，中华人民共和国主席杨尚昆邀请苏联最高苏维埃主席团主席、苏共中央委员会总书记米·谢·戈尔巴乔夫对中国进行正式访问。这次访问是自1959年以来苏联最高领导人对中国的第一次访问。在邓小平与戈尔巴乔夫会晤之后，中苏两国宣布两国关系实现正常化。在经济领域标志着两国对外贸易的重启发展。经过将近30年的发展，俄罗斯仍然是我国在国际市场上最重要的贸易伙伴之一。

1990年9月，第二座亚欧大陆桥全线贯通。至此，在亚欧大陆上，一座新的连接太平洋和大西洋、跨越两大洲，东起我国连云港，西至荷兰鹿特丹，全长10 800公里的亚欧大陆桥宣告全线贯通。第二座亚欧大陆桥的全线贯通成为连接我国与亚洲中部国家、西欧国家的又一条陆上通道，极大地方便了我国与中亚国家、西欧各国的经济、文化的交流和贸易，刺激了国内各类企业进行对外贸易的积极性。

随着1990年第二座亚欧大陆桥的贯通，1992年初，我国陆续与中亚各国建立外交关系，其中包括乌兹别克斯坦、哈萨克斯坦、塔吉克斯坦、吉尔吉斯斯坦、土库曼斯坦等国，在增加我国国际影响力的同时扩大了我国的国际贸易市场，有利于我国的商品输出。

1993年10月，第一届上海国际电影节开幕。首届上海国际电影节获得了巨大成功，成为世界九大电影节之一。国际性电影

---

① 根据《1998中国对外贸易白皮书》《中国对外经济贸易年鉴》、中国海关统计公报数据和WTO网站公布的数据整理。

节的举办为我国电影走出去的贸易活动搭建了一个平台，促进了相关的贸易活动。该次国际影片交易市场共有来自海内外16家制片商设展台，成交额达2 700多万元人民币。

1996年7月，东盟外长会议、东盟地区论坛会议以及东盟与对话伙伴国会议圆满结束。这次会议有21个国家的外长参加，会议的圆满召开对于增强本地区的政治、安全领域的合作以及提升东盟国家在国际事务中的地位、增强地区影响力有着重要意义。东南亚国家联盟（东盟）中的所有国家同属亚洲且在领土、政治、经济、文化等方面与中国有着不可分割的联系，随着中国经济的发展，其逐渐成为中国最重要的国际合作伙伴之一。中国成为东盟的全面对话伙伴不仅在地区政治上具有重要意义，还有力地推动了中国文化产品走出国门，在亚洲地区发挥更大的文化影响力。此次会议的最大亮点之一就是中国、印度以及俄罗斯三个国家第一次以东盟对话伙伴国的身份参加会议，表明亚洲国家在区域内逐渐走向联合，广泛合作成为国家间关系的主流。

1998年7月，东盟与对话伙伴国会议在菲律宾首都马尼拉开幕。会议就东亚金融危机及其社会影响、南亚局势、环境保护、安全合作等问题进行了磋商。会议的召开是亚洲各国针对地区问题进行的一次集中探讨，对于合作缓解金融危机、加强地区在各领域展开广泛合作具有重要意义。由于中国在应对金融危机时采取了负责任的措施，这在一定程度上缓解了东南亚各国的金融危机压力，经过此次会议，中国与东盟及其他亚洲国家的政治、经济联系更加紧密。

1999年11月，第一届中国上海国际艺术节在上海大剧院成功开幕。上海国际艺术节综合体现了经典性、国际性及民族性的特点，当时，这是我国唯一的具备国家级水平的艺术节。此次艺术节成为一个双向的通道平台，在推动中国文化艺术走向世界的同时展示了国外独特的文化艺术，为开启中外文化艺术市场、推动国内文化产业的多样化蓬勃发展提供了动力。

11月，外经贸部部长石广生和美国贸易代表巴尔舍夫斯基分别代表中美两国政府在北京签署了关于中国加入世界贸易组织的双边协议。该项协议的签署表明中美关于中国加入世贸组织的双边谈判正式圆满结束，标志着中国在正式加入世贸组织的道路上更进一步，此次谈判对于中美两国的领导人以及普通大众来说意义重大，推动了两国贸易的持续良好发展。在谈判进程中，互谅互让与平等协商的精神始终是双方协商的基础，最终得到了双赢的谈判结果。中美双边协议的签署预示着我国对外文化贸易即将进入一个崭新的发展阶段，大大加快对外文化贸易的国际化发展速度。

2000年2月，联合国贸易与发展会议在曼谷开幕。本届大会的主题是“全球化和新世纪发展战略”。我国于1972年第一次参加这一会议。在21世纪之初参与这样一次国际性的贸易发展会议，有助于我国在21世纪来临时增加更多友好贸易伙伴，同时，也表现了我国积极参与解决国际性贸易发展事务的态度，有利于扩大我国在国际贸易领域中的影响力。

5月，美国参议院和美国众议院分别通过了给予中国永久性正常贸易关系地位议案。这项法案中提出，中国在正式加入世贸组织以后，美国将与中国建立永久性的正常贸易关系，建立这种贸易关系符合世贸组织对于成员国贸易的相关规定，符合两国民众的根本利益需求，也有利于推动中美贸易、中美关系以及世界贸易持续健康发展。中美互相作为对方最重要的贸易伙伴之一，这项法案的签订直接推动了中美贸易的发展。

9月6～8日，联合国千年首脑会议在纽约联合国总部举行。超过150名国家元首或政府首脑出席了此次会议，这次会议规模之巨成为联合国之最。我国国家主席江泽民出席了会议并发表了讲话。会议期间，江泽民主席还参与了各国领导人的其他相关讨论活动。几天时间，江泽民主席与数十个国家领导人见面、讨论。此次我国国家主席参加联合国的千年首脑会议，向世界展示了我国积极参与国家事务、担负国际责任的国际形象，同时也面向 21 世纪开启了我国的政治经济交流活动的崭新一页。

改革开放后，国际时局不断变化，各国关系不断进行调整，但我国坚持发展经济，坚持与其他国家进行公平友好的贸易往来和平等尊重的政治交往。经过一系列国际交往、交流活动，我国与更多国家建立了贸易关系，并成功加入世贸组织，对外文化贸易进入了崭新阶段。

（三）文化贸易主要以“引进来”为主，“走出去”的文化贸易较少

改革开放之初，我国工业水平仍较低，工业生产技术落后。

1978 年的贸易数据显示我国进口商品明显多于出口商品，进出口商品虽然大部分集中于初级产品，但商品种类已比较丰富。对外文化贸易也逐渐开展，出现了一小部分贸易活动。但是，也应注意到当年的文化贸易仍然以进口为主。1979 年 1 月，《人民日报》发表社论《把主要精力集中到生产建设上来》。社论提出，为了加快现代化的步伐，就要大力采用先进技术，不管哪个国家的好经验，我们都要把它学过来。这种向国外学习先进经验、知识技术的口号成为早期“引进来”国际贸易的主要目标。

在这一时期，我国逐渐从国外引进了部分文化产品，主要包括美国等国家的电影、日本的动画、韩国的电视剧等以及著名的图书、戏剧作品、玩具，还有一些文化用品等。

20 世纪 80 年代引进来的影片主要有 1981 年的《英俊少年》《天鹅湖》等，1982 年的《虎口脱险》《汤姆叔叔的小屋》等，1983 年的《海狼》等，1984 年的《死亡陷阱》等，1985 年的《黑郁金香》等，1986 年的《野鹅敢死队》等，1987 年的《海魔》等，1988 年的《神射手》等，1989 年的《谜中之谜》等。90 年代，我国引进的电影主要有 1994 年的《亡命天涯》，是一部较早引入国内的外国大片。1995 年 7 月，美国动画影片《狮子王》

在北京地质礼堂举行首场义映，本场1 349张票全部售罄。

1996年引进的影片有《绝地战警1》《勇闯夺命岛》等。1997年引进的影片有《谍中谍1》《生死豪情》《生死时速》等。1998年引进的影片有《泰坦尼克号》《花木兰》《拯救大兵瑞恩》等。1999年引进的影片有《诺丁山》《人猿泰山》《黑客帝国1》《精灵鼠小弟1》等。2000年引进的影片有《生命的证据》《龙旋风》《卧虎藏龙》等。

而我国在20世纪八九十年代"走出去"的影片屈指可数，仅有为数不多的一些优秀影片走出了国门，主要有《大红灯笼高高挂》《霸王别姬》《活着》等少数几部影片获得了国际认可，并在国外放映，"走出去"和"引进来"的影片数量差距甚大。

我国这一阶段引进的日本动画片有1979年的《龙子太郎》，以及80年代引进的《铁臂阿童木》《机器猫》等，90年代引进的《灌篮高手》《神奇宝贝》《名侦探柯南》等，2000年引进的《百变小樱》《数码宝贝》等。这些动画片都是我们耳熟能详的，几乎陪伴着所有八九十年代中国儿童度过他们的童年时光。直到现在，这些动画片仍然受到儿童和成人们的追捧。而我国在这一阶段走出去并在国际上获奖的动画片主要是上海美术制片厂制作的动画片，有《神笔》《大闹天宫》《小蝌蚪找妈妈》《牧笛》《宝莲灯》等体现我国当时最高的动画制作水平的部分作品。这部分动画片拥有极高的制作水准，并且获得了国际上的认可和赞扬，但是却无法和国外动画片形成有力竞争，即拥有很高的艺术水准，但无法吸引到观众。

（四）以文化产品的代理制造加工再出口为主，本土原创性文化产品较少

我国在改革开放之初，工业生产缺乏先进技术，所以只能利用我国丰富的劳动力，承接西方发达国家的产业转移来发展工业，学习先进技术。因而这一时期我国工业制造发展迅速，

“Made in China”（中国制造）迅速在世界范围内流行起来，文化产品也不例外。因而，对外贸易中缺乏原创性的本土文化产品成为这一时期的主要特点之一。

1978 年改革开放之初，我国工业体系还不完善，工业生产技术较差，使得当时企业所进行的对外文化贸易以工业制成品的出口为主，利用我国庞大的劳动力群体为国外品牌生产玩具，然后出口到国外，赚取微薄的制造加工利润。企业的本土性原创文化产品的对外贸易较少。这种生产模式几乎贯穿了改革开放后 20 多年我国文化贸易的发展历程。

这种发展模式主要表现在我国的玩具制造、文化用品制造方面，主要受我国当时经济发展水平、模式和工业技术的影响。

1980 年进出口贸易总额 381.4 亿美元（570 亿元人民币），比上年增长了 25.3%，出口总额为 181.2 亿美元（271.2 亿元人民币），比上年增长 29.92%，进口总额为 200.2 亿美元（298.8 亿元人民币），比上年增长 22.96%。其中，出口额排前三位的是初级产品出口（91.1 亿美元）、工业制成品出口（90.1 亿美元）、食品及主要供食用的活动物出口（29.9 亿美元），进口额排前三的是工业制成品进口（130.6 亿美元）、初级产品进口（69.6 亿美元）、非食用原料进口（35.5 亿美元）①。从这些数据可以看出，改革开放初期我国对外贸易中占主导地位的是初级产品和工业制品，文化产品贸易没有单独划分门类，缺乏准确、具体的贸易数据，依然处于从属地位，可以简单地归到工业制品、杂项制品以及未分类的其他商品统计中。

到了 20 世纪末，我国进出口总额达到了 39 273.2 亿元，出口总额为 20 634.4 亿元，进口总额为 18 638.8 亿元，与 80 年代相比，进出口额增长巨大。但是，工业制成品仍是主要贸易对象（出口 2 237.4 亿美元，进口 1 783.6 亿美元）。此外，机械及运

① 国家统计局网站。

输设备进出口增长巨大（出口826.0亿美元，进口919.3亿美元），一跃成为我国进出口贸易中第二大贸易对象。文化贸易没有单独进行清晰详细的数据统计，但从大类来看也有增长，但增长幅度没有上述两种贸易类型的产品增长大。

（五）本土性原创产品和服务逐渐获得国际认可和接受

1992年2月19日，《大红灯笼高高挂》获第64届奥斯卡最佳外语片奖提名。表明我国文化产品具有强大的“走出去”潜力和国际吸引力。

1993年2月22日，《香魂女》和《喜宴》在第43届柏林电影节共获金熊奖。

5月24日，由中国著名导演陈凯歌执导的电影《霸王别姬》获得第46届戛纳电影节最高奖——“金棕榈奖”。这是中国在戛纳电影节历史上首次捧得金奖，和《霸王别姬》同时获金棕榈奖的还有澳大利亚影片《钢琴课》。这是11年来戛纳电影节首次一致投票通过，将金奖同时颁给两部电影。10月3日，第6届东京国际电影节在东京举行颁奖仪式后宣布闭幕。参加本届电影节青年电影比赛的中国故事片《找乐》荣获金奖。我国电影作品频繁在国际电影节上获奖，表现了我国电影制作水平以及国际认可度的不断提高，这为我国电影的出口贸易提供了质量较高且题材丰富的作品。

除了影视作品，我国的传统戏剧、手工艺品、功夫等逐渐以服务的形式走出国门，在一大批爱好者和传承者的带领下逐渐在各国扎根，在国外实现了部分传承发展。外国民众也被我国传统文化的神秘性、哲理性、多彩性、独特性所吸引。改革开放到21世纪开启的20多年间，我国进行了艰辛的经济发展探索，可以说我国整个国家的面貌发生了翻天覆地的变化，经济方面的变化尤其显著，这些巨大的变化和进步为下一阶段我国对外文化贸易的扩大打下了坚实的基础。

改革开放早期的数据可以充分显示我国对外文化贸易发展早期的盛况。①

1976～1978年，中国以前所未有的姿态开展了国际经济交往活动，尤其是1978年被称作是“中国外贸活动的一个活跃的春天”。当年我国进出口贸易迅速发展。国家统计局数据显示，1978年全年进出口贸易总额355亿元，比上年增长3.3%。其中，出口167.7亿元，增长20%；进口187.4亿元，增长41.1%。进口大于出口19.7亿元。

国家统计局相关数据显示，1978年的对外贸易中最主要的贸易产品仍是农业产品与工业制品，包括各种矿物（生铁、天然石墨、萤石等）的进出口贸易、食品（猪肉、牛肉、海产品、谷物、蔬菜水果等）进出口贸易、基本生活用品（烟、棉花、医药、玻璃、家用电器等）进出口贸易，涉及文化产品贸易非常少，文化贸易主要为玩具、体育用品以及少量高新技术产品。

到1978年底，中国共设有国营外贸专业总公司11个，其他外贸专业公司130多家。对外贸易开始发展起来，对外文化贸易也随之缓慢开展。

1979年，全国进出口贸易总额为455亿元，较上年增长28%，其中，出口212亿元，比上年增长26.3%；进口243亿元，比上年增长29.6%。1979年对外贸易同样延续了1978年对外贸易的发展状态，进行贸易的商品以工业产品与农业产品为主，对外文化贸易主要发生在初级产品和加工制造领域，而且规模、种类有限。

1982年，我国进出口总额为416.1亿美元，出口总额223.2亿美元，进口总额192.9亿美元，工业制成品出口122.7亿美元，进口116.7亿美元；杂项制品出口37.1亿美元，进口4.9亿美元；未分类的其他商品出口额18.1亿美元，进口11.9亿美

① 国家统计局网站。

元。虽然部分贸易数据有负增长的存在，但从总体情况看，我国对外贸易仍处于快速发展时期，对外文化贸易也在缓慢发展。与此同时，由于我国沿海地区存在大量出口加工型企业，使得我国出口剧增。

经济的发展、相关国际性对外贸易活动的举办以及我国国际政治地位的提高，使得我国对外贸易在20世纪末快速发展。1978年我国全年进出口贸易总额355亿元，其中出口167.6亿元，进口187.4亿元。到了2000年，我国进出口贸易总额增长到42 183.6亿元，增长了约119倍，出口增长到22 024.4亿元，增长了约132倍，进口增长到20 159.2亿元，增长了109倍。对外文化贸易也随着我国对外贸易的发展而逐渐崭露头角，我国对外文化贸易萌芽出现并实现了初步缓慢发展。

三、文化贸易平台搭建

改革开放以前，我国对外贸易窗口缺乏。改革开放以来，我国迫切需要与其他国家进行经济、文化方面的往来，以推动我国市场经济的建设，因此，贸易平台的建设尤为重要，而这也是国家首先进行建设和调整的地方。由此，我国政府开始了建设经济特区的步伐。

1979年7月，中共中央、国务院决定先在深圳、珠海、汕头、厦门建设试点出口特区，1980年改称经济特区。经济特区的设置是中国改革开放的重要举措。按其实质，经济特区也是世界自由港区的主要形式之一——以减免关税等优惠措施为手段，通过创造良好的投资环境，鼓励外商投资，引进先进技术和科学管理方法，以实现促进特区所在国经济技术发展的目的。经济特区的建设以发展外向型经济为目标，打开了我国对外贸易的大门，提供了对外贸易平台，这为我国的对外文化贸易提供了极大的便利。

1985 年 2 月，中共中央、国务院批转《长江、珠江三角洲和闽南厦漳泉三角地区座谈会纪要》，决定在长江三角洲、珠江三角洲和厦漳泉三角地区开辟沿海经济开放区。至此，我国逐渐形成了经济特区、沿海经济开放城市、沿海经济开放区这样一个对外开放格局，极大地提升了我国沿海地区对外开放水平，为我国对外文化贸易搭建了一个更加完善的发展平台。

1990 年 4 月 18 日，国务院做出了开发上海浦东的决定，在浦东实行经济技术开发区和某些经济特区的政策。上海浦东的经济建设由此展开，后来浦东更是成为我国最发达的开放口岸之一，成为我国第一个自由贸易试验区，开放程度不断加深，为我国的对外贸易提供了一个更好的发展、对接平台。

继沿海、沿边城市相继对外开放之后，国务院 1998 年 8 月又发出通知，决定进一步对外开放重庆、岳阳等 5 个长江沿岸城市，哈尔滨、长春、呼和浩特、石家庄等 4 个边境、沿海地区省会城市，太原、合肥等 11 个内陆地区省会城市，实行沿海开放城市的政策。至此，我国全方位对外开放的新格局已初步形成。此次开放的沿江及内陆省会城市，涉及我国十多个省、自治区和十多个市，包括了我国较不发达的中部、西部两大经济带，是我国重要且极具发展潜力的经济腹地。这次开放实际上是把广大中西部地区纳入国家经济的统一战略部署中，对于带动中西部经济发展、支持东部经济持续发展具有重要意义。

这次国务院做出进一步开放沿边、沿江和内陆地区部分城市的决策，就是要在 20 世纪 80 年代已形成的沿海开放基础上，将对外开放由南向北、由东向西推进，在更大的范围和更深的层次上前进一步，使广大内陆地区为我国经济发展发挥更大的作用，这加强了内陆地区、城市与国际市场的联系，使我国对外文化贸易的发展有了更加坚实的基础。

除了形成特色的沿海开放格局作为贸易窗口和对外交流前

沿，我国政府也先后将香港和澳门的主权收回，并使之持续发展，增强我国在国际贸易中的地位和作用。

1997年7月1日，中国政府开始对香港恢复行使主权。香港是全球第三大金融中心，是重要的国际金融、贸易、航运中心和国际创新科技中心，它的回归不仅标志着我国收回了领土，还使我国增加了一个国际性的贸易窗口，推动了内地和香港的对外贸易的进一步发展。

1999年12月20日零时，中葡两国政府在澳门文化中心举行政权交接仪式，中国政府对澳门恢复行使主权，澳门回归祖国。澳门的回归是我国统一大业中的重要一部分，对我国的国际政治、经济发展具有持久的影响。回归后的澳门成为了我国对外贸易的又一个窗口，助推内地和澳门本地经济发展进入新阶段。

在我国文化贸易发展初期，政府发挥了巨大作用，可以说是文化贸易的主推手。一方面，政府作为文化交流和贸易主体，将我国文化产品和服务推向世界，在提升我国国际文化形象的同时促进了相关的文化贸易。在改革开放以前，政府主要承担了对外文化交流的重任。改革开放以后，市场经济逐渐发展，文化贸易越来越受到市场的青睐，文化企业、文化产品不断涌现，文化贸易蓬勃而起。另一方面，政府通过制定、发布一些文化领域的政策，建立贸易体制、规范贸易行为，推动文化贸易。改革开放初期，文化产业政策呈现出浓厚的意识形态色彩，政策对文化活动的主导者和运营者进行严格控制。但人民开始有了对文化消费的需求，政府正式开始重视文化发展，提出了“文化市场”与“文化经济”，也自此开始研究和制定文化政策。因此，我国在文化贸易发展过程中，必须要高度重视发挥政府的作用，同时，政府有关部门必须要审慎用权、科学用权，根据国内外经济形势的变化及时调整文化政策，推动文化贸易更上一层楼。

第七章

2001～2004年中国对外文化贸易

一、发展背景：加入世贸组织，开启发展新阶段

中国对外文化贸易的第三阶段是2001～2004年，这一阶段被认为是中国对外文化贸易的扩大发展期。2001年，我国在经历了艰苦的谈判与多方努力后，成功地成为世界贸易组织的一员，开启了我国对外贸易发展的新阶段。加入世贸组织后，我国和世界各国广泛建立了贸易关系，国际市场真正向我国全部开放，我国的对外贸易在更加广阔的市场上进行，这是我国对外贸易发展的里程碑。在此阶段，我国对外文化贸易总体存在以下特点：对外文化贸易市场不断扩大，贸易伙伴增多；对外文化贸易更容易受国际重大事件影响，出现短期波动；文化贸易显示出强大生命力和经济推动力，发展势头向好；国家逐渐出台相关政策，开始推动文化贸易的进行；本土性原创产品增多，传统文化成为贸易卖点。

二、发展情况：市场扩大，势头向好

（一）对外文化贸易市场不断扩大，贸易伙伴增多

1. 发展表现。

2001 年 6 月 15 日，上海合作组织成员国元首会议在上海成功举办。哈萨克斯坦、中国、吉尔吉斯斯坦、俄罗斯、塔吉克斯坦和乌兹别克斯坦六国元首发表“上海合作组织”成立宣言。成立宣言指出，“上合组织”将帮助各成员国充分挖掘经贸领域互利合作的巨大潜力和机遇，努力促进成员国之间的双边及多边合作，增强多元化合作。为此，将在“上海合作组织”框架内启动贸易和投资便利化谈判进程，制定长期多边经贸合作纲要，并签署有关文件，这有助于增强我国文化的区域影响力。

2002 年 4 月 12 日，海南为博鳌亚洲论坛首届年会举办了开幕式。该次会议吸引了来自中国、日本、韩国等将近 50 个国家和地区的政府人员、领域专家和企业人员等共 2 000 多人。博鳌亚洲论坛作为沟通亚洲地区各国合作与发展的主要国际性会议之一，是亚洲各国进行经济问题交流的主要渠道。通过定期举办会议，亚洲各国针对亚洲范围内的经济事务进行友好协商，促进地区经济的合作、发展，增强区域经济竞争力，以期在国际经济事务中拥有更大的话语权。

2003 年 10 月，在印度尼西亚巴厘岛，我国国务院总理温家宝出席了第七次中国与东盟领导人会议。在该次会议上，中国加入了《东南亚友好合作条约》，这表明双方在政治方面有了更深的信任，为之后进一步合作打下了良好基调。中国与东盟正式建立了以和平和繁荣为基调的战略伙伴关系，这种关系为中国、东盟未来关系的发展奠定了必要前提，此后，中国、东盟关系进入

了崭新的阶段，亚洲两大经济体的经济、政治联系逐步加强，促进了整个亚洲地区贸易的稳定发展。10 月 12 日，在澳门，“中国—葡语国家经贸合作论坛”开幕，来自中国、安哥拉、巴西、葡萄牙和东帝汶等 8 个国家的部长级经济贸易官员参会。

2004 年 4 月，时任中共中央政治局委员、国务院副总理的曾培炎在人民大会堂与来访的伊朗副总统塞塔里法尔共同主持召开了中伊经贸科技联委会第十二次会议。

中国在世贸组织的合作框架下与更多国家进行了贸易往来，越来越多的国家成为我国的贸易伙伴，与我国签订了友好贸易协定。贸易伙伴的增多使得我国对外贸易市场空前扩大，贸易产品尤其是文化贸易产品和服务的广泛、快速交易和传播增强了我国的地区影响力和国际竞争力，奠定了我国发展中大国的国际地位。

2. 发展政策。

2001 年 7 月，我国国家主席江泽民和俄罗斯总统普京在莫斯科签署了《中华人民共和国和俄罗斯联邦睦邻友好合作条约》。该条约在政治、经济、贸易、文化等方面规定了两国应坚持的合作原则与方向，奠定了中俄两国在此后 20 年里友好贸易关系的基础。此外，中国还加入了《东南亚友好合作条约》，为与东南亚国家的贸易活动提供了国家层面的保障。

加入世贸组织为我国对外文化贸易提供了一个更加广阔的发展平台，在此平台之上，中国本着平等互惠、和平共处的对外交往贸易原则与世界各国广泛进行贸易交流，中国对外文化贸易从东亚逐渐扩展到整个亚洲地区，并相继扩展到欧洲、美洲、非洲等地，中国的对外文化贸易范围在这一时期迅速扩张，贸易伙伴增多，对外文化贸易网逐渐铺向全球。

（二）对外文化贸易更容易受国际重大事件影响，出现短期波动

加入世贸组织是我国对外文化贸易发展真正实现“走出去”

“走得远”的必然选择，并确实扩大了我国对外文化贸易的范围，增强了对外文化贸易的合法性和规范性，维护了我国对外贸易利益。但是，这也使我国贸易也更容易受到国际重大事件的影响，出现短暂的波动，我国对外贸易的风险大大增加。

2001年9月11日，美国遭遇了“9·11”恐怖袭击。此次袭击不仅造成了巨大的人员、财产损失，还在很长一段时间内对美国人心理造成了巨大影响，这直接体现在美国之后的各种政治、经济政策中。当然，“9·11”恐怖袭击对美国经济的直接影响也甚大，中国作为美国重要的贸易伙伴之一，外贸经济也受到了一定的影响。2003年，非典在中国境内大范围爆发，不仅在国内造成了恐慌，影响了大部分较为发达城市和地区正常的经济活动，如限制人群在公共场所大量聚集，而且也引起了世界范围内的连锁反应，诸多国家限制、减少了和中国的各种交流、贸易活动以避免本国大范围感染病毒，如瑞士、美国等国家纷纷限制公民的旅游、商贸行动。非典的爆发对我国对外文化贸易和交流造成了极大的不良影响。

加入世贸组织后，我国国内市场逐渐与国际市场接轨，这对我国对外文化贸易发展具有双重影响。一方面有利于我国对外文化贸易的国际化扩张，另一方面，我国经济愈加受到国际事件的影响，对外文化贸易会出现短期波动。

（三）文化贸易显示出强大生命力和经济推动力，发展势头向好

2001年3月6日，中共中央总书记、国家主席江泽民作为上海代表参加了九届全国人大第四次会议上海代表团全体会议，同代表们一起审议《国民经济和社会发展第十个五年计划纲要（草案）》。经济结构调整成为我国经济发展的重大任务之一，从客观上来说为文化产业的发展和文化贸易的扩大提供了机遇。

文化贸易出口将成为我国经济增长的潜在动力，而且文化贸

易作为新的国际贸易形态已成为国际贸易的重要组成部分，其战略性意义日益凸显。文化产品具有科技含量高、资源消耗低、环境污染轻的特性，文化产品贸易能有效避免我国日益增多的贸易摩擦问题。在我国大力发展高层次服务贸易和积极发展文化产业的同时，我国的文化服务贸易发展也会日益繁荣，从而最终保证经济的可持续性增长。发展对外文化贸易，能优化贸易结构，带动相关产业链的发展，文化经济一体化时代已经到来，国际文化市场成为世界各国相互争夺的对象，也是各国政府和企业共同关注的重要战略领域。提高文化贸易的世界地位和国家地位既符合国际贸易的发展趋势，又顺应低碳经济的时代要求。

因此，文化贸易在环境、社会、经济方面已经显现出巨大的生命力和推动力，并将成为未来包括我国在内的世界各国经济发展的主要方向。

（四）政府逐渐出台相关政策，开始推动文化贸易的进行

2001 年 3 月 5 ~ 15 日，九届全国人大四次会议在北京举行。朱镕基在会上做了《关于国民经济和社会发展第十个五年计划纲要的报告》。报告共分十个篇章，其中第七条“进一步深化改革和扩大对外开放”与第十条“加强精神文明和民主法制建设”中明确提出要发展文化产业以及外向型经济。这份报告对于经济发展具有指向性的作用，在其指导下，我国国内文化市场开始发展，文化产业成为一个新的业态逐渐在我国经济市场中活跃起来。对外文化贸易也由于国内文化市场的发展而开始迅速在国际市场上扩张，在输出我国优秀文化产品的同时引进国外质量较高的产品，以丰富人民的精神生活。

2001 年 12 月 12 日，国务院第 50 次常务会议通过了《电影管理条例》，自 2002 年 2 月 1 日起施行。《电影管理条例》的公布、实施，是我国对电影进行专门性规范化管理的开端，为我国《电影法》的制定奠定了基础。

2002 年 4 月 9 日，中国出版集团成立。中国出版集团成员包括人民出版社、人民文学出版社、商务印书馆、中国对外翻译出版公司、中国出版对外贸易总公司、中国图书进出口（集团）总公司等 13 家大型企事业单位，2001 年销售收入约 25 亿元人民币。中国出版集团的成立标志着我国政府对出版业正式进行规范管理。出版业作为对外文化贸易中重要的种类之一，政府建立大型集团对其进行管理，推动了出版业及其进出口贸易规范化发展，有助于我国文学作品在海外的出版发行。

2002 年 11 月 8 日，中国共产党第十六次全国代表大会开幕。十六大从战略的高度关注了我国的文化建设。大会要求全党同志要深刻认识文化建设的战略意义，推动社会主义文化的发展繁荣。其中提出了积极发展文化事业和文化产业的经济发展方向，并认为发展文化产业是市场经济条件下繁荣社会主义文化、满足人民群众精神文化需求的重要途径。这是首次在党代会报告中提出发展文化产业，为我国发展文化产业指明了方向，同时也推动了民间商业性的对外文化贸易的开展。

2004 年 3 月 8 日，经国务院批复，中国对外演出公司、中国对外艺术展览中心转企改制，组建中国对外文化集团公司。中国对外文化集团公司的组建预示着我国政府开始对对外文化交流和贸易进行规范化、正规化的运营、管理，是我国对外文化交流、贸易扩大发展的必然要求和现实需要。

1987～2004 年，我国五次颁布、修改外商投资产业政策和投资目录，把大部分第一产业、第三产业的卫生体育和教育文化影视业以及第二产业的服装、食品制造业和大部分采掘业、电力煤气、自来水供应等具有保护性、垄断性和我国具有明显比较优势的劳动密集型产业作为限制对象。通过颁布、修改外商投资产业政策和投资目录，对外商投资进行限制，对我国部分产业的国内发展和对外贸易进行保护，增强了这部分工业产品和文化产品的市场竞争力，对于完善我国产业结构、促进弱势产业发展具有积极意义。当然，这样的保护也会带来负面影响，会使部分产业的市场竞争力下降，失去发展动力。

（五）本土性原创文化产品增多，传统文化成为贸易卖点

本土性原创文化产品是指我国企业、艺术工作者等主体利用我国传统文化资源、符号创造、生产出的文化产品，产品本身充分体现了中国思维，并且能够在国外受到认可和欢迎，产生良好的社会和经济效益。

在2001年之前，伴随着改革开放的春风，我国的对外文化产品贸易以加工制造为主，初步建立起了对外文化贸易体系和制度，对外文化服务逐渐起步，并开拓了部分国际市场。2001年加入世贸组织是我国对外文化贸易发展的转折点，伴随着国际市场大门的敞开，我国对外文化贸易迅速扩大，不仅在数量上实现了大幅度的增长，文化产品和服务的本土性、原创性也大大增强，实现了质的飞跃。

中国出版集团以及中国国际电视总公司在对外文化贸易过程中发挥了巨大作用，成为我国传统文化走出国门的重要推动者。中国出版集团在国内拥有各级各类出版机构40家，每年出版图书和音像、电子、网络等出版物1万余种，出版期刊报纸超过50种，在我国的出版市场中占有重要地位；此外，每年从事书刊版权贸易1 000多种，拥有中国最大的出版物进出口企业，每年进出口各类出版物20多万种，书报刊进口和出口分别占据全国市场份额的62%和30%；拥有海外出版社、连锁书店和办事机构28家，海外业务遍及130多个国家和地区。[①] 中国出版集团包括了中国国内历史最为久远以及最为知名的出版机构，在中国的国家级出版规划、国家级出版奖励、图书零售市场占有率、大众出版物销售收入、出版物进出口规模、版权贸易及输出规模等方面

---

① 中国出版集团官网，http：//cn. cnpubg. com/。

均占有最大份额。在庞大市场份额的背后，中国出版集团拥有中国数量最庞大的作者群和读者群，掌握着图书出版的最基础的作者和读者资源，当然，集团也拥有最丰富的出版经验与深厚的文化积累，这些特点使其成为中国最具影响力的出版和文化企业。

中国国际电视总公司是中央电视台节目版权的全球营销代理，是中国电视节目外销联合体唯一的对外版权代理商。公司于2001年出品了著名历史电视剧《康熙王朝》，同年，公司与台湾地区的电视台合拍了电视剧《情深深雨濛濛》。《康熙王朝》《情深深雨濛濛》等电视剧从内容和制作方面来说可以完全算是中国本土原创电视剧作品，作品或是体现中国传统文化，或是渗透中国思维，在创作者和演职人员的共同努力下，成为展现中国传统文化的载体之一。这些作品在国外受到欢迎，一方面对我国对外文化贸易起到了积极的激励作用，激发了国内文化工作者创作的积极性和热情，另一方面也体现出了我国传统文化潜在的魅力、生命力与市场潜力，这对我国的对外文化贸易起到了引导作用。

除了以上电视剧作品，还有一些优秀的中国影片也站在了国际领奖台上，获得了国外专家、学者和文化消费者的认同和赞誉。如张艺谋的《我的父亲母亲》，该片于1999年10月在中国上映，2000年该片在第五十届柏林国际电影节获得最佳影片银熊奖，2001年获美国独立电影界盛事“2001圣丹斯电影节”“世界电影组别”观众投票大奖以及香港电影金紫荆奖十大华语片的荣誉。李安的《卧虎藏龙》充分体现了中国的武侠文化，在国际上成为中国功夫片的代表，并获得了国内外专家、观众的关注和喜爱。《卧虎藏龙》拥有多项获奖纪录，荣获了第73届奥斯卡最佳外语片等4项大奖，也是华语电影历史上第一部荣获奥斯卡奖最佳外语片的影片。该片在加拿大、英国、意大利、巴西、美国、德国、韩国、日本、丹麦等国均上映发行。

《我的父亲母亲》和《卧虎藏龙》代表了两种不同的影片类

型。《我的父亲母亲》更多地表现了中国人的传统生活和情感生活，《卧虎藏龙》则是经典的武侠片，在体现中国武术魅力的同时对中国传统哲学、思想进行了挖掘和阐释。这两部影片充满了中国味道，是对中国传统文化资源的创造性运用以及我国对外文化贸易的典型案例。

文化贸易本土性的增强，不仅体现在具有强大力量的文化集团的出现和发展，还表现在文化产品的原创性上。中国本土文化企业的发展壮大，为中国对外文化贸易的发展提供了强大的发展平台，在文化企业尤其是国有文化企业的资源支持下，我国文化产品种类不断丰富，贸易范围不断扩大。具有中国文化内涵的影片也走出国门并获得世界赞誉，这为中国对外文化贸易的发展提供了后备力量，活跃了我国文化产品和服务的创新。

三、理论探索

据不完全统计，2001 年前文化贸易领域的论文数量较为稀少。2001 年我国加入 WTO 之后，产业的对外开放成为学术热点，文化领域对外开放也逐渐引发学术探讨。

2001 年，潘渭河、段元萍、时启亮在《文化与国际服务贸易竞争力》中以中美视听产品输出对比分析为例，引出经济全球化背景下我国文化发展战略的调整方向，并结合服务贸易较为发达的上海地区的实例，指出要像商品贸易一样，大力培育文化服务出口的服务体系，培育有国际地位的文化拳头产品。①

2002 年，李怀亮在《中美文化贸易的新特点及中国入世后的对策》一文中，从文化经济学的角度分析了美国文化产品的全

① 潘渭河、段元萍、时启亮：《文化与国际服务贸易竞争力》，载《世界贸易组织动态与研究》2001 年第 1 期，第 23 ~ 25 页。

球化策略，提出了我国在加入WTO的新形势下文化出口方面应采取的对策，这是文化贸易领域较早的公开论文。[①]

2003年，相关研究主要涉及入世背景下的文化产业发展战略、版权贸易和文化贸易。张玉国、朱筱林翻译了联合国教科文组织2001年发表的《文化、贸易与全球化》（*Culture, Trade and Globalization*）一文，内容涉及文化产业、文化商品、文化服务的界定，全球文化贸易，世界文化产业结构，文化例外等，揭示了经济全球化和文化多样化的环境下全球文化贸易的发展方向。[②] 同年，李怀亮在《论国际文化贸易的现状、问题及对策》一文中从文化产品和服务贸易的角度对国际文化竞争问题进行了探讨，认为"文化折扣"是导致中美文化产品和服务贸易逆差的主因之一，我国应尽快制定文化产业的全球化发展战略。[③] 蒋伟在《文化产业：国际贸易竞争的新领域》一文中指出，文化产业成为各国国际贸易竞争的新领域，成为各国发展的战略重点。[④] 崔红伟在《论我国版权贸易的走向》一文中深层次地分析了我国版权贸易存在大幅逆差的原因，指出引进版权时要走强化出版社已有的品牌之路，版权输出时要走创立品牌之路。[⑤]

2004年，对文化贸易与文化多样化的解读和探讨仍在继续。台湾学者彭心仪在《视听服务贸易自由化下之文化政策争议》一文中，认为WTO成员必须重视关于"试听服务贸易自由化下文化保护"的争论，文化商品"服务业化"的趋势会激化文化

---

① 李怀亮：《中美文化贸易的新特点及中国入世后的对策》，载《燕山大学学报（哲学社会科学版）》2002年第4期，第37～43页。

② 张玉国、朱筱林：《文化、贸易和全球化》，载《中国出版》2003年第1期，第46～51页。

③ 李怀亮：《论国际文化贸易的现状、问题及对策》，载《首都师范大学学报》2003年第2期，第1～11页。

④ 蒋伟：《文化产业：国际贸易竞争的新领域》，载《商业研究》2003年第16期，第18～19页。

⑤ 崔红伟：《论我国版权贸易的走向》，载《商业文化》2003年第5期，第19～21页。

与贸易之间的紧张关系。因而，必须重视新形势下文化政策的制定与执行。[①] 特德·梅杰、夏倩芳、张芳在《跨国媒体，国际贸易与文化多样性观念》一文中追溯了《关贸总协定》和《贸易服务总协定》中有关传媒和文化产品流通的重要国际规则——表达的自由和多样性，并讨论了争议的焦点——如何界定并促进多样性。他们认为需要更加关注为个体和集体的表达创造条件，促进传媒和文化多元化。[②]

---

① 彭心仪：《视听服务贸易自由化下之文化政策争议》，载《台湾大学法学论丛》2004 年第 33 期，第 37 ~ 100 页。

② 特德·梅杰、夏倩芳、张芳：《跨国媒体、国际贸易与文化多样性观念》，载《新闻与传播评论》2014 年第 1 期，第 57 ~ 66 页。

第八章

2005～2011 年中国对外文化贸易

我国对外文化贸易的第四阶段为 2005～2011 年，该阶段为我国对外文化贸易快速增长的时期。这一时期，我国对外文化贸易的发展离不开整体政策环境的引导与支持。

一、发展背景：政策引领，推动出口

（一）相关政策

2005 年初，《关于促进商业演出展览文化产品出口的通知》正式实施。文件提出，商业演出展览文化产品作为我国文化外贸的重要组成部分，正逐步进入国际市场，产品内容涵盖了杂技、戏曲、戏剧、曲艺、音乐、舞蹈、民间文艺表演及文物、工艺品、艺术品等，但由于缺乏适应国际商演展市场的产品，缺乏国际商演展市场的信息渠道和销售渠道，我国商演展产品出口仍面临着激烈的国际市场竞争。文化部制定了《国家商业演出展览文化产品出口指导目录》，各省、自治区、直辖市文化厅（局）制定了地方商业演出展览文化产品出口指导目录，将商演展产品的出口作为对外文化工作的重点向前推进，从政策和资金上为商演展产品出口提供强有力的支持。

2005 年 4 月，《国务院关于非公有资本进入文化产业的若干决定》发布，鼓励和支持非公有资本进入文艺表演团体、演出场所、博物馆和展览馆、互联网上网服务营业场所、艺术教育与培训、文化艺术中介、旅游文化服务、文化娱乐、艺术品经营、动漫和网络游戏、广告、电影电视剧制作发行、广播影视技术开发运用、电影院和电影院线、农村电影放映、书报刊分销、音像制品分销、包装装潢印刷品印刷等领域，鼓励和支持非公有资本从事文化产品和文化服务出口业务。

2005 年 11 月，国务院发布《关于进一步加强和改进文化产品和服务出口工作的意见》，指出随着我国综合国力的提高和文化领域的改革开放步伐逐步加快，文化产品和服务走向国际市场，传播中华文化，促进文化产业发展，取得了良好的社会效益和经济效益。但是我国丰富的文化资源和广阔的文化市场未得到科学的开发利用，文化产品和服务出口数量仍然较少，市场竞争力相对较弱，文化在对外交往中的作用亟待加强。意见涉及促进文化产品和服务出口，培养参与国际竞争的文化市场主体，鼓励、支持和引导非公有制文化企业扩大产品和服务出口，积极培育出口品牌，加强出口渠道和国际营销网络建设，多层次多渠道推介我国文化产品和服务，加强人才培养和组织领导等，并就实施“走出去”的重点工程与活动提出支持措施，包括：积极组织有影响的国际商业演展项目到重点国家和地区巡回演展；支持和鼓励杂技、戏曲、戏剧、曲艺、音乐、舞蹈，民间文艺等赴国外开展商业演出及美术品、工艺美术品等商业展览活动；加快落实 CCTV－4、CCTV －9、CCTV － E&F（西班牙语和法语频道）在海外落地的工作；大力推进电影“走出去”；加快实施中国图书推广计划，以国际通行的方式积极推进汉语教学教材在海外出版发行；对书报刊、影视音像制品、电子出版物、动漫和网络游戏等文化产品和服务出口采取资助等方式予以支持；对企业在境外提供文化劳务获得的境外收入不征营业税；对纳税人在境外已缴纳的所得税款，按现行有关规定抵扣等。

2006 年 4 月，国务院转发《关于推动我国动漫产业发展的若干意见》，支持动漫产品“走出去”，提出建立健全动漫产业海外服务支撑体系，支持我国动漫企业开拓海外市场；通过“中小企业国际市场开拓资金”渠道，积极鼓励和支持优秀国产动漫作品和产品到海外参展；积极利用国家出口信用保险促进动漫产品海外市场营销。同时，企业出口动漫产品享受国家统一规定的出口退（免）税政策。对动漫企业在境外提供劳务获得的境外收入不征营业税，境外已缴纳的所得税款可按规定予以抵扣。

2006 年 11 月，国务院出台《关于鼓励和支持文化产品和服务出口的若干政策》，提出按照“以进带出、进出挂钩”的原则，加强对文化产品进出口的宏观调控，逐步改变对外文化贸易逆差较大的状况。从事图书、报刊、电子音像制品、电影和电视剧国际版权贸易的文化单位要积极拓展出口业务，加大出口业务在总业务中的比重，对进出口比例严重失衡的单位要削减版权引进数量和引进指标。

2007 年 7 月，商务部、外交部、文化部、国家广电总局、新闻出版总署、国务院新闻办共同制定《文化产品和服务出口指导目录》，鼓励和支持文化企业参与国际竞争，提高文化企业国际竞争力，带动我国文化产品和服务出口。根据目录认定一批有利于弘扬中华民族优秀传统文化、有利于维护国家统一和民族团结、有利于发展中国同世界各国人民友谊的且具有比较优势和鲜明民族特色的“国家文化出口重点项目”，以及一批拥有国际文化贸易专门人才、具备较强国际市场竞争力、守法经营、信誉良好的“国家文化出口重点企业”，并依据有关规定在市场开拓、技术创新、海关通关等方面创造条件予以支持。按照新闻出版类、广播影视类、文化艺术类和综合类四大类别设定标准，认定国家文化出口重点项目和国家文化出口重点企业，对此类企业与项目提供资金支持。

2009年3月，文化部与中国进出口银行签订《关于扶持培育文化出口重点企业、重点项目的合作协议》。合作采取“文化部组织推荐、专家组认真评选、进出口银行独立审贷”的方式，旨在解决文化企业融资难问题，共同扶持培育文化出口重点企业和重点项目。在5年的合作期内，进出口银行计划向文化企业提供不低于200亿元人民币或等值外汇信贷资金。进出口银行发挥信贷资金规模大、融资期限长、资金来源稳定的优势，根据文化企业的融资需求和特点，在建立和完善风险控制机制和信用体系的条件下，利用对外优惠贷款、外国政府转贷款、出口买方信贷、出口卖方信贷、境外投资贷款、进口信贷、出口基地建设贷款、出口企业固定资产投资贷款、进出口租赁贷款、文化产品和服务出口信贷、文化旅游国际化贷款、国际会展服务设施建设贷款等多种贷款品种和国际国内结算、企业存款、对外担保等中间业务品种，扶持培育政府鼓励发展的文化出口重点企业和重点项目，为企业提供综合金融服务，并探索创新金融产品，满足企业融资需求。

2009年4月，商务部、文化部、国家广电总局、新闻出版总署、中国进出口银行共同出台《关于金融支持文化出口的指导意见》，由商务部、文化部、国家广电总局、新闻出版总署、中国进出口银行按照“各部门组织推荐，进出口银行独立审贷”的原则，发挥中央有关部委与地方主管部门的政策优势和组织优势，以及进出口银行总行与各营业机构的市场优势和资金优势，共同搭建文化、金融合作平台，以支持文化企业和项目“走出去”为重点，支持文化产业“走出去”与“引进来”相结合，全面支持文化贸易发展。

2009年7月，我国第一部文化产业专项规划——《文化产业振兴规划》由国务院常务会议审议通过。该规划强调在对外文化贸易中坚持以企业为主体，推动中华文化“走出去”。重点是扶持体现民族特色的文化产品和服务的出口，抓好国际营销网络的建设，鼓励文化企业到境外设立研发生产基地，生产和开发适合当地文化消费特点的文化产品，使中华文化走出去，扩大影响力。同时，积极落实国家鼓励和支持文化产品和服务出口的优惠政策，在市场开拓、技术创新、海关通关等方面给予支持。制定《2009～2010年度国家文化出口重点企业和项目目录》，形成鼓励、支持文化产品和服务出口的长效机制。重点扶持具有民族特色的文化艺术、展览、电影、电视剧、动画片、网络游戏、出版物、民族音乐舞蹈和杂技等产品和服务的出口，抓好国际营销网络建设。支持动漫、网络游戏、电子出版物等文化产品进入国际市场。鼓励文化企业通过独资、合资、控股、参股等多种形式，在国外兴办文化实体，建立文化产品营销网点，实现落地经营。办好国家重点支持的文化会展，通过中国（深圳）国际文化产业博览会、中国国际广播影视博览会、北京国际图书博览会等推动文化产品和服务出口。支持文化企业参加境外图书展、影视展、艺术节等国际大型展会和文化活动。

2010年1月，国务院发布《关于促进电影产业繁荣发展的指导意见》，提出要努力增强国际影响力。积极实施电影“走出去”战略，落实国家鼓励和支持文化产品和服务出口优惠政策，加大对电影产品和服务出口支持力度，努力形成长效机制。加快培育海外营销的市场主体，加大国产影片海外推广营销力度，拓展渠道，完善网络，探索建立国产影片海外推广营销体系，推动国产影片进入国际主流电影市场；支持电影企业、电影作品参加重要的国际电影节展和交易市场，进一步办好“上海国际电影节”等活动；推动“中国电影频道”等采用频道时段合作、有线电视网络租用及互联网等新媒体手段加快海外落地步伐，扩大用户规模；积极与各国政府、国际电影节展组委会、电影机构、社会组织、行业协会等建立广泛友好的合作推广机制，进一步加强对外合作拍片，继续举办好中国电影展等活动，增强国际影响力。

2010年2月，商务部等十部门发布《关于进一步推进国家文化出口重点企业和项目目录相关工作的指导意见》。商务部会同中宣部、外交部、财政部、文化部、海关总署、税务总局、国家广电总局、新闻出版总署、国务院新闻办等部门共同制定了《文化产品和服务出口指导目录》（以下简称《指导目录》），并根据国际文化贸易市场的发展趋势和需求，以及我国文化产业的发展情况，不定期对《指导目录》进行调整。《指导目录》以国家统计局发布的《文化及相关产业分类》为基础和框架，根据各部门提供的文化产品和服务入选条目及入选标准予以确定。按照《指导目录》确定的标准，各省、区、市和有关单位向国务院有关部门推荐符合条件的企业和项目，商务部会同中宣部、财政部、文化部、税务总局、国家广电总局和新闻出版总署组织有关专家进行评选，共同制定《国家文化出口重点企业目录》和《国家文化出口重点项目目录》，并根据文化出口情况和市场发展潜力，每两年调整一次。企业每年填报一次《文化企业进出口情况申报表》，作为下一年度参加重点企业和重点项目评审的依据。文化出口重点企业及重点项目的承担企业每月填报《文化企业进出口情况申报表》。

2010年4月，中宣部、中国人民银行、财政部、文化部、国家广电总局、新闻出版总署、银监会、证监会、保监会联合推出《关于金融支持文化产业振兴和发展繁荣的指导意见》，提出完善文化企业外汇管理，提高文化产业贸易投资便利程度。便利文化企业的跨境投资，满足文化企业对外贸易、跨境融资和投资等合理用汇需求，提高外汇管理效率，简化优化外汇管理业务流程，促进文化企业提高外汇资金使用效率，降低财务成本，提高我国文化企业核心竞争力。进一步加强和完善针对文化出口企业的保险服务，对于符合《文化产品和服务出口指导目录》条件，特别是列入《国家文化出口重点企业目录》和《国家文化出口重点项目目录》的文化出口企业和项目，保险机构应积极提供出口信用保险服务，鼓励和促进文化企业积极参与国际竞争。

（二）文化贸易平台建立，积极开拓“走出去”渠道

继中国（深圳）国际文化产业博览交易会2004年创办后，2006年，首届中国北京国际文化创意产业博览会在北京开幕。作为我国国际化、综合性文化产业博览交易会，文博会以博览和交易为核心打造文化产品与项目交易平台，推动我国文化产品走向世界，成为我国文化出口的重要基地和主要口岸，是我国文化创意产业的最大盛会之一。

2007年9月，上海利用浦东“先行先试”以及保税区政策优势，在外高桥保税区率先搭建了上海国际文化服务贸易平台。保税区利用“入境不入关”的优势，可以享受“免证、免税、保税”的特殊政策，降低文化生产与文化贸易活动的运营成本。2011年10月，该平台被文化部命名为国家对外文化贸易基地。作为我国首个国家对外文化贸易基地，该基地充分利用上海建设国际经济、金融、贸易、航运中心以及浦东综合配套改革试点政策的契机，通过扩大政策、功能和服务等综合优势，为全国文化企业提供国际展示销售、进出口代理、保税展示、设备租赁、商贸咨询、版权交易、人才培训等全方位的服务和支持，并与上海国际艺术节、中国国际动漫游戏博览会等系列重要文化会展开展广泛合作，组织国内文化企业组团参加法兰克福书展、洛杉矶E3游戏展、洛杉矶艺术展等国际知名文化会展。

2009年1月，中国服务贸易协会文化贸易专业委员会在北京成立，旨在推动我国服务产业升级，促进企业更广泛地参与国际竞争，更好地发展、弘扬中国文化，整合文化资源。文化贸易专业委员会由中国电影集团、中国出版集团、中国国际电视总公司等组成委员单位。

2011年3月，北京国际文化贸易服务中心在临近首都机场的北京天竺综合保税区奠基开建，以园中园的形式涵盖国际文化

商品展示交易中心、国际文化贸易企业集聚中心、国际文化仓储物流中心三个功能区，为国际、国内文化生产、传输、贸易机构提供专属保税服务。这是国内首个依托空港保税区建设的“文化保税区”。

二、发展情况：领域拓展，快速增长

（一）统计数据

2007 年，我国以加工贸易方式出口文化产品占出口总额的近 7 成，对美国、欧盟和中国香港地区的出口额占总数的 85% 以上。电子游戏机出口占文化产品出口额的 50% 以上，雕塑品及装饰品等视觉艺术品出口占 30% 以上。在文化服务方面，2006 年我国在境外销售影片 204 部，进口影片 1 561 部；输出出版物版权 2 057 种，引进版权 12 386 种，呈现较大贸易逆差。①

2008 年，我国核心文化产品进出口 158.40 亿美元，是 2001 年的 4.5 倍，同比增长 22.6%；文化服务进出口 48.16 亿美元，同比增长 29.5%。②

据海关相关统计数据，2010 年，我国出口文化产品 76.9 亿美元，较金融危机发生的 2008 年增长 18.2%。文化产品对外贸易快速增长并超越 2008 年金融危机前的水平，国家相关政策利好提供了发展机遇。《文化产业振兴规划》《关于金融支持文化产业振兴和发展繁荣的指导意见》等系列政策的出台，为企业发展提供了支持。从地区上，广东出口领先优势明显。广东出口文

① 商务部服务贸易司与贝塔斯曼集团：《加快文化贸易发展，推动中国文化出口》，载《国际贸易》2008 年第 10 期。

② 根据商务部统计数据整理。

化产品37.2亿美元，增长9.4%，占同期我国文化产品出口的48.4%。浙江和福建分别出口6.9亿和6.1亿美元，分别增长29.2%和28%。[①]

2011年，我国出口文化产品187亿美元，比上年增长22.2%。在我国文化产品出口中，视觉艺术品出口占据半壁江山，视听媒介和印刷品出口增长平稳。2011年我国出口视觉艺术品93.3亿美元，增长36.4%，占同期文化产品出口的49.9%，为我国文化产品第一大出口品种。从地区上，广东领先优势明显，福建出口增速显著。广东出口文化产品73.5亿美元，增长0.4%，占同期我国文化产品出口的39.3%，仍为我国文化产品出口最大省份。同期，福建和浙江分别出口20.3亿和19亿美元，分别增长54.5%和12.2%，分列第二、三位。私营企业文化产品出口增长快也成为一大亮点。2011年，私营企业出口84.7亿美元，增长45.2%，高出当年文化产品出口总体增速23个百分点，占45.3%。[②]

（二）代表性区域发展情况

1. 北京。

2005年，北京出版行业版权贸易下引进图书6 362种，输出图书868种，逆差为1∶7.5。北京地区出版社数量众多，国内市场广阔，出版社在主动争夺国际市场方面的意识还较为淡薄。2005年北京地区演出服务业也处于绝对的贸易逆差，电台与电视台节目的海外输送以交换为主而非商业性质。[③]

据北京市商务局服务贸易处的相关数据，到2011年，北京文化贸易进出口额从2006年的12.65亿美元增至26.79亿美元，

---

①② 根据中国海关总署数据整理。

③ 李嘉珊：《首都文化贸易调研报告：基于现状的思考》，载《国际贸易》2006年第4期，第29～33页。

年复合增长率达 16.2%，其中文化贸易出口额由 2006 年的 6.75 亿美元增至 13.96 亿美元。

2. 上海。

上海高度重视文化产业和文化贸易的发展，将文化贸易列入《上海服务贸易中长期发展规划》的重点领域，并设立专项资金，对文化服务贸易企业给予更多支持。

2008 年，上海市核心文化产品和服务实现进出口总额 20.06 亿美元，同比增长 20.25%，其中进口 5.81 亿美元，出口 14.25 亿美元，同比分别增长 45.98% 和 12.12%，实现贸易顺差 8.44 亿美元。2008 年，上海核心文化服务进出口主要包括广告宣传和电影音像两类。其中广告宣传实现出口 11.99 亿美元，同比增长 17.55%，进口 3.90 亿美元，同比增长 65.25%，实现贸易顺差 8.09 亿美元；电影音像实现出口 2 420.11 万美元，进口 5 532.29万美元，贸易逆差为 3 112.18 万美元。2008 年，上海核心文化产品进出口总额为 3.38 亿美元。具体产品分类主要包括印刷品、音像及电子出版物、视听媒介、文化遗产（古物）和视觉艺术品等。①

2010 年，上海文化产品和服务进出口总额达到 149.9 亿美元，同比增长 12.9%。其中进口 52.9 亿美元，增长 21.3%；出口 97 亿美元，增长 8.8%，实现贸易顺差 44.1 亿美元。② 同时，对外文化贸易结构不断优化。对外文化贸易的无形产品出口不断增加，网络游戏、网络视听、动漫产业、建筑设计、服装设计等产品和服务的出口逐步打破传统文化产品独霸对外文化贸易的局面。影视作品、网络游戏、数字音乐、版权服务、艺术品贸易服

① 商务部公开数据。

② 《2010 年上海文化产品服务贸易实现顺差 44 亿多美元》，载《出版参考》2011 年第 28 期，第 4 页。

务、会展服务等领域的文化产品和服务增长迅速。①

3. 浙江。

2006～2010 年，浙江的文化产品和服务年出口额由 27.41 亿美元增加到 49.93 亿美元，其中文化产品和文化服务的出口规模分别增长 80.0% 和 4.3 倍，图书版权进出口比例从 5.1∶1 下降到 2.4∶1。浙江少儿出版社开拓西方主流版权市场，输出大量浙版原创图书，2005～2009 年实现版权对外贸易 139 项。2005 年浙江华策影视有限公司成立，并于 2010 年成为国内第一家以电视剧为主营业务的上市企业，产品先后进入多个国家和地区的播映系统。浙江横店集团控股有限公司旗下的横店影视城是一个规模庞大的影视拍摄基地，被美国《好莱坞》杂志称为“中国好莱坞”，横店影视积极推进国际合作项目。据统计，浙江共有 17 家企业和 28 个项目入选“2009～2010 年度国家文化出口重点企业”和“文化出口重点项目”，分别占全国的 8.1% 和 12.4%。②

4. 江苏。

自 2004 年起，江苏文化产业每年保持 25% 左右的增长速度，到 2009 年文化产业增加值达到了 1 065 亿元。江苏省高度重视对外文化贸易，积极落实相关政策，推动江苏文化“走出去”。自 2006 年起，江苏对动漫游戏业、演艺业、新闻出版业等领域展开分类指导，设立文化产业引导资金，对一批文化出口的重点企业和项目进行扶持。2007 年首批发布的 2007～2008 年度国家文化出口重点企业和项目中，江苏省获评企业 9 家，项目 8 个；在 2011～2012 年度国家文化出口重点企业和项目目录中，江苏省获评企业达到 47 家，项目 4 个。2010 年，江苏省文化“走出去”实现突破，对外文化贸易进出口总额达 937.8 万美元，首次

---

① 上海市发展改革研究院课题组：《上海国家对外文化贸易基地加速发展的思路和举措》，载《科学发展》2013 年第 9 期，第 26～38 页。

② 查志强：《对外文化贸易迎来“浙江时代”》，载《浙江经济》2012 年第 2 期，第 42～43 页。

实现贸易顺差 137.6 万美元。①

（三）部分行业发展情况

1. 新闻出版。

从 2003 年实施新闻出版走出去战略至 2010 年底，相关部门陆续出台政策文件进行扶持。2011 年 4 月，《新闻出版业“十二五”时期走出去发展规划》由原新闻出版总署印发。据《中国版权年鉴》相关数据，2005 年全国图书引进 9 382 种，输出 1 434种，引进和输出比为 6.9∶1；到 2011 年，全国图书引进 14 708种，输出 5 922 种，引进和输出比为 2.5∶1，贸易逆差不断缩小。

2005 年全国音像制品、电子出版物累计出口 32 129 种次、75.18 万盒（张）、211 万美元，累计进口 31 638 种次、14.86 万盒（张）、1 933 万美元；2011 年全国累计出口音像制品、电子出版物 430 378 种次、8.32 万盒（张）、1 502.43 万美元，累计进口音像制品、电子出版物 14 553 种次、39.63 万盒（张）、14 134.78万美元，贸易逆差仍然较大。②

2. 动漫。

以湖南动漫产业为例，2009 ~ 2010 年度国家文化出口重点企业中共 7 家湖南文化企业上榜，其中湖南宏梦卡通传播有限公司、湖南金鹰卡通有限公司、湖南山猫卡通有限公司、三辰卡通集团有限公司均为动漫企业。湖南动漫在占领国内市场的同时，也在不断开拓国际市场。2009 年，山猫卡通的《山猫吉咪历险记》荣获美国纽约国际独立电影电视节“最佳动画影片奖”，其衍生产品远销美国、日本、韩国等 60 多个国家和地区，累计出

---

① 顾晓燕、王弘颖：《江苏文化贸易发展现状与对策》，载《商情》2011 年第 29 期，第 76、92 页。

② 新闻出版总署：《2005 年全国新闻出版业基本情况》。

口创汇超过3 000万美元。2011年，蓝猫动漫通过参加国际会展，先后与西班牙、巴西、美国、德国以及印度尼西亚签署了节目输出和产业合作协议，实际收入达150万美元。

江苏拥有南京、无锡、常州、苏州4个国家级动画产业基地，300多家江苏动漫企业，原创动漫片突破5万分钟。在2009～2010年度国家文化出口重点项目中，仅常州就有5家动漫企业、5个项目上榜。常州动漫产业高度注重产品创意，以优质产品作为考评办法取代考评分数等量化标准。到2011年，常州创意产业基地原创动画片年生产能力达到10 000分钟以上，生产的17部动画片打入欧美、中东、东南亚市场，作品荣获国际家庭电影节“外国电影最佳教育片奖”。

三、理论探索

2005年开始，文化贸易的战略分析成为热点。近十篇论文提及文化贸易逆差、文化贸易现状及文化贸易发展战略。其中，李怀亮、闫玉刚在《当代国际文化贸易综论》一文中认为，文化经济已经成为当代世界经济格局中的重要经济形态和国民经济的重要支柱，文化贸易在国际贸易格局中也发挥着越来越重要的作用。从地域上看，国际文化贸易存在着巨大的不平衡性；从主体来看，大型跨国媒介集团垄断着国际文化贸易市场；从贸易形式来看，国际文化贸易主要是产业内贸易；从法律规范上看，WTO文化贸易自由化的法律制度成为规范当代国际文化贸易的主要法律文件。我国文化产业和文化贸易正处于起步阶段，大力发展国际文化贸易对于改善对外贸易结构等方面的问题都有着不可忽视的作用和意义。[①]

2006 年，文化贸易的研究领域逐步深入，研究涉及影视传播、版权贸易等。李嘉珊在《首都文化贸易调研报告：基于现状的思考》一文中对北京 2001 年以来的文化贸易相关情况进行了分析，包括图书出版、演出服务和广播影视领域，并给出对策建议。[②] 同年，国家对外文化贸易理论研究基地落户中国传媒大学。中国传媒大学文化贸易研究所成为国内第一家以国际文化贸易为主要研究对象的专业研究机构。

2007 ~2008 年，文化贸易研究相关论文数量达数十篇，研究深度进一步拓展。国际国内文化贸易现状与对比、地区文化贸易结构、文化产品与文化服务贸易发展战略等均成为研究热点。

从 2009 年开始，文化贸易相关研究论文数量进一步提升，论文标题涉及“文化贸易”的超过百篇，研究领域进一步拓展。李嘉珊、辛辰在《国际文化贸易本科应用型人才培养架构设计》一文中探讨了高校对国际文化贸易人才培养架构设计的理念、原则、指标和方法，以及社会架构设计的面上指标方法，并依此拟定国际文化贸易本科应用型人才的框架结构表，该论文亦为“十一五”国家级课题“我国高校应用型人才培养模式研究”下国际经贸类专业子课题“国际文化贸易本科应用型人才培养模式研究”的阶段性成果。[③]

---

① 李怀亮、闫玉刚：《当代国际文化贸易综论（上）》，载《河北学刊》2005 年第 6 期，第 113 ~119 页。

② 李嘉珊：《首都文化贸易调研报告：基于现状的思考》，载《国际贸易》2006 年第 4 期，第 29 ~33 页。

③ 李嘉珊、辛辰：《国际文化贸易本科应用型人才培养架构设计》，载《中国大学教学》2009 年第 8 期，第 46 ~48 页。

第九章

2012 年至今中国对外文化贸易

2012 年之后，我国对外文化贸易加快发展，整体实现良好发展态势。

一、发展背景：健全支撑体系，提供发展机遇

（一）政策引导更加明确，支撑体系不断健全

2014 年 3 月，国务院发布《关于加快发展对外文化贸易的意见》，指出随着改革开放的推进，我国对外文化贸易的规模不断扩大、结构逐步优化，但核心文化产品和服务贸易逆差仍然存在，对外文化贸易占对外贸易总额的比重还较低，有待进一步加强。意见制定的我国文化贸易发展目标为加快发展传统文化产业和新兴文化产业，扩大文化产品和服务出口，加大文化领域对外投资，力争到 2020 年，培育一批具有国际竞争力的外向型文化企业，形成一批具有核心竞争力的文化产品，打造一批具有国际影响力的文化品牌，搭建若干具有较强辐射力的国际文化交易平台，使核心文化产品和服务贸易逆差状况得以扭转，对外文化贸易额在对外贸易总额中的比重大幅提高，我国文化产品和服务在

国际市场的份额进一步扩大，我国文化整体实力和竞争力显著提升。同时指出需进一步完善《文化产品和服务出口指导目录》，定期发布《国家文化出口重点企业目录》和《国家文化出口重点项目目录》，加大对入选企业和项目的扶持力度；鼓励和引导文化企业加大内容创新力度，创作开发体现中华优秀文化、展示当代中国形象、面向国际市场的文化产品和服务；支持文化企业拓展文化出口平台和渠道，鼓励各类企业通过新设、收购、合作等方式，在境外开展文化领域投资合作，建设国际营销网络，扩大境外优质文化资产规模；支持文化和科技融合发展，鼓励企业开展技术创新，增加对文化出口产品和服务的研发投入，开发具有自主知识产权的关键技术和核心技术。同时，增强财税和金融支持，完善服务保障，并加强组织领导。

2014 年 3 月，国务院发布的《关于推进文化创意和设计服务与相关产业融合发展的若干意见》指出，要支持有条件的企业“走出去”，扩大产品和服务出口，通过海外并购、联合经营、设立分支机构等方式积极开拓国际市场。

2014 年 4 月，国务院发布《进一步支持文化企业发展的规定》，对国家重点鼓励的文化产品出口实行增值税零税率。对国家重点鼓励的文化服务出口实行营业税免税。结合营业税改征增值税改革试点，逐步将文化服务行业纳入改革试点范围，对纳入增值税征收范围的上述文化服务出口实行增值税零税率或免税。享受上述税收优惠政策的国家重点鼓励的文化产品和服务的具体范围由财政部、税务总局会同有关部门确定。为承担国家鼓励类文化产业项目而进口国内不能生产的自用设备及配套件、备件，在政策规定范围内，免征进口关税。

随着 2014 年上半年国家文化贸易领域政策的出台，地方政府相继定制发布了区域文化贸易发展相关措施。

2014 年，上海市首次发布《上海市服务贸易促进指导目录》，这在全国范围内也属首发。该指导目录覆盖了旅游、文化、中医药医疗及其他商业服务等领域，从中认定并扶持一批服务贸易品牌企业，起到“以点带面”提升上海服务贸易整体发展水平的作用。

2014 年 6 月，四川公布《关于加快发展对外文化贸易的实施意见》，明确了 8 项工作重点：壮大文化贸易企业，培育文化贸易基地，搭建文化贸易平台，支持文化贸易创新，引导文化企业“走出去”，鼓励中介机构发挥牵头作用，加强文化贸易产权保护，优化文化贸易人才结构，并制定了加大财政支持、落实税收优惠、完善信用担保体系、强化金融保障、完善通关便利化措施、推进外汇管理便利化和提高行政审批效率等 7 个政策。建立四川省对外文化贸易促进工作联席会议制度，加强文化产品和文化贸易数据统计和研究分析，建立数据库，定期发布相关统计数据。

2015 年，青岛发布《关于加快发展对外文化贸易的实施意见》，明确提出“双四”举措，着力打造文化外贸强市的战略目标。提出为文化企业走出去开通“绿色通道”；提升对外文化贸易营销水平，加强与“一带一路”沿线国家的文化贸易交流，构建多渠道、多层次的文化国际营销体系；营造公平市场环境；完善文化金融服务。

2016 年 12 月，商务部首批出版美国、英国、俄罗斯等三个国别的《对外文化贸易和投资合作国别（地区）指南》，就当地文化产业的概况与相关政策予以精准解读。

2017 年，商务部会同 13 个部门印发《服务贸易发展“十三五”规划》，指出在文化服务方面，要加强对中华优秀传统文化的凝炼萃取和对外推介，坚持创造性转化和创新性发展，做好中国文学、戏曲、书画、民乐等传统经典的现代呈现和译介推广，加强对我国世界文化遗产和非物质文化遗产的活态展示和国际推介。深度挖掘中医药、中餐、中华武术、传统曲艺等特色优势，支持中华特色服务贸易企业建立海外机构和服务网点，融合协同走出去。推动对外文化贸易优化升级，稳定传统优势文化产品出口，利用跨境电子商务等新兴贸易方式，提高数字文化产品的国际竞争力。尽快培育国家文化出口重点企业成为海关高信用企业，享受海关便捷通关措施。减少对文化出口的行政审批事项，简化手续，缩短时限。

同时，打造三大服务贸易集聚圈，为文化贸易的开展提供新机遇。打造环渤海服务贸易集聚圈，吸引文化贸易、技术贸易、运输、旅游、教育、医疗保健、生态环保、环境服务、服务外包等领域的国际国内服务贸易资源在环渤海及其周边集聚；打造长三角服务贸易集聚圈，完善物流运输、旅游、跨境电子商务、金融服务、信息服务、文化贸易、技术贸易、服务外包、中医药服务等优势领域在长三角发展布局；打造泛珠三角服务贸易集聚圈，推动专业服务、金融服务、文化贸易、研发设计、服务外包等领域服务贸易资源向广东及其周边地区集聚。发展与"一带一路"沿线国家和地区文化贸易，扩大图书、影视剧、动漫、网络游戏等文化产品与服务出口，提升中华文化影响力；重点加强与新加坡、印度尼西亚、马来西亚、泰国、菲律宾、越南等国服务贸易合作，在基础设施建设、旅游、文化、医疗保健、技术和知识产权、跨境电子商务、服务外包、港口等领域加大合作力度。扩大新兴服务出口，积极推动文化艺术、广播影视、新闻出版、教育等承载中华文化核心价值的文化服务出口，大力促进文化创意、数字出版、动漫游戏等新兴文化服务出口，努力培育我国特色文化贸易优势。

2018 年 12 月，国务院发布《进一步支持文化企业发展的规定》，指出要加大对国家文化出口重点企业和项目扶持力度，加强国家文化出口基地建设。

（二）多区域平台建立，健全"走出去"服务体系

2012 年，国家对外文化贸易基地（北京）由文化部正式授

牌。国家对外文化贸易基地（北京）由文化部与北京市在部市合作框架下建立。通过重点建设文化保税、高端商务、文化金融、人才资源、信息服务五大平台，引进国内外一流服务供应商，创新服务体系，完善服务手段，满足园区企业不断发展的需求，帮助园区企业形成国际文化贸易核心竞争力。

2013 年 7 月，由西安国际港务区管委会与陕西文化产业投资控股（集团）有限公司共同筹建的西部地区首个文化产业保税园区——“陕西文化产业保税园区暨陕西国际文化贸易基地”签约落户西安综合保税区。陕西文化产业保税园区根据“在西安综合保税区内设立文化产业基地，让文化产业享受保税政策优惠”的实施路径，利用西安综合保税区平台，打造集文化仓储、文化加工、展览展示、文化交易为一体的陕西文化产业保税园区暨陕西国际文化贸易基地。

2013 年 12 月，宁波保税区推出“文化保税区”项目，大力推进文化产业项目招商，出台专项扶持政策，将保税功能与文化产业有机结合，先行探索对外文化贸易体制机制改革试点，搭建文化产品“走出去、引进来”平台，降低文化生产与文化贸易的运营成本。

2014 年，国家对外文化贸易基地（北京）暨北京天竺综合保税区文化保税园开园活动在北京举行，贸易基地开园是我国文化贸易迈向规模化、集约化、现代化的重要体现，是文化部与北京市政府部市合作的重要成果。

2014 年 1 月，国家对外文化贸易基地（深圳）正式揭牌，深圳成为上海、北京之后，我国第三个也是华南地区唯一获得国家对外文化贸易基地授牌的城市。深圳国家对外文化贸易平台采用“平台 + 园区”模式，以“信息服务”和“品牌推广”为核心，打造文化贸易服务链，在文化贸易公共服务平台建设和“传媒 + 创意”融合发展模式上积极创新，为扩大文化产品和文化服务出口探索新路径。

2014 年，上海建立和培育了一批专业性文化贸易服务平台，包括上海文化产权交易所（首创国内文化项目集中挂牌交易方式）、上海国际艺术品交易中心（建成国内第一家艺术品保税仓库），以及国际文化贸易展示推介平台、上海动漫游戏外包与出口公共服务平台、张江文化创意及数字出版基地等，为文创企业拓展海内外市场发挥了重要作用。

2014 年 10 月，成都（西部）文化艺术品保税仓库举行揭牌仪式，标志着我国中西部第一个专门的国际性艺术品保税交流平台正式对外开展相关业务。

2015 年 9 月，山西省文化厅、山西省投资集团有限公司的战略合作项目——山西省文化保税区开工建设，为发展对外文化贸易提供总部基地和产业协同服务平台，涵盖艺术品加工、文化产品仓储、产品分销、艺术品展示、创意研发、国际文化贸易服务、国际新媒体开发、国际文化电子商务等项目。

2017 年 10 月，国家对外文化贸易基地二期开工。国家对外文化贸易基地一、二期建设内容与国际文化商品交易服务中心（三期）形成国家对外文化贸易基地三个互为补充的功能区，为文化企业的创意设计、生产制作、仓储物流、展示交易等提供文化创意产业全产业链服务，积极响应我国“一带一路”发展倡议，为推进国内文化产品与服务“走出去”和国际文化产品与服务“引进来”发挥重要的平台功能。

2018 年 6 月，商务部会同中宣部等部门认定首批 13 个国家文化出口基地，分别为北京天竺综合保税区、上海徐汇区、江苏省无锡市、中国（浙江）影视产业国际合作区、安徽省合肥市蜀山区、山东省淄博市博山区、湖南省长沙市、广东省广州市天河区、四川省自贡市、云南省昆明市、西藏文化旅游创意园区、西安高新技术开发区和中国（福建）自贸试验区厦门片区，为提升中华文化走出去的质量和效益、推动对外文化贸易高质量发展提供支持。

（三）展会交易频繁，促进作用明显

2014 年，第十届文博会文化产品出口交易额为 161.38 亿元，前 10 届文博会文化出口交易额累计超过 1 000 亿元。

2015 年，文博会突出“一带一路”主题，首次设立丝绸之路专馆，俄罗斯、印度、泰国、马来西亚等 15 个国家以及西安、乌鲁木齐、广州、泉州等 15 个国内城市在此展示传统工艺美术、非物质文化遗产、文化旅游及演艺等内容。

二、发展情况：结合“一带一路”，积极开拓国际市场

（一）统计数据

据海关总署统计数据，2012 年，我国文化产品出口额达 217.3 亿美元，较上年增长 16.3%。欧盟和美国为我国当年文化产品的主要出口市场，同时拉丁美洲、东盟和非洲等新兴市场出口增长较快。我国对美国出口文化产品 61.5 亿美元，下降 3.8%；对欧盟出口 51.7 亿美元，增长 1.6%；二者合计占同期我国文化产品出口总值的 52.1%。同期，对拉丁美洲出口 17.2 亿美元，增长 72.2%，占 7.9%；对东盟出口 15.4 亿美元，增长 1.2 倍，占 7.1%；对非洲出口 13.6 亿美元，增长 1.2 倍，占 6.3%。从产品类别上看，视觉艺术品为主要出口产品。2012 年，我国出口视觉艺术品 142.1 亿美元，增长 52.5%，占同期我国文化产品出口总值的 65.4%。同期，出口印刷品 28.5 亿美元，增长 7.1%；出口视听媒介产品 28.4 亿美元，下降 44.2%。此外，出口乐器 14.9 亿美元，增长 6.6%。广东、浙江和福建出口位列前三。广东出口文化产品 59.3 亿美元，浙江出口 23.6 亿美

元，福建出口 20.1 亿美元，三者合计占同期我国文化产品出口总值的 47.4%。

据商务部对外经贸统计数据，2013 年，我国文化产品进出口总额为 274.1 亿美元，其中出口 251.3 亿美元，文化产品出口以工艺品等、新型媒介（游戏机等）、印刷品、乐器为主；文化服务进出口额为 95.6 亿美元，其中出口 51.3 亿美元，文化服务出口以广告宣传服务为主。

2016 年，我国文化产品和服务进出口总额达 1 142.1 亿美元，文化贸易稳步发展，贸易结构不断优化，成为带动文化产业发展的重要动力。文化贸易发展呈现出服务化、数字化趋势。文化服务出口比例提高，文化服务出口占我国服务出口总额的比重为 3.1%，比上年提升 0.7 个百分点。影视、动漫、网游等新兴文化产品出口同比增长 25%，版权输出达到 1 万种。与此同时，文化贸易促进民心相通，成为助力“一带一路”建设的重要方式。2016 年，我国与“一带一路”沿线国家和地区文化产品进出口额达 149 亿美元，占文化产品进出口总额的 16.8%。一大批影视剧出口到哈萨克斯坦、吉尔吉斯斯坦、埃及、阿拉伯联合酋长国等国；部分国产动画片成为印度尼西亚、土耳其、越南等国的热门儿童节目。同时，文化贸易具备一定带动作用。以深圳华强集团有限公司为代表开展的主题公园出口业务，在提升国外对我国文化和产品认可度的同时，带动了我国对外设计和成套设备出口，间接带动了货物出口。

2017 年，我国文化产品和服务进出口总额 1 265.1 亿美元。其中，文化产品进出口总额 971.2 亿美元，同比增长 10.2%；文化服务进出口总额 293.9 亿美元，同比增长 14.4%。在文化产品方面，出口实现快速增长。文化产品出口 881.9 亿美元，同比增长 12.4%；进口 89.3 亿美元，同比下降 7.6%。顺差 792.6 亿美元，规模较上年同期扩大 15.2%。2017 年，我国对“一带一路”沿线国家文化产品进出口总额达 176.2 亿美元，比上年增长

18.5%；占文化产品进出口总额的 18.1%，比上年增加 1.2 个百分点。[①] 在文化服务方面，进口增势明显，出口结构不断优化。文化服务进口 232.2 亿美元，同比增长 20.5%。文化服务出口 61.7 亿美元，同比下降 3.9%。

尽管文化贸易在我国对外贸易中占比小，但文化产品出口技术含量有所提升，市场也更趋多元。

首先，文化产品出口的技术含量有所提升，具有较高附加值的游艺器材和娱乐用品、广播电影电视设备出口同比增长 19.4%；文化服务出口中处于核心层的文化和娱乐服务、研发成果使用费、视听及相关产品许可费等三项服务出口 15.4 亿美元，同比增长 25%，出口结构呈持续优化态势。

其次，美国、中国香港地区、荷兰、英国和日本为我国（内地）文化产品进出口前五大市场，合计占比为 59.4%。我国与“一带一路”沿线国家和地区进出口额达 176.2 亿美元，增长 18.5%，占比提高 1.3% 至 18.1%；与“金砖国家”进出口额 43 亿美元，增长 48%，市场更趋多元化。

最后，文化产品出口集中在东部地区，同比增长 10.8%，占全国文化出口总额的 93.4%；中西部地区出口增长势头迅猛，增速达 43.5%，占比提高 1.3% 至 6.1%；东北地区出口增长 15.3%，占 0.5%。广东、浙江、江苏为全国文化产品出口前三名，共占整体文化产品出口的 79.4%。

在文化服务方面，从国内布局看，文化服务贸易主要集中于东部，中西部地区增长迅速。2017 年东部地区文化服务出口占比为 95.9%；中西部地区出口增长 39.1%，占比提高 1.1% 至 3.5%；上海、广东、北京为文化服务出口前三位，共占全国文

---

① 国家统计局：《文化事业建设不断加强　文化产业发展成绩显著——改革开放 40 年经济社会发展成就系列报告之十七》，http：//www.stats.gov.cn/ztjc/ztfx/ggkf40n/201809/t20180913_1622703.html。

化服务出口的87.2%。[①]

2018年，我国文化贸易规模稳步提升。前4个月我国文化产品出口224.3亿美元，文化服务出口24.1亿美元，同比分别增长7.3%和9.4%。贸易结构趋于优化，文化服务进出口占文化贸易总额的比重达到31%，其中视听及相关产品许可费、文化和娱乐服务、广告服务出口合计占文化服务出口的85%，占比提升11个百分点；文化产品出口中，具有较高附加值的文化专用设备、出版物的出口分别增长13.6%和6%。此外，我国文化贸易市场更加多元，我国向“一带一路”沿线国家出口文化产品45.7亿美元，同比增长10.7%。对巴西、俄罗斯、印度、南非等“金砖国家”出口文化产品13.4亿美元，同比增长35.2%。[②]

2019年，我国文化贸易保持平稳快速发展。文化产品进出口总额1 114.5亿美元，同比增长8.9%，其中出口998.9亿美元，增长7.9%，进口115.7亿美元，增长17.4%，贸易顺差883.2亿美元，规模扩大6.8%。从类别来看，文化用品、工艺美术品及收藏品、出版物出口增长较快，增幅分别为11.7%、5.6%和4.8%。从国别和地区来看，我国对东盟、欧盟出口增长较快，分别增长了47.4%和18.9%，对“一带一路”沿线国家出口增长24.9%，对美国出口下降6.3%。

（二）代表性区域发展情况

1. 北京。

根据北京市文化局相关数据，2013年，北京文化贸易进出口总额达35.3亿美元，同比增长15.7%，其中核心文化产品进

---

① 李小牧：《文化贸易蓝皮书：中国国际文化贸易发展报告2018》，社会科学文献出版社2018年版，第3页。

② 商务部例行发布会，商务部发言人高峰通报2018年前4个月我国文化贸易情况。

出口总额为 9.1 亿美元，核心文化服务进出口总额为 26.2 亿美元。动漫游戏出口、图书版权输出和电影出口居全国前列，国家文化出口重点企业和项目数位居全国之首，共 60 家企业和 37 个项目被列入 2013～2014 年度国家文化出口重点企业和项目名单，初步形成了一批具有国际影响力的外向型文化企业。在 2015～2016 年度国家文化出口重点企业和项目名单中，北京共有 70 家企业和 37 个项目入选，在全国占比分别为 19.9% 和 26.6%，数量均居全国首位。根据北京动漫游戏产业联盟的统计，2017 年北京市动漫游戏行业总产值为 627 亿元，比 2016 年的 521 亿元增长约 20%，占全国动漫游戏产业的 18%。2017 年北京网络游戏出口额首次突破百亿元大关，达到 116.09 亿元，领头羊作用明显。

2012～2016 年，北京文化贸易出口总额从 16.9 亿美元增至 19.4 亿美元，其中核心文化产品出口额由 2012 年的 3.41 亿美元增至 6.2 亿美元（核心文化产品数据按照《我国文化产品进出口统计目录（2015）》统计计算得到）（见图 9－1）。

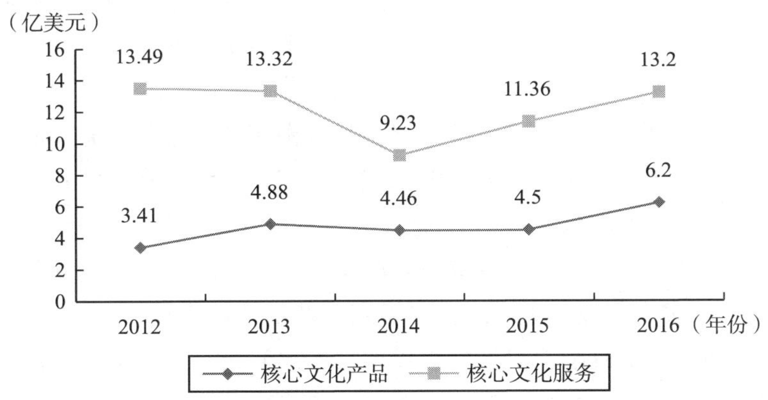

图 9－1　2012～2016 年北京文化贸易出口构成情况

通过出台推动文化产品和服务出口的实施办法，从财税优惠、服务保障、交易平台等方面加大支持力度，整合优质资源，立足北京地区，不断深化文化与外事、外宣、外经贸等领域的合作，建设国家对外文化贸易基地，北京不断拓展对外贸易的渠道，扩大贸易范围。同时，通过借助京交会、京港洽谈会等重要展会，文化“走出去”成为北京国际交往的一大特色。到2016年，北京市文化贸易进出口总额达46.9亿美元，同比增长9.5%。

2. 广东。

2017年，广东文化产品出口位列全国第一位，文化服务出口居全国第二位，在出版、动漫游戏、创意设计、文化设备制造等领域培育了一批具有国际竞争力的重点出口企业和品牌。① 以广州市天河区为例，天河新一代信息技术特别是信息服务业研发优势突出，为发展以信息技术为手段和载体的设计、动漫游戏、数字内容等新兴文化创意产业提供了强大的技术动力。广州市天河区内，以网易为龙头，集聚了三七互娱、百田、四三九九等大批优秀的游戏公司，天河游戏行业也成为文化创意产业的“主力军”，不断向海外输出文创产品。近两年，网易自主研发的手游《阴阳师》在日韩市场表现活跃，成为手游作品逆输出的经典案例。总部位于深圳的腾讯更是我国最大的互联网综合服务提供商之一，海外市场游戏产品出口额一直处于领跑位置。

3. 江苏。

2013年，江苏省文化系统转制院团赴境外商业演出达169场次，观众总人次31.75万，演出收入折合59.5万美元。其他文化产品与服务出口总额约19亿美元。其中，出口地区包括美国、英国、日本、加拿大、俄罗斯、澳大利亚、法国、中国港澳台地区等80多个国家和地区。出口类别包括：动漫类出口3.36亿美元；网络、手机游戏海外授权代理323万美元；工艺美术品出口9 765万美元；艺术品类（含绘画、乐器、节日礼品等）出口

① 商务部相关统计数据。

11 亿美元；数字出版服务外包 3. 10 亿美元。[①]

江苏省文化产业及对外贸易呈现出市场主体壮大、自主创新能力提升、多元投入格局形成、国际竞争力增强、优势产业门类突显的良好发展态势：一是演艺业出口品牌意识逐步增强；二是江苏工艺美术行业出口保持逐年增长；三是新媒体产业步入“内容为王”时期；四是江苏艺术品业和专业文化产品（设备）业出口全国领先。文化贸易出口总额不仅稳步发展，出口范围不断扩大，而且出口模式也从单纯的贸易型向投资型转变。一批优秀文化企业和文化产品成功进军海外市场，部分企业通过海外投资参与国际资本竞争，江苏文化企业在国际文化市场上的参与度日渐深入，并展现出实力和潜力。

（三）部分行业发展情况

1. 新闻出版。

（1）政策环境。国家有关部门通过重大工程带动、专项资金扶持，极大地激励了新闻出版企业走出去。其中，经典中国国际出版工程累计资助金额已超过 1. 45 亿元，共有 2 827 种外向型图书获得了扶持；中外图书互译计划已与 50 多个国家和地区签署了互译出版协议，许多企业得到了资金支持；图书版权输出普遍奖励计划面向所有国有企业、民营企业和社会个体作者，对已翻译出版但未获任何资金资助的版权输出项目进行奖励；丝路书香工程首期项目将有 8 105 万元资金资助。所有这些，使新闻出版企业获得极大的支持，增添了巨大的动力，走出去积极性和自觉性得到很大的提高，由过去的“要我走出去”转变为“我要走出去”。

（2）整体情况。2012 年与 2013 年，我国输出到美国、英国、德国、俄罗斯和加拿大等欧美国家出版物版权分别达到

---

① 江苏省文化厅统计数据。

9 365项和 8 444 项，分别占当年总输出的 27.9% 和 27.7%；输出到中国港澳台地区及新加坡、日本、韩国等国家的出版物版权分别为 3 023 项和3 991 项，分别占当年总输出的 32.3% 和 47.3%。输出到美国等国家的版权在数量与所占比重上明显上升。在四大国际书展中，我国出版物纷纷亮相，增强了主流渠道认可度和主流人群认知度。

2012～2015 年，我国版权引进数量变动不大，除了 2013 年超过 18 000 种以外，均保持在 16 000 种多一些，其中版权引进数量居于前三位的国家是美国、英国和日本。与之相对的是版权输出数量增长迅速，2012 年为 7 000 多种，到 2015 年一举突破万种大关，比 2012 年增长了 67.03%，年均增速 16.76%。我国出版物版权贸易逆差大大改善，版权引进和输出的比例从 2012 年的 2.1∶1 逐年下降至 2015 年的 1.6∶1。

在 2013 年第 65 届法兰克福书展中，我国参展商的版权交易呈稳定增长势头，共输出版权 2 628 项。中国出版集团、中国国际出版集团的输出数量分别为 350 项、340 项；唯一进入前 5 名的单体社北京语言大学出版社的输出数量多达 161 项。此外，中国少年儿童新闻出版总社在 2013 年博洛尼亚国际童书展上跻身欧美馆，首次设立独立展台，一次性实现版权输出 40 余项。安徽人民出版社在 2013 年北京国际图书博览会上表现突出，版权输出非华文地区所占比重大幅上升，版权输出及现场签约 50 余项，其中“中国节庆文化丛书”“中国民俗文化丛书”英文版、韩文版输出澳大利亚、韩国。五洲传播出版社在 2013 年法兰克福国际书展上约见海外出版社 10 余家，与越南、德国、瑞士、印度尼西亚、土耳其的 6 家出版机构代表达成版权输出意向 45 种，涉及图书 32 种。

同时，随着数字化转型升级的推进，我国优质数字产品逐渐开拓国际市场。2013 年，安徽少年儿童出版社与黎巴嫩数字未来公司达成关于数字版权输出的战略合作协议。江苏人民出版社与美国圣智学习集团签署合作协议，江苏人民社出版的 78 卷、4 000万字的《南京大屠杀史料集》和 10 卷、500 多万字的《中国近代通史》两部大型出版物将通过圣智盖尔电子图书馆走向世界。8 月，由中国图书进出口（集团）总公司自主研发的“易阅通”国际数字资源交易与服务平台正式启动运营。“易阅通”具有“一个平台、海量资源、全球服务”的特点，中图总公司将通过全新的合作方式和服务理念，使之成为国际一流、中国最大的数字资源聚合、加工、交易、服务平台，为数字时代中外文化交流和中国文化“走出去”搭建便捷的桥梁。

伴随“一带一路”建设的深入推进，我国图书版权输出的国际市场渠道不断拓展，对周边国家和“一带一路”国家的版权输出数量快速增长，承载当代中国价值观念的图书进入沿线国家主流图书市场。特别是随着“学汉语热”悄然兴起，汉语教材、教学参考资料以及汉语能力水平考试用书大量以实物出口的方式输出到海外。2015 年我国图书实物出口突破 1 亿美元。

2. 广播电影电视。

2017 年 12 月，中国国际电视总公司发起的“影视文化进出口企业协作体”在北京成立。协作体定位务实合作、开放多元、面向国际，与海内外相关机构建立战略合作关系，形成“走出去、引进来”联动机制，制度化推动资源、资本、人才、项目的共赢共享、合作交流，搭建内部信息共享平台，加大海外项目合作力度，提升我国影视机构在国际舞台的话语权和影响力。43 家在进出口领域有所成就并有长远布局的影视机构成为首批成员。2014 年，国产影片的海外票房和销售收入为 18.7 亿元，我国国产片在国际市场仍然面临较大挑战。

3. 动漫游戏。

（1）政策环境。《“一带一路”文化发展行动计划（2016 ~ 2020 年）》的子计划《动漫游戏产业“一带一路”国际合作行动计划》指出，要发挥动漫游戏产业在文化产业国际合作中的先导作用，面向“一带一路”各国，聚焦重点，广泛开展合作。

财政部联合国家税务总局发布《关于动漫产业增值税和营业税政策的通知》，规定自 2013 年 1 月 1 日至 2017 年 12 月 31 日，对属于增值税一般纳税人的动漫企业销售其自主开发生产的动漫软件，按 17% 的税率征收增值税后，对其增值税实际税负超过 3% 的部分，实行即征即退政策；对动漫软件出口免征增值税。

（2）整体情况。2014 年，我国自主研发网络游戏海外市场销售收入达到 30.76 亿美元，比 2013 年增长了 69%，其中客户端类游戏占总出口网游数量的 28%，网页游戏占 31%，而移动类游戏数量占比达到了 41%，实际销售收入 12.73 亿美元，以同比增长 366.39% 的数字排名第一。

2017 年，智明星通、昆仑游戏、完美世界、猎豹移动等北京原创游戏研发企业的出口额为 116.09 亿元人民币，比上年增长 93%。《2017 上海游戏出版产业数据调查报告》显示，2017 年上海网络游戏海外销售收入约为 13.46 亿美元，同比增长率约为 73.6%，其中，移动游戏出口收入占比达 63.1%。来自广东省游戏产业协会的数据显示，2017 年广东游戏出口营收规模达到 218 亿元，同比增长 23.9%，其中移动游戏是游戏出口营收提升的重要动力，占比超五成。

2017 年，我国自主研发网络游戏海外市场实际销售收入达 82.8 亿美元，同比增长 14.5%。具有中国元素的自主研发游戏产品，成为加速拓展海外市场的主要增长动力。其中，《完美世界》在我国网络游戏海外出口中连续多年排名第一，用户群体覆盖全球 100 多个国家和地区。自 2006 年起，《完美世界》一直领跑中国游戏海外出口，曾一度占中国网络游戏出口总额的 40%，游戏产品授权海外，与海外运营商签订协议。多年来，《完美世界》坚持全球化的发展策略，充分挖掘传统文化，将中国传统文学融入众多网游产品，其中包括《武林外传》《赤壁》《口袋西游》《倚天屠龙记》《笑傲江湖 OL》《射雕英雄传手游》等，通过实施精品战略，走畅销和长销路线，在国际市场牢牢抓住版权，带动文化核心价值观出口。

我国原创动漫游戏产品走进“一带一路”沿线国家的案例不断涌现。如以《熊出没》为代表的华强方特动漫作品已累计出口 25 万分钟，覆盖意大利、俄罗斯、新加坡等 100 多个国家和地区，在尼克国际儿童频道、迪士尼、索尼等国际主流媒体热播；《熊出没》大电影还持续登上土耳其、俄罗斯等多国院线，票房可观。

“一带一路”倡议深刻影响动漫行业海外拓展方向，我国与相关国家合作明显增加。2015 年，我国动漫行业与海外合作逐渐突破日韩、欧美等国家和地区，以“一带一路”倡议为指引，拓展至更大范围。中国国际动漫节节展办公室组织杭州动漫展团参加戛纳电视节，与来自英国、法国、美国、俄国、日本、西班牙、土耳其、加拿大、韩国等 80 多个国家和地区的客户进行商务洽谈，共计洽谈 230 场，内容涉及版权代理、海外发行、联合制片、人才引入、IP 开发等内容，在国际会展中体现出集团优势。

2018 年，我国电视动画年出口量超过 1 400 个小时，动漫游戏企业与“一带一路”沿线 50 多个国家的电视台或企业机构在创意研发、生产制作、发行播出、投融资等方面展开合作。中国动漫“走出去”脚步加大。

4. 演艺。

以上海为例，上海市文化广播影视管理局积极组织民营表演团体“走出去”。全美表演艺术经纪人协会（APAP）交易会作为国际演艺界最重要的交易平台之一，每年都会吸引全球数千家演出商和演艺机构参与交易。从 2014 年开始，上海市文化广播影视管理局每年组织民营院团参加美国 APAP 演出交易会，积极鼓励民营院团走出去，先后与美方达成10多项合作意向。2016年初，美国KMP演出机构的负责人通过APAP演出交易会了解到上海的民营演出团体这片“蓝海”，专门来沪参加民营院团演出交易会，在上海采购了多个节目。

5. 创意与设计。

2013年，根据《上海市文化创意产业发展“十二五”规划》，上海设计行业加强国内外合作交流，加快“走出去”步伐。在联合国教科文组织“创意城市”（上海）推进工作办公室的指导下，上海设计之都促进中心发起建立“上海设计走出去”项目，通过组织上海设计企业参加国际知名展会和联合国等知名国际机构活动的形式，搭建创意设计推广展示平台，提升上海创意设计的国内外影响力。

2016年，南京积极推动南京文化、创意和企业“走出去”，在英国伦敦设计节、葡萄牙里斯本手工艺贸易展、东京时尚品展、香港礼品展等国内外知名展会都出现了南京文化企业活跃的身影。利用2016年伦敦设计节“南京周”活动打造南京创意设计的海外展示推广平台，实现了南京与伦敦创意设计资源的对接。

6. 旅游。

（1）政策环境。2013年，国务院发布《国民旅游休闲纲要（2013～2020年）》，明确推行带薪休假制度，并颁布实施了中国第一部旅游基本法——《中华人民共和国旅游法》，标志着中国旅游业进入了依法治旅、依法兴旅的新阶段。

2015年全国旅游工作会议提出了“515战略”，紧紧围绕“文明、有序、安全、便利、富民强国”五大目标，推出旅游十大行动，开展52项举措，全力推进旅游业转型升级、提质增效，加快旅游业现代化、信息化、国际化进程。

2016年，在《国民经济与社会发展“十三五”规划纲要》中，中国政府将旅游业放在了促进经济发展、促进改革开放、促进调整结构和促进改善民生的战略地位上。

（2）整体情况。近年来旅游业飞速发展。从入境市场看，我国已是世界第四大旅游入境接待国。入境旅游人数（含入境过夜游客）从 1978 年的 180.92 万人次增加到 2015 年的 1.33 亿人次，增长了 72.5 倍，年均增长 12.3%；旅游外汇收入从 1978 年的 2.63 亿美元增加到 2015 年的 1 136.5 亿美元，增长了 431 倍，年均增长 17.8%。从出口看，旅游服务出口是“不出境的出口”，长期处于增长趋势。世界旅游业理事会（WTTC）数据显示，2014 年中国入境旅游收入居世界第三，占出口总额的 2.4%，2015 年上升为 2.5%。从进口看，出境旅游者在国外强劲的旅游购物消费实质是进口贸易。据世界旅游组织统计，2012 年，中国游客在海外花费突破千亿美元，以 1 020 亿美元位居世界首位；至 2015 年，海外花费已增至 1 050 亿美元，连续位居世界第一位。[①]

三、理论探索

随着文化贸易的逐步发展，文化贸易的研究也由横向研究拓展到纵向研究。文化贸易模式的变迁、文化贸易阶段性成绩与面临的问题成为新的关注，实证分析成为可行的研究方式。2012 年，朱文静、顾江在《文化贸易的产业结构变迁效应——基于我国 1997～2008 年数据的实证研究》中用实证基本证实：文化贸易进出口增速与我国第一产业所占比重表现为负向关系，与第二、第三产业比重变化呈现出正向关系，且从线性回归看出对第三产业比重的影响系数更大；文化服务贸易进出口促进了第一产业的增长；文化商品贸易在促进第二产业增长方面效果明显；文化服务贸易进出口额与第三产业增加值之间变化方向一致，且文

① 国家旅游局：《中国旅游发展报告 2016》。

化服务贸易增加快于第三产业的增加，作为第三产业一部分的文化服务已经成为第三产业发展的重要因素。王菲菲、赵书华在《中国文化服务贸易国际竞争力研究》中就我国文化服务贸易发展历程进行了竞争力指数分析，指出我国文化服务贸易在加入世贸组织后的十年间的国际竞争力较弱，发展尚处于起步阶段，与西方发达国家间的文化服务贸易逆差高达 5 ~ 10 倍，对世界文化服务贸易的格局和世界文化发展的格局起不到显著影响。吴承忠、牟阳 2013 年在《国际贸易问题》上发文，厘清了中国等发展中国家在研究国际文化贸易中秉持的价值货币“文化例外”，结合 3 个经典国际文化贸易安全，对在 WTO 中体现“文化例外”精神的国际文化贸易规则进行了分析，归纳了主要争议点和难点，总结了中国在提出解决国际文化贸易争端及其规则制定参与上的对策建议。

文化贸易研究区域不断扩大，从以北京、上海地区为研究中心扩展到广东、浙江、江苏、湖南、天津、陕西、山东等省市；贸易国研究从美国拓展到日本、韩国、阿拉伯国家、南非等；相关行业也从出版、传媒拓展到影视、动漫、创意设计、演艺等。2015 年，胡娜在《中国戏曲进入文化贸易的路径探索》中，以青春版《牡丹亭》及舞台剧《功夫传奇》两部在世界范围内形成较大影响力的舞台作品为例，探索戏曲进入文化贸易的路径，并就演艺业“成本弊病”和“文化折扣”两个文化贸易领域的实际问题提出了解决建议。

文化贸易研究与国家政策及战略的联系紧密。梁艳在《丝绸之路文化贸易战略与生态文化建设研究》中，通过对构建丝绸之路文化贸易的发展战略、构建丝绸之路生态文化体系、开发丝绸之路生态产品、拓宽丝绸之路生态产业建设、提升丝绸之路生态文化对外传播的探讨，研究了丝绸之路文化贸易战略与生态文化建设。生态产品的开发具有深厚的特色资源和文化价值，是打造特色品牌产品的标志。通过“丝绸之路”“敦煌文化”“黄河文化”“河西走廊文化”等赋予生态产品丰富的文化内涵，使其产生巨大的经济效益和社会效益。王海文在《“互联网 +”背景下文艺生产方式变革与当代国际文化贸易发展》中指出，互联网可以使文化实践在低成本、高效率的同时实现个性化、多样化的创新。互联网使文化产品贸易实现线上线下高效对接，赋予跨境交付这一贸易模式更广阔的时空范围和时代意义。

第十章

2001 年至今中国对外文化投资

中国企业对投资始于改革开放初期的 20 世纪 80 年代，当时对外投资规模小、次数少。90 年代末，中国企业对外投资活动尤其是跨国并购活动有所增加。联合国贸易与发展会议（UNCTAD）的数据显示，1988～2003 年，我国企业累计跨国并购总金额为 81.39 亿美元，其中绝大多数并购活动是在 1997 年之后进行的。文化领域中的海外并购活动极少。20 世纪 80 年代，北京、上海的旅游企业开始尝试跨国经营，如锦江集团在海外合资开办了近 10 家餐饮企业。20 世纪 90 年代后期，国内旅行社如中青旅、中国国旅开始尝试通过设立海外分公司、收购海外公司等方式在海外布点经营。而港中旅 1993 年在美国奥兰多投资了锦绣中华主题公园。

一、发展背景：国家政策引领，支持企业投资

根据商务部、国家统计局与国家外汇管理局联合发布的《2017 年度中国对外直接投资统计公报》，2017 年我国对外直

接投资[①]以 1 582.9 亿美元位列全球第三，共有 2.55 万家境内投资者在国（境）外设立对外直接投资企业[②]，分布在全球 189 个国家（地区）[③]，年末境外企业资产总额达到 6 万亿美元。尽管 2017 年我国的对外直接投资首次呈现负增长，但投资流量仍占全球当年流量的 11.1%，占全球比重连续两年超过了一成；存量全球占比 5.9%，由 2016 年的全球第六位跃升至第二位。我国的对外投资在全球外国直接投资中的影响力不断扩大，对外直接投资流量连续三年高于吸引外资。我国不仅是名副其实的国际投资大国，更在逐步向国际投资强国迈进。

对外文化投资的发展与国家的政策扶持有着密不可分的联系。自 2003 年文化体制改革以来，我国的政策体系不断健全。

根据商务部和国家统计局相关数据，从 2004 年起，我国文化、体育和娱乐产业的海外投资额逐年稳步增长，投资行业主要集中在广播电影电视服务、网络动漫游戏、信息传播服务领域及旅游产业，演艺产业和新闻出版发行行业的海外投资规模也在不断扩大。

2009 年，全球金融危机凸显文化产业的特殊优势，文化产业登上国家战略性产业的位置。这一年，国务院审议通过我国第一部文化产业专项规划——《文化产业振兴规划》，首次将文化体制改革和大力发展文化产业上升到国家战略。同年，文化部文化产业司发布《文化部办公厅关于申报中国进出口银行“扶持培育文化出口重点企业、重点项目贷款”有关事项的通知》，要

① 对外直接投资是指我国企业、团体等（以下简称境内投资者）在国外及港澳台地区以现金、实物、无形资产等方式投资，并以控制国（境）外企业的经营管理权为核心的经济活动。

② 对外直接投资企业指境内投资者直接拥有或控股 10% 或以上股权、投票权或其他等价利益的境外企业。

③ 对外直接投资的国家（地区）按境内投资者投资的首个目的地国家（地区）进行统计。

求“开发具有国际先进艺术水平、自主知识产权、原创品牌和民族特色的高科技文化产品的投资项目；开拓国际市场，推动中华文化走向世界的海外投资项目”。

2010 年，政策的利好为各地文化产业的迅速发展带来良机。国家相关部门就我国文化产业发展颁布了系列政策及条例，文化产业各细分行业在国家层面上的政策不但在全国各地得到积极响应，许多地方政府还在此基础上衍生出扶持当地文化产业及各细分行业发展的政策或措施。中国人民银行、财政部、文化部等九部委联合发布《关于金融支持文化产业振兴和发展繁荣的指导意见》，强调“完善文化企业外汇管理，提高文化贸易投资便利程度，便利文化企业跨境投资，满足文化企业对外贸易、跨境融资和投资等合理用汇需求”，“积极培育和发展文化产业保险市场”，“加强和改进对文化产业的金融服务”，为文化企业投资提供政策扶持。这一年，我国文化、体育和娱乐产业的海外投资额得到质的飞跃。当年的文化、体育和娱乐产业对外直接投资净额达到了 1.86 亿美元，较上一年的 0.19 亿美元投资额相比增长了 1.67 亿美元，涨幅达到 8 倍之多。

2014 年，文化部文化产业司发布《文化部、中国人民银行、财政部关于深入推进文化金融合作的意见》，提出要“创新文化金融体制机制”，“开发推广适合对外文化贸易特点的金融产品及服务”，“积极支持文化企业海外并购、海外投资，推进文化贸易投资的外汇管理和结算便利化，完善金融机构为海外文化企业提供融资的规定，探索个人资产抵质押等对外担保的模式，提高文化企业外汇资金使用效率，防范汇率风险”。

2017 年，我国文化、体育和娱乐业海外投资流量为 2.6 亿美元，占整体对外投资规模的 0.1%，投资存量 81.2 亿美元，占整体比重的 0.5%；海外并购数量 5 起，总金额 5.8 亿美元，占整体并购规模的 0.5%。

伴随着政府对文化企业海外投资的扶持、鼓励政策支持力度不断增强，我国企业海外文化投资的规模不断扩大，合作投资领域的内容也不断增多。截止到 2017 年，有超过 300 家企业活跃在文化、体育和娱乐业的对外直接投资中，其中，万达集团、北京四达时代等都成为我国文化“走出去”的领军企业。但就目前而言，我国对外文化投资仍处于初级阶段，整体规模小，文化、体育和娱乐业对外投资占整体对外投资存量的比重不到 1%；投资地区较为单一，以美国、欧洲为主，其中美国的投资存量占比最高，达到整体比重的 3.5%，其他国家及地区比重不足 1%。当前专门研究我国对外文化投资的文献较为匮乏，理论支撑还存在诸多不足。

二、发展历程：积累运营经验，投资不断拓展

（一）中国文化企业海外投资初步发展阶段（2000 ~ 2004 年）

2000 年，在党的十五届五中全会通过的《中共中央关于制定国民经济和社会发展第十个五年计划的建议》中，第一次明确提出了“文化产业”的概念，将其正式列入国民经济和社会发展战略。这表明国家充分认识到发展文化产业的重要性。2000 年之前，虽然文化产业已有一定发展，但文化企业海外投资的代表性案例十分稀缺，因此我们将 2000 年作为文化企业海外投资初步发展阶段的起点。

2002 年，党的十六大报告中提出“走出去”战略，并指出：发展文化产业是市场经济条件下繁荣社会主义文化、满足人民群众精神文化需求的重要途径，因此要完善文化产业政策，支持文

化产业发展，增强我国文化产业的整体实力和竞争力。

2003 年，中宣部、文化部、国家广电总局、新闻出版总署下发了《关于文化体制改革试点工作的意见》，标志着我国文化体制改革进入了全新的发展阶段。同年，“出版走出去”成为全面建设我国新闻出版业五大战略之一，我国出版走出去工作逐渐受到政策扶持。

2004 年，党的十六届四中全会系统完善了“文化走出去”战略，制定了《国家十一五时期文化发展规划纲要》，对文化“走出去”战略进行了明确阐述。同年，国家广电总局颁布《关于促进广播影视产业发展的意见》，提出要积极实施“走出去”工程，谋求国际化发展。广播影视产业要适应扩大对外开放和国际化发展的趋势，积极走出去参与国际竞争。广播影视产业走出去要强化市场运作，大力发展海外营销机构和网络，着力将我国具有竞争力的广播影视产品推向国际市场，努力增加我国广播影视产品在国际市场上的份额，做大做强一批有影响、有实力的对外产业品牌。要加强对国际市场的研究，分地区、分项目，有重点、有针对性地实施“走出去”工程。广播电视要进一步扩大在国外的落地覆盖和节目销售，同时积极鼓励有条件的中央、省及重点城市的广播电视机构在国外独立或合作开办电台、电视台。电影要进一步扩大中外合作在我国境内拍片，同时要走出去选择一些管理规范、技术先进、对我国友好的国外知名电影机构进行合作，使我国电影更多地进入国际市场。传媒“走出去”战略更加明确。

在这一阶段我国文化企业海外投资尚处于初期。

在广播电影电视业，2001 年，新浪收购阳光卫视 29% 的股权。2002 年，上海广电通讯网络有限公司在奥地利投资成立 SVA & POLY 通讯股份有限公司；四达时代集团远渡重洋，准备开启非洲社会的数字化、信息化事业。2003 年，我国广播电影电视企业与韩国的三大电视台共同合作投资制作电视，开创了中韩合作进行影视制作的先河；星美传媒在 2002 年和 2003 年分别并购台湾飞腾影视和阳光卫视及阳光文化网络的部分股权。

在互联网动漫游戏行业，2004 年，盛大网络并购美国 Zona 公司的全部股份和韩国 Actoz 公司的部分股份，率先开启了动漫游戏企业海外并购的征程。

在新闻出版行业，2003 年开始，出版企业海外发行网络逐步建立。2004 年，安徽出版集团与俄罗斯奥廖尔州国家公务员学院共同投资，创建了新时代印刷有限公司，开始了进军俄罗斯、开拓海外印刷市场之路。

这一时期我国文化产业海外投资的主要特征如下：

第一，我国文化企业海外投资数量相对较小，涉及金额较少，企业海外投资经验仍缺乏，如盛大网络花费 500 万美元全资收购美国游戏公司 Zona。这一阶段海外投资的文化企业主要分布在广播电影电视业和互联网动漫游戏业，其他领域文化企业海外投资较少。

第二，文化产业投资的资本要素逐步发展，投资渠道和手段得到扩充。随着我国 2001 年加入 WTO 后，金融市场不断发展，新兴的现代金融工具在国内得到兴起和发展，包括风险投资、天使投资、私募股权基金、信托、中小板资本市场等金融工具和产品在文化产业得到应用，为文化企业海外投资提供了资金支持。

第三，国家对文化产业发展及海外投资的支持政策仍不足。在初期发展阶段，国家虽然提出了“文化产业”的概念并鼓励企业走出去，但缺乏具体可行的支持措施和政策。

（二）中国文化企业海外投资扩张阶段（2005～2010 年）

在这一阶段，我国关于鼓励文化产业发展的政策进一步增多，文化企业海外投资呈现扩张状态。

2005 年，中央明确大力发展文化产业是我国的一项国策。国务院颁布了《关于非公有资本进入文化产业的若干决定》，该决定明确鼓励和支持非公有资本从事文化产品和文化服务出口业务，最大限度地降低了非公有资本进入文化产业的门槛。

2006年，文化部颁布《国家“十一五”时期文化发展规划纲要》，提出了指导思想、方针原则和发展目标，就理论与思想道德建设、公共文化服务、新闻事业、文化产业、文化创新、民族文化保护、对外文化交流、人才队伍、保障措施及政策等予以规划，以进一步繁荣发展社会主义文化，推动文化与经济、政治、社会的协调发展。

2006年，多部委联合出台《关于鼓励和支持文化产品和服务出口的若干政策》，首次提出设立宣传文化发展专项资金、文化走出去专项资金和研究制定文化产品出口退税政策。

同年，文化部、财政部、信息产业部等十大部委联合出台《关于推动我国动漫产业发展的若干意见》，明确提出要为动漫产品“走出去”保驾护航，拓展动漫产业海外发展空间。在资金扶持上，提出了支持动漫游戏企业发展的相关优惠政策：适当补助动漫游戏产品出口所需的译制经费，动漫游戏企业可以向中国进出口银行申请出口信贷支持，同时企业出口动漫产品可享受国家统一规定的出口退税政策，动漫游戏企业在海外提供劳务所得的海外收入不征收营业税等。

2007年，中央财政安排扶持动漫产业发展专项资金2亿元。

2008年，中央财政设立文化产业发展专项资金，当年安排10亿元，除继续支持动漫产业发展外，还重点支持了文化体制改革重点企业、文化产品和服务出口等方面。由财政部注资引导的中国文化产业投资基金也已成立，基金规模100亿元。

2009年7月，国务院出台了我国第一部文化产业专项规划——《文化产业振兴规划》，标志着文化产业已经上升为国家的战略性产业。

2009年7月，国家外汇管理局发布《境内机构境外直接投资外汇管理规定》，鼓励境内机构使用自有外汇资金、符合规定的国内外汇贷款、人民币购汇或实物、无形资产及经外汇局核准的其他外汇资产来源等进行境外直接投资。

2009 年 9 月，文化部印发《关于加快文化产业发展的指导意见》，明确了文化产业的发展方向和发展重点，并指出要大力推动对外文化贸易。建立以政府为主导，以企业为主体，以市场化运作为主要方式的工作机制。加强文化行政部门与文化企业和商会（协会）之间开拓海外市场的沟通及协作。开展对外文化贸易统计和信息研究。积极搭建对外文化贸易平台，为企业进入国际市场铺设道路。加强知识产权保护和品牌意识，加强地区间协调合作，防止中国文化产品在海外市场恶性竞争。积极扶持和指导文化精品的创作和生产，为进入海外主流市场、扩大中华文化的国际影响力创造条件。

同年，财政部、海关总署、国家税务总局下发《关于支持文化企业发展若干税收政策问题的通知》，强调出口图书、报纸、期刊、音像制品、电子出版物、电影和电视完成片按规定享受增值税出口退税政策；文化企业在境外演出从境外取得的收入免征营业税。

2009 年，《国务院关于加快发展旅游业的意见》发布，明确提出要支持各类企业跨行业、跨地区、跨所有制兼并重组，培育一批具有竞争力的大型旅游企业集团；积极引进外资旅游企业；在试点的基础上，逐步对外商投资旅行社开放经营中国公民出境旅游业务；支持有条件的旅游企业走出去。旅游企业的国际化成长已成为国家战略。

2010 年 2 月，商务部、中共中央宣传部、财政部、文化部、中国人民银行、海关总署、国家税务总局、国家广播电影电视总局、国家新闻出版总署、国家外汇管理局十部门联合发布《关于进一步推进国家文化出口重点企业和项目目录相关工作的指导意见》，意见明确了《文化产品和服务出口指导目录》和《国家文化出口重点企业和重点项目目录》的制定和调整程序，要求重点企业和重点项目承担企业及时填报文化进出口情况，并从加大资金支持力度、实行税收优惠政策、提供金融支持、提高出口便利化水平、加强国际营销网络建设、建立并完善文化贸易中介组织、支持企业赴境外投资、支持技术创新、加强信息平台建设、建立表彰奖励机制、加强组织领导十一个方面提出了保障措施。

2010 年 3 月，中国人民银行联合九大部委发布《关于金融支持文化产业振兴和发展繁荣的指导意见》，明确指出“境内资金可以投资国外文化产品”。建立文化企业无形资产评估体系，为金融机构处置文化类无形资产提供保障。对于具有优质商标权、专利权、著作权的企业，可通过权利质押贷款等方式，逐步扩大收益权质押贷款的适用范围。对于融资规模较大、项目较多的文化企业，鼓励商业银行以银团贷款等方式提供金融支持。这些政策的出台极大地增加了我国文化企业的资本流入，为其进行海外投资提供了资金支持。文件要求进一步改进和完善对文化企业的金融服务。各金融机构要增强服务意识，设立专家团队和专门的服务部门，主动向文化企业提供优质的金融服务。对于国家重点支持的文化企业和项目，要优化简化审批流程，提高贷款审批效率。在满足金融机构授信客户准入标准的前提下，可对举办培训的企业和接受培训的人员予以信贷支持。银行业金融机构与非银行金融机构应积极加强合作，综合利用多种金融业务和金融产品，推出信贷、债券、信托、基金、保险等多种工具相融合的一揽子金融服务，做好文化企业从初创期到成熟期各发展阶段的融资方式衔接。

2010 年 5 月，财政部、商务部发布《中小企业国际市场开拓资金管理办法》，对中小企业独立开拓国际市场的企业项目及企、事业单位和社会团体组织中小企业开拓国际市场的团体项目给予市场开拓资金。该办法所说的市场开拓资金是指中央财政设立的用于支持中小企业开拓国际市场各项业务的专项资金。其主要支持内容包括海外展览会、企业管理体系认证、各类产品认证、海外专利申请、国际市场宣传推介、电子商务、海外广告和商标注册、国际市场考察、海外投（议）标、企业培训、海外收购技术和品牌等。

这一阶段文化企业海外投资数量明显增多。

演艺行业中，2009 年中国天创国际演艺制作交流有限公司以 354 万美元并购美国密苏里州布兰森市的白宫剧场，这是中国演艺企业海外投资的开端。

新闻出版行业中，2007 年，中国青年出版社在英国伦敦成立全资子公司——中国青年出版社国际有限公司（CYP International LTD.），率先以建立海外全资子公司的商业模式“走出去”。

广播电影电视行业中，2006 年，华星集团并购阿拉伯阿里巴巴商务卫视，这是中东第一家由华人收购的电视台。2007 年，四达时代卢旺达公司成立，拉开了四达时代与非洲各国携手推进社会数字化、信息化发展的帷幕。2008 年，蓝海电视台成立，成为世界上最具规模的全面进入西方主流社会传播中国内容的 24 小时民营英文全媒体。2009 年，西京集团有限公司收购英国的普罗派乐（Propeller）电视台，松联国际传媒和天星传媒收购美国洛杉矶的天下卫视华语电视台，这既是内地民营资本在美国运营的第一家电视台，也是内地民营资本首次进驻美国传媒业。2010 年，俏佳人文化传播有限公司并购美国 ICN 国际卫视，建立了美国第一家中英文双语以传递中国讯息为主的免费无线数字频道。

互联网动漫游戏企业中，2008 年，完美世界成立美国全资子公司（Perfect World Entertainment Inc.），全资收购台湾游戏开发公司。2009 年，腾讯获得美国游戏公司 Riot Games 7.5% 股权，2010 年继续增持至 22.34%。2010 年，盛大游戏并购 Mochi Media（美）部分股权；腾讯联手风投基金 Capstone Partners 在韩国打包投资七家包括 Next Play 在内的游戏开发公司，总额近

1 亿元；完美世界建立欧洲子公司荷兰 Perfect World Europe B. V.，收购美国特拉华州游戏工作室 Runic Games，Inc.，全资收购日本网络游戏运营商 C&C Media Co.，Ltd.。

该阶段我国文化企业海外投资主要呈现以下特点：

第一，文化企业海外投资数量、金额明显增加，但各行业海外投资并不均衡，差距较大。如互联网动漫游戏业中，盛大游戏已经完成了几起并购案例且数额较大。演艺业海外投资处于起步阶段，数额和数量不多。广播电影电视业海外收购发展也较快，而其他行业如旅游企业等海外投资发展不明显。

第二，文化企业进军海外市场的意向不断增强，国际化特征明显。从并购动机中不难看出，很多文化企业都已不满足于国内市场，而寻求向外拓展业务，进一步开拓海外市场，积极“走出去”。

第三，国家相关政策增多，支持力度加大。《文化产业振兴规划》的推出，标志着文化产业成为国家战略性产业。《关于非公有资本进入文化产业的若干决定》《关于金融支持文化产业振兴和发展繁荣的指导意见》等政策的发布，降低了资金进入文化产业的门槛，扩大了资本来源，为我国文化企业进行海外投资提供了便利条件。

（三）中国文化企业海外投资快速发展阶段（2011 年至今）

2011 年，《中共中央关于深化文化体制改革、推动社会主义文化大发展大繁荣若干重大问题的决定》发布，文化产业发展作为国民经济支柱性产业首次被中央以文件形式确立。随后中共中央办公厅、国务院办公厅印发了《国家“十二五”时期文化改革发展规划纲要》，提出推动文化产业跨越式发展，实现规划纲要中提出的文化产业“逐步成长为国民经济支柱性产业”的目标。2011 年后文化企业海外投资的数量和规模达到了一个新的水平，因此我们以此作为文化企业海外投资快速发展阶段的起点。

2011 年 8 月，文化部、国家广电总局、新闻出版总署联合出台《关于国家动漫精品工程申报工作的通知》，鼓励一批优秀的动漫游戏企业先行迈出国门。

2012 年 2 月，中国人民银行联合国家发展改革委、旅游局等七部门联合发布了《关于金融支持旅游业加快发展的若干意见》，在投资经营方面为旅游企业制定了详细的扶持政策。在对外投资方面，“完善旅游业外汇管理和服务，支持旅游企业‘走出去’”。针对旅游业投资经营的特点，“完善旅游外汇兑换服务体系，提高外汇管理效率。便利旅游企业的跨境投资，对于旅游企业海外设立办事处、营销网点、合作机构等特殊用汇需求予以政策支持”。

2012 年 4 月，财政部发布《文化产业发展专项资金管理暂行办法》，提出以贷款贴息、项目补助、补充国家资本金、绩效奖励、保险费补助和其他经财政部批准的支持方式，对走出去企业、项目、实物和相关服务予以支持。

2012 年 6 月，文化部出台的《文化部关于鼓励和引导民间资本进入文化领域的实施意见》中，提出要“将文化部管理的文化领域向民间资本全面开放”，明确鼓励民间资本积极参与对外文化交流和文化贸易。文化部正式向社会发布了《文化部“十二五”时期文化产业倍增计划》。该计划是文化部贯彻落实十七届六中全会精神和《国家“十二五”时期文化改革发展规划纲要》的具体举措，是指导文化系统“十二五”时期文化产业发展的专项规划。该计划按照党的十七届五中全会提出的国民经济支柱性产业的定位和党中央、国务院关于文化产业发展的战略部署要求，明确了“十二五”时期文化系统文化产业指导思想、发展思路、发展目标、主要任务、重点行业和保障措施。因此，这一规划的制定出台对“十二五”期间文化系统文化产业发展有着重要指导意义。

2012 年 7 月，文化部发布《“十二五”时期国家动漫产业发展规划》，确立了“十二五”时期动漫产业发展的主要目标，推动我国从动漫大国向动漫强国跨越发展。鼓励动漫企业在境外直接投资、并购或合资设立分支机构。通过资本运作，充分利用境外的人才、资源和技术优势，推进我国动漫产业的国际化。

2012 年，财政部发布《关于贯彻落实十七届六中全会精神做好财政支持文化改革发展工作的通知》，要求加大财政在文化领域的投入力度。未来将设立国家文化发展基金，并扩大有关文化基金和专项资金规模，支持文化产业发展。当年，中央财政安排文化产业发展专项资金 34.63 亿元，重点支持文化体制改革、骨干文化企业培育、现代文化产业体系建设、金融资本和文化资源对接、文化科技创新和文化传播体系建设、文化企业“走出去”等六大方面。

2012 年，《新闻出版业“十二五”时期走出去发展规划》出台，该文件首次从国家层面对新闻出版业走出去进行全方位布局，这也是我国出台的首个新闻出版业走出去专门文件。文件指出要提升我国新闻出版业的国际竞争力、传播力和影响力，推动新闻出版强国建设。要使新闻出版企业海外投资额显著增长，培育一批有国际影响力的知名品牌，打造一批实力雄厚、有国际竞争力的走出去龙头企业，培养一批外向型高层次的新闻出版专业人才，基本完成走出去国际布局。

2013 年 12 月，国家艺术基金成立，旨在繁荣艺术创作，培养艺术人才，打造和推广精品力作，推进艺术事业健康发展。国家艺术基金重点围绕创作生产、宣传推广、征集收藏和人才培养四大方向进行资助，其中艺术创作是基金支持的重点。

2014 年 8 月，国务院颁布《国务院关于促进旅游业改革发展的若干意见》，加快推动区域旅游一体化。进一步深化对外合资合作，支持有条件的旅游企业“走出去”，积极开拓国际市场。围绕丝绸之路经济带和 21 世纪海上丝绸之路建设，在东盟—湄公河流域开发合作、大湄公河次区域经济合作、中亚区域经济合作、图们江地区开发合作以及孟中印缅经济走廊、中巴经济走廊等区域次区域合作机制框架下，采取有利于边境旅游的出入境政策，推动中国同东南亚、南亚、中亚、东北亚、中东欧的区域旅游合作。

2014 年，中央财政下达中央文化企业国有资本经营预算资金 10 亿元，共支持 72 家由财政部代表国务院履行出资人职责的中央文化企业实施的 118 个项目。该项政策支持具有竞争优势、品牌优势和经营管理能力的中央文化企业与国外有实力的文化机构进行项目合作，建设文化产品国际营销网络，推动文化产品和服务出口，开拓国际市场；也支持中央文化企业作为兼并主体，通过购买、控股等方式取得其他文化企业所有权、控股权，或合并组建新企业、集团公司。

2015 年，文化部颁布系列措施，继续推动中国动漫“走出去”。紧紧抓住“一带一路”建设的机遇，组织动漫企业创作生产“一带一路”题材的产品，提高国际表达水准，同时，积极开展中国动漫海外推广活动；积极参与国际电信联盟专业会议，争取将中国自主原创的手机动漫标准上升为国际标准。

2016 年 11 月，国务院下发《关于印发“十三五”国家战略性新兴产业发展规划的通知》，强调促进数字创意产业蓬勃发展，创造引领新消费。针对数字文化创意技术装备创新提升工程，鼓励创作当代数字创意内容精品。强化高新技术支撑文化产品创作的力度，提高数字创意内容产品原创水平，加快出版发行、影视制作、演艺娱乐、艺术品、文化会展等行业数字化进程，提高动漫游戏、数字音乐、网络文学、网络视频、在线演出等文化品位和市场价值。鼓励多业态联动的创意开发模式，提高不同内容形式之间的融合程度和转换效率，努力形成具有世界影响力的数字创意品牌，支持中华文化“走出去”。

2016 年 12 月，《文化部“一带一路”文化发展行动计划》

发布，提出促进“一带一路”文化贸易合作，围绕演艺、电影、电视、广播、音乐、动漫、游戏、游艺、数字文化、创意设计、文化科技装备、艺术品及授权产品等领域，开拓完善国际合作渠道。推广民族文化品牌，鼓励文化企业在“一带一路”沿线国家和地区投资。开展动漫游戏产业“一带一路”国际合作行动计划，发挥动漫游戏产业在文化产业国际合作中的先导作用，面向“一带一路”沿线各国，聚焦重点，广泛开展。

2017 年 4 月，《文化部“十三五”时期文化产业发展规划》发布，提出坚持开放发展，深度融入国际分工合作。要培育一批具有国际竞争力的外向型文化企业，形成一批具有核心竞争力的文化产品和服务，打造一批具有国际影响力的文化品牌。配合商务部制定发布国家文化出口重点企业和重点项目名录，为入选企业和项目在市场开拓、技术创新、海关通关、金融服务等方面创造有利条件。搭建文化产品和服务走出去的平台和渠道，拓展文化产业国际交流合作新空间。

在这一阶段，我国各行业文化企业海外投资快速增加。

在广播电影电视行业，2012 年万达全额收购全球排名第二的美国 AMC 影院公司，用资 26 亿美元，是当年我国文化企业最大数额的一起海外并购。收购完成后万达开展了后续系列收购，成为全球规模最大的电影院线运营商。我国企业海外文化投资的实力和水平不断提高。此外，光线传媒、华谊兄弟和华策影视等企业也纷纷投资海外，走向世界。

在演艺行业，2013 年重庆演艺集团出资在西班牙巴塞罗那设立 ELAI 文化传播有限责任公司，以将本集团乃至全国的优秀剧目引入海外市场。2013 年中国对外文化集团与美国国际管理艺术集团在纽约合资成立中美环球演艺股份有限公司，更近距离地直面终端消费者，进一步拓展海外市场。2014 年宋城演艺发展股份有限公司出资 5 000 万港元，在香港设立宋城演艺国际发展有限公司，以促进大文化产业链的扩张布局和宋城生态系统的打造。2017 年宋城集团投资 20 亿元敲定首个海外项目——宋城澳洲项目，打造澳大利亚传奇王国及数台全球顶级的演艺秀。这一阶段演艺企业实现了从简单的资金投入和购买剧场到复杂的建立合资企业和新建企业的转变，提升了“走出去”的广度和深度。

在新闻出版发行行业，2011 年之后海外并购愈加频繁。2013 年，安徽出版集团全资收购波兰时代马尔沙维克集团，中国出版集团注资 1 亿元人民币成为英国出版科技集团股东。2014 年，凤凰传媒以 8 500 万美元收购美国出版国际有限公司（PIL）的儿童图书业务。2015 年，凤凰传媒直接投资 2 500 万美元成立凤凰美国控股公司，广西师范大学出版社以 200 万美元收购澳大利亚视觉出版集团，获得其全部优质图书版权。2016 年，广西师范大学出版社成功收购英国 ACC 出版集团，青岛出版社集团并购日本渡边淳一文学馆株式会社，新经典文化股份有限公司战略投资法国菲利普·毕基埃出版社，开启了新经典文化战略布局国际市场的序幕。新闻出版发行企业海外投资不断扩大。

在旅游行业，旅游企业也加快了“走出去”的步伐。根据国家统计局的统计数据，海外酒店已成为近几年来最受中国企业欢迎的投资领域，不仅投资数量增多，投资金额也创新高。其中最大的一起投资事件是 2016 年海航集团出资 65 亿美元部分收购希尔顿全球酒店集团。

这一时期我国文化企业海外投资的主要特征如下：

第一，文化企业海外投资的数量和金额快速增加。10 亿美元以上的并购案不断增长，2016 年，万达集团出资 35 亿美元收购美国传奇影业公司，海航集团出资 65 亿美元部分收购希尔顿全球酒店集团，这些大型并购案标志着我国文化企业海外投资达到了一个新的阶段。这一时期各行业海外投资发展迅猛，以广播电影电视业、网络动漫游戏业为首，旅游行业、新闻出版发行行业、演艺行业也在不断发展。

第二，资本进入文化企业的门槛进一步降低，文化企业海外投资资金来源拓宽。民间资本可以进入文化部管理的文化领域中，国家鼓励和支持国有、民营、外资等各种所有制文化企业从事国家法律法规允许经营的对外文化贸易业务，并享有同等待遇。

第三，金融对文化产业的支持进一步深化。系列政策推进银行业与文化产业全面合作，开发信贷产品、创新授信模式、建立多层次文化企业投融资风险分担和补偿机制，推进银行业、保险业、证券业全面支持文化产业。

三、行业发展：明确战略，积极拓展

（一）广播电影电视行业

1. 政策环境。

2001 年，《中央宣传部、国家广电总局、新闻出版总署关于深化新闻出版广播影视业改革的若干意见》就广播影视“走出去工程”制定实施细则，提出广播影视“走出去”工程的目标和任务是把中国的声音传向世界各地。通过实施“走出去”工程，五年内我国广播影视节目在国外的落地和发行放映要有较大的进展和突破，使世界各国特别是北美和西欧主要国家的听众、观众了解一个真实的中国，了解我国在重大国际问题上的立场、态度和观点；十年内我国广播影视在国外能够具有同西方大媒体竞争的能力，特别是中央电视台电视频道实现多语种、地域化播出，力争做到凡是有西方大媒体声音形象的地方就有我们的声音形象，使我国广播影视节目在国际上产生重大影响，明显改善国际广播影视领域“西强我弱”的状况。要科学规划、统筹协调、合理布局、形成合力、整体推进，形成以中央为主，地方为辅，广播、电视、电影等全方位在国（境）外落地、交流的格局。重点抓好中央三台对外节目，特别是中央电视台第四套、第九套节目在国（境）外的落地入户。电视要以整频道进入国（境）外有线网、重点酒店、宽频网络和直播卫星系统，广播要进入国（境）外电台中波、调频、直播卫星系统和有线网络，并在境外建立镜像站点，提高海外受众访问我国广播网站的速度。

2004 年，党的十六届四中全会系统完善了“文化走出去”战略，制定了《国家“十一五”时期文化发展规划纲要》，对文化“走出去”战略进行了明确阐述，强调推进新闻媒体建设，实施“走出去”重大工程项目。

2004 年，国家广电总局颁布《关于促进广播影视产业发展的意见》，提出积极实施“走出去”工程，谋求国际化发展。广播影视产业要适应扩大对外开放和国际化发展的趋势，积极走出去参与国际竞争。广播影视产业走出去要强化市场运作，大力发展海外营销机构和网络，着力将我国具有竞争力的广播影视产品推向国际市场，努力增加我国广播影视产品在国际市场上的份额，做大做强一批有影响有实力的对外产业品牌。要加强对国际市场的研究，分地区、分项目，有重点、有针对性地实施“走出去”工程。广播电视要进一步扩大在国外的落地覆盖和节目销售，同时积极鼓励有条件的中央、省及重点城市的广播电视机构在国外独立或合作开办电台、电视台。电影要进一步扩大中外合作在我国境内拍片，同时要走出去选择一些管理规范、技术先进、对我国友好的国外知名电影机构进行合作，使我国电影更多地进入国际市场。传媒“走出去”战略更加明确。

2008 年，中国国际传播能力建设第一期工程（2008 ~ 2013 年）开启，国际传播能力建设成为重点，传播领域的效果研究和改革引发重视。目前，政府推动的国际传播能力建设工程仍在朝向第二期（2014～2019年）深入发展[①]。

伴随政策的引领，广播电影电视行业成为我国最早尝试对外文化投资的行业之一。这些尝试主要集中在渠道和技术的投资，包括广播电视频道海外落地、收购电影院线、建立分公司或办事处等。我国广播电影电视企业海外投资以渠道投资为主，通过渠道来扩大市场辐射范围，从而布局全球市场。

21世纪初，一些文化企业为了拓宽自身的影视业务和传媒市场，逐步开始“走出去”的初步尝试。2002年，上海广电通讯网络有限公司在奥地利投资成立SVA & POLY通讯股份有限公司，这是国内广播影视企业的第一个海外投资项目。此后，广西三环、抚顺电视、南方国际传媒等文化公司也试水海外投资。这个起始阶段的特点为：对外投资项目较少，投资领域以有线电视网络经营和广告运营为主[②]。

2003年，我国广播电影电视企业与韩国的三大电视台共同合作投资制作电视，开创了中韩合作进行影视制作的先河。其后许多企业开始在世界范围内展开海外投资合作，对外投资项目数量不断增加，投资领域从有线电视网络经营和广告运营扩展到影视文化交流、影视发行、数字电视和出版发行等。

自2009年起，在国家政策的扶持下，更多的传媒企业尝试“走出去”，海外投资的合作范围扩大、投资主体增加、投资金额大幅度提升。多元资金开始进入海外投资领域，国有企业和民营企业的海外市场运营风生水起。

2012年，万达以26亿美元全资收购美国第二大影院院线运营商AMC公司，成为我国企业进行大资金海外文化企业收购的首次尝试。在金额上，这是当时民营企业在美国最大的一起企业

① 姜飞：《新阶段推动中国国际传播能力建设的理性思考》，载《南京社会科学》2015年第6期。

② 史峰、吴承忠、金韶：《中国广播影视行业对外投资省际分布特征和影响因素分析》，载《福建论坛·人文社会科学版》2018年第2期。

并购，也是文化产业最大的一次海外并购。

随着我国广播电影电视企业“走出去”的步伐不断加速，诸多地区与国家见证了我国传媒的发展，达成合作项目。我国的广播电影电视企业主要是通过成立新公司、新电视台或者合作加入影视项目的方式直接投资，以及并购海外企业的方式逐步渗透到海外投资的影视制作领域。合作范围从最初集中的港澳台地区，逐步扩展到日韩、欧美、东南亚及非洲等国家。

2. 投资方式。

（1）直接投资。

①合资合作。

2003 年，中博传媒有限公司与韩国三大电视台（SBS、KBS、MBC）共同投资制作发行《北京我的爱》《飞舞天》等多部电视剧，开创了中韩合拍电视剧的先河。

2010 年，中博传媒有限公司与韩国合作方投资成立 ZONBO - BALCON 公司，在韩国开始直接运营四家电影院，成为第一家进入韩国本土电影市场的传媒企业，也是第一家在韩国拥有完整发行及放映渠道的中国公司。公司近年在韩国实现了累计超过 10 亿元人民币的票房收入，已成为韩国电影市场最大的华语电影发行商。

2011 年，华谊兄弟传媒股份有限公司启动了第一次“国际化试水”，与美国的传奇影业及其他投资方在海外投资成立传奇东方合资公司。

2015 年 3 月，华谊兄弟与韩国 Show box 签署战略合作协议，三年内合作 6 部合拍片。4 月，华谊兄弟再与美国 STX 签署合作协议，在 2017 年底前完成 18 部合作影片。

2016 年，华谊兄弟传媒股份有限公司旗下华谊美国出资 2. 5 亿美元，与知名导演及制片人安东尼・罗素和乔・罗素的罗素兄弟公司在美国共同投资成立合资公司，华谊兄弟的子公司华谊美国持有合资公司 60% 的股权，共同进行运营管理、影视剧的开发制作、系列大片 IP 的采购储备等。

这些合作项目及新成立的合资企业为企业的海外发展拓宽渠道，帮助提高企业在全球的市场竞争力。

②分公司或分电台海外落地。

2002 年，四达时代集团远渡重洋，开启了非洲社会的数字化、信息化事业。四达时代先后在卢旺达、尼日利亚、肯尼亚、坦桑尼亚、乌干达、莫桑比克、几内亚、刚果（金）、南非等 30 多个国家注册成立公司并开展数字电视运营，发展用户近千万，成为非洲大陆发展最快、影响最大的数字电视运营商。

中央电视台、东方卫视、凤凰卫视等纷纷开设海外分台，扩大电视传输渠道。

中国国际广播电台在境外建立了超过 51 个整频率调频或中波台，同时积极开展布局海外，传播我国国家形象，打造国家“软实力”。在全球四大洲至少有来自 14 个国家的 33 家电台成为中国国际广播电台打造“全球电台网络”的一部分，让国际社会听到了中国声音。

2013 年，蓝海电视登陆欧洲最大的入户卫星电视运营商 BSKYB 的播出网络，同年登陆美国 MHz 电视台的多频道网络，取得了其在海外落地布局中的新进展。目前，蓝海电视旗下北美卫星频道覆盖美国、加拿大、墨西哥、古巴，亚太卫星频道覆盖亚洲 50 多个国家和地区、东欧部分国家及大洋洲的澳大利亚、新西兰等；有线频道目前主要落地美国、英国及欧洲其他国家、东南亚等地，拥有欧美国家有线电视用户 6 000 多万。蓝海电视的落地与覆盖范围仍在不断扩大，并全方位进入各大网络及手机电视平台，成为多媒体联动的全球电视联播网。

（2）兼并收购。

2006 年，华星集团并购阿拉伯阿里巴巴商务卫视，这是中东第一家由华人收购的电视台。该台着重介绍中国商品、名胜、城市建设、投资环境、民俗风情等，设立了中国商旅直通车、中国百业之窗、周游中国、中国文化驿站、商旅资讯每日播报、中国商贸快报等栏目，以阿拉伯语、英语 24 小时滚动播出。

2009 年，西京集团有限公司收购英国的普罗派乐 Propeller 电视台，并用 1 年多时间让英国 Propeller 卫视扭转了收购前的亏损局面。电视台主要通过电视和中英文化交流项目等方式向西方人群传播中国的文化、商业、生活方式等。

同年，松联国际传媒和天星传媒收购了美国洛杉矶的天下卫视华语电视台，这是唯一企业总部设在美国并播放华语节目的频道。这既是内地民营资本在美国运营的第一家电视台，也是内地民营资本首次进驻美国传媒业。天下卫视提供在洛杉矶地区的华语观众全天候 24 小时的电视节目，并积极拓展到美国其他城市和地区。

2010 年，俏佳人文化传播有限公司并购美国 ICN 国际卫视，建立了美国第一家中英文双语以传递中国讯息为主的免费无线数字频道。ICN 电视联播网在美洲地区播放、发行中英文节目，通过卫星直播、有线电视网，以及网络电视等新科技媒介覆盖全美。ICN 定位为信息（information）、文化（culture）、新闻（news），全天 24 小时向北美地区用中、英文播放反映中国元素的电视节目，北美地区广大的电视观众能据此形象且直观地了解中国。

自 2012 年开始，企业海外并购数量开始逐年增多，海外投资的资金数额也越来越大。2012 年，万达集团全额收购美国经典电影有线电视台 AMC，用资达 26 亿美元，创下了当年海外文化产业投资之最。2012 年后，越来越多的文化企业开始谋划“走出去”。光线传媒、华谊兄弟、华策影视等企业纷纷走出国门，大胆地走向世界市场。华谊兄弟传媒以 2 092 万美元收购美国 GDC 技术有限公司 9% 股份，利用其技术提高电影画面清晰度和 3D 效果；小马奔腾以 3 020 万美元收购美国好莱坞特效公司数字领域，持股达 75%。数字领域公司曾制作《泰坦尼克号》、《终结者》、《加勒比海盗》系列、《变形金刚》系列等 90 多部电影的特效，拥有业界最顶尖的 CG 技术研发实力，获得 7 项奥斯卡奖项。

2014 年，华策影视以 3.23 亿元投资韩国电影巨头 NEW 公司，获其 15% 的股份；三七互娱（上海）科技有限公司以 2 966 万元收购韩国游戏开发商 ESTsoft 公司 4.9% 的股份。

2015 年，中国国际广播电台旗下的国广世纪传媒咨询公司分别持有芬兰环球时代传媒公司（GBTimes）、澳大利亚环球凯歌国际传媒集团（CAMG）、美国环球东方有限公司（G&E Studio）60% 的股份，通过购买电台或租赁播出时间段在各国传播中国制作的节目内容。节目使用英语、中文或当地语言，为当地听众提供时事新闻、流行音乐或是文化类节目。

2016 年，万达集团以 35 亿美元收购美国传奇影业公司，成为迄今我国企业在海外的最大一桩文化并购。传奇影业曾发行《侏罗纪世纪》《哥斯拉》《星际穿越》《环太平洋》《盗梦空间》等多部电影，在全球累计获得超过 120 亿美元的票房。并购传奇影业的价值体现在公司的 IP 知识产权对万达的旅游产业、儿童娱乐行业的协同效应，通过这次并购，万达完成了全球电影制作、发行到上映的整条产业链条投入，在上游的影视制作上获得了更多资源。

以腾讯、阿里为代表的互联网企业同样在电影领域不断拓展。2016 年，腾讯旗下的腾讯影业投资好莱坞电影制作公司 STX Entertainment。此外，通过腾讯投资的 Tang Media Partners 基金，腾讯影业收购了好莱坞制片公司 IM Global 的控股权，与 IM Global 合资成立电视制作公司，进军美国市场。阿里影业与斯皮尔伯格旗下的安布林公司签订了投资协议，投资电影《碟中谍 5》，享受全球票房分账。同年 10 月，阿里影业收购美国电影制作公司 Amblin Partners 部分股权，成为 Amblin Partners 公司的战略股东之一，在投资、联合制作、衍生品合作及宣传发行领域展开合作。

纵观我国广播电影电视企业海外投资的发展历程，民营文化企业可谓异军突起。为了拓展公司在国际传媒影视领域的发展，俏佳人传媒、小马奔腾、华谊兄弟传媒以及万达企业等民营企业在近几年积极“走出去”，在世界范围内进行合作和投资，逐步成为海外投资的中坚力量。民营电视台和数字电视运营平台类企业成为我国文化对外输出的主要窗口和海外投资合作的重要渠道。蓝海电视台、四达时代、松联国际传媒和天星传媒等通过频道落地、节目内容制作、传输渠道以及卫星覆盖等在世界范围内实现了我国广播电影电视企业的海外投资与合作。2001 ~ 2016 年，共有 20 余个广播电影电视企业海外并购的重要案例，总投资超过 85.88 亿美元（折合人民币 579.24 亿元）。

3. 典型案例。

（1）广播电视领域：“国际化”与“本土化”的逐步融合。

【案例 1】

中央电视台——传播中国声音的引领者

中央电视台为我国国家所有电视台，节目全国人口覆盖率达到 95.9%，观众超过 11.88 亿人。

中央电视台的国际化以频道为载体。在全球，CCTV 中文国际频道、英语国际频道、西班牙语国际频道、法语国际频道、阿拉伯语国际频道、俄语国际频道信号通过卫星传送基本覆盖全球，并在北美、欧洲、非洲、亚洲、大洋洲和中南美洲的 120 多个国家和地区实现了落地入户。其中，中央电视台中文国际频道覆盖海外入户达到 1 500 多万户，CCTV – NEWS 在海外入户达到 4 350 万户，CCTV – Español、CCTV – Français 分别在美国、古巴、智利、毛里求斯等 6 个国家实现完整频道落地，CCTV – العربية刚开播就在阿拉伯国家两个各占 50% 收视率的卫星电视平台播出，进一步扩大了中国电视媒体的国际影响力。

①CCTV－4 中央电视台中文国际频道。

2007 年 1 月 1 日，中央电视台依据针对性、竞争性、有效性的原则，将中文国际频道“一分三”，实现亚洲、欧洲、美洲三版分版播出。扩版后的中文国际频道坚持以新闻为主导，荟萃节目精华，并针对亚洲、欧洲、美洲地区观众不同的生活习惯和收视特点来强化特色编排，增强频道影响力和宣传效果，从而进一步满足全球观众的需求。中央电视台中文国际频道以“传承中华文明，服务全球华人”为宗旨，架起中央电视台中文国际频道与海外观众之间情感沟通的桥梁，成为与海外华人互动交流的重要平台。中文国际频道推动媒体融合向纵深发展，按照“新闻＋文化”的频道特色，全方位展示当代中国现状以及文化、历史、人文与自然风光，满足了不同年龄和文化层次的海外观众的多种需求，提升了中国文化的国际影响力。

②CCTV－NEWS 中央电视台英文国际频道。

CCTV－9 中央电视台英文国际频道成立于 2000 年 9 月，该频道节目主要以新闻报道为主。2008 年起，CCTV－9 分亚洲、欧洲、美洲三种版本播出。2010 年 4 月 26 日，中央电视台英文国际频道更名为英语新闻频道（CCTV－NEWS）。“让世界了解中国，让中国走向世界”一直是英语频道的立身之本。英语频道的各档整点新闻对发生在国际上，尤其是亚洲和中国的重大新闻进行实时跟踪报道；各类访谈、专题、文化和文艺类节目透析中国政治、经济、历史、文化、民俗等各个社会层面，反映中国观点。

CCTV－NEWS 在国际上传输节目的方式为：通过 6 颗卫星的全天候工作，实现了对亚洲、欧洲、美洲、非洲等全球 98% 的陆地和海洋的覆盖。10 余年间，CCTV－NEWS 的落地覆盖范围不断扩大。CCTV－NEWS 完整频道或部分节目时段已经在全球近 100 个国家和地区实现了落地入户，并积极与全世界近百个转播代理机构建立落地网，以有线网、有线台、无线台、直播卫星、数字地面频道等转播方式，实现了海内外 2.8 亿精英受众的有效到达。

在节目分销模式上，CCTV－NEWS 未在国外独立构建传送、落地和播送平台，而是借助卫星和有线电视、IPTV 进入。在节目内容方面，CCTV－NEWS 对电视节目增加了当地语言的字幕和配音，在内容上体现出一定程度的本土化。

③CGTN 中国国际电视台。

中央电视台新的国际传播机构——中国环球电视网成立于 2016 年 12 月 31 日，机构包括 6 个电视频道、3 个海外分台、1 个视频通讯社和新媒体集群，以丰富的内容和专业的品质为全球受众提供良好的服务。

中国国际电视台初名为中央电视台英语国际频道，于 2000 年 9 月 15 日开播。2012 年，央视正式成立海外分台非洲分台（CCTV Africa）（位于肯尼亚内罗毕）和北美分台（CCTV America）（位于美国华盛顿）开播。两个海外分台均设有演播室，其中北美分台在华盛顿、纽约和洛杉矶拥有共 4 个演播室，其制播的节目通过 CCTV－NEWS 播出。2014 年 1 月 7 日央视英语纪录频道高清试播，2015 年 1 月 1 日，央视外语频道正式在央视总部大楼播出，2016 年 9 月 1 日，央视英语新闻频道、英语纪录频道正式开播高清版。2016 年 12 月 31 日，中国国际电视台正式成立，口号为“See the Difference”。中国国际电视台开播，用一系列的创新突破开启了国际化传播的新时代。

④丝路电视国际合作共同体。

2016 年，中央电视台全额投资的大型国有独资公司中国国际电视总公司联合多家国际媒体发起成立了“丝路电视国际合作共同体”，秉持“和平合作、开放包容、互学互鉴、互利共赢”的丝路精神，坚持“共商、共建、共享”的发展原则，成为丝路媒体之间互通有无、互利共赢的重要合作平台。从成立之初的 29 个国家和地区、41 家机构，到如今的 51 个国家和地区的 103

家成员及伙伴，“共同体”不断延展着其空间范围，也不断抬升着专业合作的质量和水平。

在国际合拍方面，“共同体”成立两年来共同策划、投资、制作、发行了系列节目，《孔子》《东方主战场》《长征》《丝绸之路的复兴》《天河》等合拍精品已经相继在国际主流媒体播出，不仅如此，《熊猫与小鼹鼠》《熊猫和开心球》等“熊猫+”系列合拍动画片已经成为一张崭新的名片。中国国际电视总公司和美国索尼影视公司、英国左岸影视制作公司联合制作的电视剧《星际惊魂》讲述了太空奇幻冒险；中国国际电视总公司、央视记录频道与加拿大 SRNL 公司签署纪录片《从丝路到北极光》合拍协议，用镜头记录自然与故事，见证中加两国人民的美好友谊；此外，中国和意大利联手打造的纪录片《从长安到罗马》、中国和法国合拍的纪录片《走进中国——拉法兰见证40 年巨变》等项目也接连呈现。

在时段频道合作方面，总公司在印度尼西亚和柬埔寨已分别开办“Hi－Indo!”“Hi－Cambo!”频道，在英国、塞尔维亚、南非、阿拉伯联合酋长国、尼泊尔、缅甸、塞拉利昂等国家开办了“China Hour”品牌节目时段，并在 YouTube、Viki、俄罗斯 SPB 等海外网络视频平台开办“China Zone”新媒体专区。“China Zone”是中国国际电视总公司海外本土化节目时段“China Hour”在新媒体平台的姐妹品牌。至此，中国国际电视总公司在海外开办的本土化节目频道和时段已扩展到 9 个国家。

【案例 2】

北京四达时代通讯网络技术有限公司——开拓非洲数字电视市场

北京四达时代通讯网络技术有限公司始创于 1988 年，总部位于北京市经济技术开发区，是中国广播电视行业最具实力与规模的数字电视整体解决方案提供商、基础网络投资运营商、增值业务合作运营商。公司集模拟技术、数字网络技术和数字电视技术于一身，与世界范围内领先的技术提供商、设备生产商和软件开发商有着紧密和广泛的合作。四达时代是国家认定的高新技术企业和国家文化出口重点企业，20 多年来始终专注于广播电视行业，有着丰富的系统集成经验、完备的数字电视产业链和多年的网络电视运营经验。

①海外投资经营现状。

四达时代从 2002 年开始关注非洲地区的电视运营市场。在四达时代进入非洲大陆之前，非洲的电视市场由西方控制的三大传媒集团垄断——英语区 Naspers 集团、法语区 Vivendi 集团和葡语区 Nos 集团，普通民众无力承担看电视的“奢侈”消费，主流人群接收的也都是西方国家的价值观以及他们所传递的中国概念。有感于此，四达时代于 2002 年开始开拓非洲市场，秉承着“让每个非洲家庭都能买得起、看得起、看得好数字电视，共享数字电视的美好”的愿景，2007 年卢旺达公司成立，拉开了四达时代与非洲各国携手推进社会数字化、信息化发展的帷幕。

短短数年后，四达时代在非洲 30 多个国家开展了数字电视业务，成为非洲发展最快、影响最大的数字电视运营商，不仅通过低廉的价格让数字电视走进大众家庭，更以在当地开展数字电视运营的方式在非洲大陆发出中国声音，彻底打破了西方传媒集团垄断非洲数字电视市场的格局，在非洲传媒市场争得了一席之地，为构建非洲传媒新秩序做出了贡献①。

截至目前，四达时代已在卢旺达、尼日利亚、肯尼亚、坦桑尼亚等国家注册成立了公司，开展数字电视和移动多媒体业务运

① 赵月琴：《四达时代打造新生态的国际传媒集团》，载《对外传播》2017 年第 5 期，第 19 ~ 21 页。

营，获得了非洲电视经营牌照和无线频率许可，开通了地面无线数字电视系统。四达时代统一使用“Startimes”的品牌向当地人民提供丰富清晰的数字电视节目服务，成为目前非洲发展最快、影响最大的地面数字电视运营商，得到非洲国家和广大民众的支持和欢迎。

公司已建立起“一星、三站、二中心”，覆盖非洲、欧洲和中亚地区的信息传输平台，与 80 多家世界知名传媒公司签署了超过 100 个电视频道的转传协议，开播了 5 个国际化的四达时代自办频道。中国中央电视台的 CCTV－NEWS、法语频道和国际频道，以及凤凰卫视均通过四达时代的平台覆盖了各个国家的主要地区和人群。

随着非洲市场布局的日臻成熟，四达时代已将新的国际市场开拓着眼点转向亚洲，目前已在亚洲八个国家设立办事处，2016 年更是在巴基斯坦首张卫星电视运营牌照公开招标中，一举战胜 30 多家本地和国际知名公司而成功中标。这是巴基斯坦政府发布的首张卫星电视运营牌照，也是四达时代获得的首张亚洲国家卫星电视运营牌照，意味着四达时代在亚洲数字电视市场征途的开始，也是四达时代在“一带一路”沿线国家文化先行，帮助当地政府实现数字电视网络互联互通的开始。正如非洲市场一样，四达时代也希望能够打破亚洲这些国家的传媒垄断，为中国在家门口的发言出声贡献力量。

②海外运营渠道建设。

四达时代通过星地结合的方式，建成节目中继、直播卫星、地面数字电视三大基础网络平台，让四达时代的节目信号覆盖全部非洲，初步具备了安全、高效、规模传输数字电视节目的能力，成为非洲本地媒体重要的基础网络平台和我国主流媒体的落地平台。

此外，四达时代通过当地设立的独资或合资公司获取数字电视传输、运营牌照及频点资源，以三大体系为支撑：由营业厅、渠道商、便利店构成的营销体系，以下一代多业务支撑系统为保障的运营体系，以呼叫中心为核心的售后服务体系，开展数字电视运营业务，打通信息从官方、媒体到受众的最后屏障。建营一体化方式帮助四达时代迅速建立起覆盖泛非地区的传播渠道，掌握了当地的传播话语权，为中国建起非洲国际传播的前沿阵地“开疆拓土”。

③精心制作中国内容。

2011 年，四达时代创建译制配音中心，致力于打造世界最好的多语种中国影视剧频道，对中国优秀影视剧进行非洲主流语种译制配音并播出，目前已具备英、法、葡以及斯瓦希里语、豪萨语等九个语种的译制能力，可实现译制年产能一万小时，让非洲民众一同分享当代中国的发展变化；同时，四达时代通过大数据方式，依据对非洲用户的收视率调查情况，自办 38 套频道，每天 24 小时不间断播出，中国功夫、中国影视、中国体育，特别是中超联赛的本土化播出获得广大非洲观众的欢迎，彻底打破了长期以来西方媒体在非洲一统天下的局面。

2013 年，《媳妇的美好时代》这部脍炙人口的影视剧在非洲热播，这只是在四达时代节目平台上播出的优秀中国影视剧的代表。从 2013 年起，四达时代每年均与北京市新闻出版广电局合力打造北京影视剧非洲展播季，在非洲不断掀起中国影视剧收视热潮。四达时代将展播实现常态化，安排多轮次播出，正片前后安排收视率高的剧目，以全方位满足观众需求，并形成集群效应，保证收视率稳步提升。同时，积极举办推介活动。在坦桑尼亚举办中国影视剧配音大赛，作为非洲展播季宣传推广活动，并在坦桑尼亚的推广活动当日揭晓大赛结果并颁奖，为展播季活动奠定良好的观众基础和舆论预热，不仅为非洲展播季宣传推广活动造势，更为四达时代吸引了更多的优秀斯瓦希里语译制配音人才加盟，为四达时代在非洲译制基地的建设提供人才储备。

值得一提的是，四达时代倾力打造的旗舰频道——功夫频道自2011年上线以来，采用英法双语译配播出，已成为传播中国功夫及中国文化的特色频道，受到了广大非洲民众的喜爱，越来越多的民众参与到中国功夫的学习中。

四达时代在融合型节目体系建设、制播体系建设、技术体系建设、服务体系建设、经营体系建设、运行机制建设方面正在积极探索，在非洲数字电视系统建设和运营过程中构建传媒新生态，建设面向海外的融合生产与发布云平台以及全媒体服务云平台。①

（2）影视服务领域：传播中国文化，探索海外经营新模式。

【案例3】

万达集团——并购打造全球影视业务新版图

2012年5月21日，万达集团和美国AMC影院公司在北京签署并购协议。我国银行通过直接发放境内并购贷款和以“内保外贷”的方式，帮助万达取得海外贷款，为万达的本次收购提供了全面的资金支持。此次并购总交易金额为26亿美元，包括购买100%股权和承担债务两部分。加上万达并购后投入运营资金不超过5亿美元，万达总共将为此次交易支付31亿美元，共计折合196亿元人民币，占万达集团2011年度2 200亿元总资产的9%。在金额上，这是当年中国文化产业最大的一次海外并购。

2009年国务院通过的《文化产业振兴规划》中提出，要培育骨干文化企业，实施重大项目带动战略，扩大对外文化贸易。2012年万达集团收购美国AMC院线的交易是对中央振兴文化产业的回应，也是我国产业政策支持文化企业走出去的重要体现。

---

① 赵月琴：《四达时代打造新生态的国际传媒集团》，载《对外传播》2017年第5期，第19~21页。

在这之后，保利博纳、小马奔腾、华谊等影视产业相关企业相继通过注资或者合资形式进入海外市场。万达的这次出海，无疑是院线海外拓展的重头戏。

①收购 AMC 意义重大。

AMC 院线成立于 1920 年，是世界排名第二的院线集团，旗下有 346 家影院，共计 5 028 块屏幕。其中 IMAX 屏幕 120 块，3D 屏幕 2 170 块，是全球最大的 IMAX 和 3D 屏幕运营公司。收购 AMC 公司，意味着万达将同时拥有全球排名第二的 AMC 院线和亚洲排名第一的万达院线，成为全球规模最大的电影院线运营商，占有全球行业 10% 左右的市场份额，特别是在 IMAX 和 3D 屏幕数量上具有优势。

虽然万达院线在国内处于第一位，但其营收主要依靠票房收入，收购美国院线公司，有利于引入新的商业模式，改变过度依赖票房收入的境况。同时也利于万达开拓海外发行业务，完成其产业链上下游布局。万达影视公司发行业务正积极开拓海外市场，此次收购将为万达集团开拓海外发行市场铺路。万达集团董事长王健林表示，万达集团未来的海外发展将用并购和直接投资“两条腿走路”。同时，万达集团还将对欧美等大型院线进行并购，目标是到 2020 年占据全球电影市场约 20% 的市场份额。

美国当地时间 2013 年 12 月 18 日，美国 AMC 院线公司正式在纽约证券交易所上市。上市后，公司股权总市值达到 18. 68 亿美元，其中万达集团所持股权市场价值约为 14. 60 亿美元。而在收购 AMC 时，万达集团对该部分股权的价值投入为 7 亿美元。一年多的时间，收益超过了一倍，这已经创造了中国企业并购美国公司并在美国上市的纪录。

由于国内外消费者群体和投资者群体差异较大，以及境内外经济、文化发展程度和境内外企业的经营理念、管理水平的不同，万达没有整合两地院线公司，而是保留了 AMC 的影响力。在对 AMC 的管理方面，万达集团和 AMC 管理团队在签署并购协议的同时达成了长期雇佣协议。并购后万达集团派驻代表，具体经营由 AMC 原管理团队负责。双方的管理团队交叉任职，AMC 总裁进入万达院线董事会。

②拓展全球影视业务版图。

万达影视控股集团，既包括万达在国内外的影视制作、发行、放映企业，也包括将来要并购的与影视相关的其他企业，主要资产有万达院线、AMC 院线公司、万达影业、五洲电影发行等，共同构筑了“策划—投拍—宣发—放映”的生态系统。在系列并购案的背后，万达正以制度化、规模化的发展轨迹重塑万达影视集团的内在生长逻辑。

继 2012 年万达集团以 26 亿美元收购美国经典电影有线电视台 AMC，创下了当年海外文化产业投资之最后，万达的脚步不断迈进。2015 年，万达以 22.46 亿元收购澳洲第二大电影院线运营商 HG Holdco 公司 100%股权及债权；2016 年，AMC 收购了美国第四大影院卡麦克电影院公司。同年，AMC 并购了欧洲第一大院线欧典院线（Odeon & UCI），并在 2017 年并购北欧最大院线北欧院线集团。万达在并购中不断扩大全球电影院线布局，作为世界电影史上首个跨国院线集团，万达全球开业影城达到 1 551家，拥有超过 16 000 块屏幕。

根据万达集团 2018 年年会上公布的经营业绩，万达文化集团 2018 年收入 692.4 亿元，完成年计划的 101.3%，同比增长 9.2%。万达文化产业也成为万达第一大产业。万达影视公司收入 580.6 亿元，完成年计划的 103.2%，占文化产业收入的 83.85%，成为万达文化产业收入的主要来源。在万达电影发布的 2018 年度经营简报中，2018 年万达电影公司实现票房合计 95.6 亿元，同比增长 8.9%，观影人次 2.3 亿人次，同比增长 7.5%。

对标迪士尼等娱乐巨头，文娱成为万达未来的一个重要发展方向。作为院线龙头，万达电影不断通过外延式扩张，并购有优势和竞争实力的资源，逐步打造核心的内容制造能力，加快实现梦想的脚步。

【案例 4】

复星集团——积极布局影视娱乐产业

复星成立于 1992 年，2007 年复星国际有限公司在香港联交所主板上市，截至 2018 年 6 月 30 日，其总资产超过人民币 5 600 亿元，位列 2018 年福布斯全球上市公司 2 000 强榜单第 416 位。复星业务主要涉及健康、休闲、金融三大领域，其中复星旅游文化集团是复星“健康、快乐、富足”三大战略业务之一“快乐”板块的重要组成部分。复星是全球领先的休闲度假综合性旅游集团之一，也是全球最大的休闲度假村集团，以“产业运营 + 战略投资”双轮驱动，围绕全球家庭的休闲度假需求，进行全产业链布局和全球化资源整合。

2014 年 6 月，复兴集团与美国好莱坞 Studio 8 公司正式签署投资协议。该公司估值 10 亿美元，复星持有 Studio 8 的 A 类投资人中 80% 的权益，A 类投资人持有的股份，占 Studio 8 总股本的 60%。

Studio 8 由美国华纳兄弟公司前总裁罗宾诺夫（Jeff Robinov）于 2000 年组建。罗宾诺夫曾执掌华纳兄弟电影板块多年，并连续 5 年获得了全球票房冠军，开发了包括《哈利·波特》《黑暗骑士》等著名系列影片，以及《逃离德黑兰》《宿醉》《盗梦空间》等获得口碑票房双丰收的影片。罗宾诺夫主导的影片共获得过 126 次奥斯卡提名，34 次获奖。

投资 Studio 8 是复星布局影视娱乐产业的重要一步。经过三年多的开发，Studio 8 储备了约 40 个电影项目，未来将逐步走向市场。复星引入好莱坞电影工业体系，并不限于单一内容研发和制作环节，而是对文化产业做产业链布局。复星与索尼影业一起投资 Studio 8 后又发起参与了博纳私有化和与上影集团的紧密合作。

复星在电影产业致力于与顶尖导演团队合作打造世界级IP，同时也覆盖影视艺人和粉丝经济，将制片、发行、放映以及衍生品等环节贯穿起来。以电影为重要一环的快乐产业是复星投资发展的重点。复星不断夯实其“IP内容+粉丝经济+商业变现”的模式，使得影视作品获得多次商业成功机会：一是通过院线销售；二是通过网络视频播放和点播等二次销售；三是通过衍生产品经济。

（二）网络动漫游戏行业

1. 政策环境。

2006年4月，文化部、财政部、信息产业部等十大部委联合出台《关于推动我国动漫产业发展的若干意见》，明确提出要为动漫产品“走出去”保驾护航，拓展动漫产业海外发展空间。在资金扶持上，提出了支持动漫游戏企业发展的相关优惠政策：适当补助动漫游戏产品出口所需的译制经费，动漫游戏企业可以向中国进出口银行申请出口信贷支持，同时企业出口动漫产品可享受国家统一规定的出口退税政策，动漫游戏企业在海外提供劳务所得的海外收入不征收营业税等。

同年，文化部颁布《国家“十一五”时期文化发展规划纲要》，再次重申要加快发展民族动漫游戏产业，实现产品数量和质量的双重提高。要培育“外向型骨干文化企业”，鼓励动漫游戏类新兴文化产品进入国际市场，做大做强对外文化贸易品牌。

2009年7月，国务院颁布《文化产业振兴规划》，强调要加快数字内容、动漫等新媒体产业的发展；同时降低准入门槛，积极吸收社会资本和外资进入政策允许的文化产业领域；各地方政府通过税收优惠、产业基金、创建基地等方式大力扶持相关企业成长。

2009年9月，文化部印发《关于加快文化产业发展的指导意见》。提出要加大力度鼓励动漫业和游戏业拓展海外市场，积极打造具有中国风格和国际影响的动漫游戏形象和品牌，努力跻身世界动漫游戏强国行列。

2010 年 3 月，中国人民银行联合九大部委发布《关于金融支持文化产业振兴和发展繁荣的指导意见》，提出“境内资金可以投资国外文化产品”，进一步加快了中国互联网动漫游戏企业向海外投资经营的发展速度。同年，文化部实施动漫游戏产业“走出去”扶植项目，对 34 家动漫企业、16 家游戏企业“走出去”项目进行扶植，扶植基金共有 1 400 万元，同时，支持企业参加海外知名展会、产品译制与海外推广机构。

2011 年 8 月，文化部、国家广电总局、新闻出版总署三大部门联合出台《关于国家动漫精品工程申报工作的通知》，明确指出针对我国动漫产品设立精品工程，量化重点项目申请指标，明文规定所需材料，逐步简化申请程序，加大力度对经营良好的、有潜力的动漫游戏企业提供资金支持。政策出台后，各地区相继开展精品工程和重点项目申报工作，鼓励辖区内知名动漫游戏企业参与申报，并且对企业提交的各类材料审慎地核查，确保将国家资金用在刀刃上，鼓励一批优秀的动漫游戏企业先行迈出国门。

2012 年 7 月，文化部发布《“十二五”时期国家动漫产业发展规划》，这一规划旨在确立“十二五”时期动漫产业发展的主要目标，推动我国从动漫大国向动漫强国跨越发展。重点建设 3～5家具有示范引领作用的国家级动漫产业示范基地园区，打造 3～5 个亚洲一流、世界知名的动漫产业会展品牌，将动漫产业发展与区域优势和特点有机结合，促进资源的合理配置和产业分工合作。推动动漫产业“走出去”，充分利用国内国外两个市场，通过信息共享、政策咨询、宣传推广、境内外参展、表彰鼓励等方式，推动动漫企业、产品和服务走向国际市场，全面提高我国动漫产业国际化水平。鼓励动漫企业在境外直接投资、并购或合资设立分支机构。通过资本运作，充分利用境外的人才、资源和技术优势，推进我国动漫产业的国际化。积极支持动漫企业参加境外国际动漫展会节庆比赛等活动，协助提升在国内举办的动漫展示交易会的国际化运营能力。充分发挥驻外使领馆文化处（组）、商务处、海外中国文化中心等驻外机构的作用，积极协助动漫企业开拓海外市场。修订完善《动漫企业认定管理办法（试行）》，做好动漫企业、重点动漫产品和重点动漫企业认定工作。贯彻落实国家对动漫企业的各项税收优惠政策。推动出台动漫产业公共技术服务平台进口设备的税收优惠政策。企业出口动漫产品享受国家统一规定的出口退（免）税政策。境外已缴纳的所得税款可按规定予以抵扣。

2015 年，文化部颁布系列措施，继续推动中国动漫“走出去”。紧紧抓住“一带一路”建设的机遇，组织动漫企业创作生产“一带一路”题材的产品，提高国际表达水准，同时，积极开展中国动漫海外推广活动，积极参与国际电信联盟专业会议，争取将中国自主原创的手机动漫标准上升为国际标准。

近年来，越来越多的资金进入互联网动漫游戏行业，龙头企业在横向上不断扩张地域板块，纵向上通过海外并购重组等手段优化构建产业链。新兴小型动漫游戏企业也如雨后春笋一般进入市场，借助自主研发的畅销手游等主要业务抢占国际市场，逐步发展。

2. 投资方式。

（1）设立海外分公司，作为海外拓展的大本营。由于海外市场及海外用户需求与国内市场环境存在差异，各大互联网动漫游戏企业在海外开展投资经营活动时，最直接的方式是设立海外分公司，将其作为母公司在海外开展经营业务的大本营。在海外设立全资子公司，可以实现跨国跨地域发展，树立企业的海外形象，便于国际贸易与投资，企业管理相对简便，同时也可避免国内与国外资金流通过程中产生的流程繁杂、手续环节多、时间和沟通成本高等不便因素。

以近年来势头强劲的智明星通为例，截至 2014 年，公司在境外设立的 100% 持股的分公司中 7 家在中国香港地区，1 家在美国，还有 1 家在巴西圣保罗。其主营业务包括信息技术服务、咨询服务，经营范围大都是互联网产品的研究、开发、生产和贸易以及游戏软件的开发和销售。智明星通通过海外分公司开展对外业务，在海外经营所得也大部分继续投入海外公司的运营，包括服务器的租赁、部署、整合等。

此外，游戏公司完美世界在全球各地建设了运营团队，并在欧洲、日本、韩国、东南亚等国家和地区通过收购和新设成立了子公司。昆仑万维先后在日本、韩国、马来西亚、美国、欧洲等地开设了子公司①。

国内视频弹幕网站哔哩哔哩动画公司（bilibili）日本分部于 2014 年 11 月设立，主要业务包括动画与映像制品的出资制作，购买配信权，活动的企划、运营、管理，以及版权周边与原创角色的企划、制作、销售，网游手游等关联业务。为提前确保日本动画的中国播放权，2015 年，哔哩哔哩动画公司通过投资成为日本动画制作委员会成员，在获得播放权的同时获得了动画周边产品的收益。视频网站直接参与日本本土动画制作委员会还是国内首次，通过向上游动画制作产业迈进，哔哩哔哩公司成功开展了对新业务的探索。

2015 年初，动画制作公司绘梦动画在韩国设立分公司，率先布局海外市场。10 月，绘梦动画在日本成立分公司——绘梦株式会社，聚集了众多在日本业界活跃的创作人员，开拓日本市场。绘梦动画创立于 2013 年，成立至今制作了国产网络二维动画中近 80% 的剧集量。

2016 年，作为中国动漫文化积极走出去的代表之一，奥飞

---

① 曹淑艳、谭雅文、赵丽莎、包俊元：《动漫企业国际化发展业务及模式研究》，载《现代传播》2016 年第 10 期，第 122 ~ 125 页。

动漫在美国洛杉矶设立分公司，建立了国际设计和营销中心，并任命派拉蒙动画前任执行副总裁贝肯（Bob Bacon）出任奥飞动画（美国）首席执行官。国际设计和营销中心帮助奥飞对接世界领先的玩具及动画制作资源，拓展北美市场，加速推进全球化战略。通过整合技术与艺术人才资源，结合奥飞旗下《喜羊羊与灰太狼》《巴啦啦小魔仙》等组成的庞大 IP 库，持续开发和制作具有国际水准的动画长片佳作，带领国产动漫走出国门。“一带一路”现象级 IP 产业开发项目已被列入文化和旅游部发布的《2018 年“一带一路”文化贸易与投资重点项目名单》。

（2）海外兼并收购，打入海外市场。2004 年，以盛大网络为首的大型互联网动漫游戏企业开始踏上海外并购动漫游戏企业的新征程。在早期，海外收购案数量不多。2004 年，盛大网络收购美国游戏引擎研发公司 ZONA，并成立了由盛大 100% 控股的盛大 ZONA 有限公司，随后以 9 170 万美元现金收购韩国网络游戏开发、运营及出版公司 Actoz 软件有限公司约 29% 的控股权，成为国内首个收购海外上市游戏公司的企业。而自 2010 年起，海外收购现象频发，大部分收购以现金支付方式完成，各大收购案例中支付金额最高的收购为 2016 年腾讯以 84 亿美元收购芬兰移动游戏开发商 Supercell 的 84. 3% 的股权，创下了中国互联网公司最大规模的收购案，也是近年全球手机游戏行业最大金额的并购。

从 2004 年 1 月到 2015 年 5 月，我国网络动漫游戏企业海外收购案例达 16 起，总投资额度 41. 62 亿美元。这些收购案例集中在国内 8 家企业。其中，盛大网络完成 2 起收购，盛大游戏完成 2 起收购，完美世界和完美时空各完成 1 起收购，腾讯完成 7 起收购，阿里巴巴完成 1 起收购，森宝食品/完美世界完成 1 起收购。就国别来看，美国有 9 家公司被收购，韩国 4 家，加拿大 1 家，日本 1 家，中国台湾地区 1 家。其中，1 亿美元以上的收购有 8 次，10 亿美元以上的有 2 起，均由腾讯公司完成。

2016 年，光线传媒以 5.7 亿日元投资日本通耀公司，获得 19% 股权，为光线传媒引进与输出日本动漫 IP 提供了平台。光线传媒通过日本通耀获得了日本人气动漫影视作品《你的名字》的国内版权，引入国内后创造出 4 天超 3 亿元的票房。

2017 年，奥飞娱乐全资子公司奥飞香港以自有资金 1 620 万美元（约 1.06 亿元人民币）收购韩国动漫公司 FunnyFlux 约 60% 的股份。FunnyFlux 成立于 2008 年，主营业务包括动漫制作、影视企划和动漫形象全球化等。2017 年上半年实现营收 3 817.3万元，净利润 383.3 万元。收购完成后，奥飞拥有 FunnyFlux 开发、创意 IP 的独占合作权。FunnyFlux 的动画 IP 开发创意及品牌打造能力能协助奥飞提高动画 IP 品牌国际化能力，以亚洲以及欧洲、北美地区的媒体网络资源促进公司动画作品进一步全球化发展。

总体上，进行海外并购的企业数量并不多，动漫游戏市场基本形成了垄断竞争的局面，新进入的企业虽然在数量上十分可观，极大地繁荣了市场，但是在资金规模上仍与行业巨头存在较大差距。

（3）合作合拍项目。随着动漫行业开放水平不断提高，与海外合作不断增多，动漫企业自身“走出去”能力大大加强，推动开展了一系列合作项目。动漫行业与海外交流合作逐渐突破日韩、欧美等国家和地区，以“一带一路”倡议为指引，拓展至更大范围，中国动漫在东南亚、中亚、西亚、东欧、非洲等地区市场拓展都取得了新进展。①

2015 年，绘梦动画日本分公司与《暗杀器官》的制作公司 GENO Studio 达成合作，并将 GONZO 创始人村滨章纳入旗下。2016 年，绘梦动画进军日本动画制作行业，参与投资日本动画企业和项目。绘梦动画日本分公司宣布对 ARTLAND 公司进行投

---

① 中国动漫集团：《2015 年中国动漫行业与海外合作情况》。

资，共同打造优秀的动画作品。ARTLAND 是一家日本有名的老牌动画企划与制作公司，代表作品包括《搞笑漫画日和》《虫师》《家庭教师 Hitman Reborn!》《伯爵与妖精》，并且还参与制作过《超时空要塞》《机动战士高达 00》《校园迷糊大王》《黑之契约者》《樱兰高校男公关部》《银魂》等动画作品。

2016 年，腾讯、优酷土豆、爱奇艺等互联网巨头大力推进中日合作的动画项目，不仅中日合作拍摄，也出现了日本动画制作公司纯代工的案例。其中，优酷土豆与日本《火影忍者》《幽游白书》等著名动漫的制作方 PIERROT 动画工作室合拍了由国产漫画改编的《侍灵演武》动画，并推动与日本动漫企业合作的新模式。

2017 年，新浪动漫与法国 Delitoon 公司合作出版法国版《滚蛋吧！肿瘤君》漫画，为进军欧洲海外 IP 市场积累了经验。

3. 典型案例。

【案例 5】

腾讯游戏——打造巨型游戏平台

腾讯游戏成立于 2003 年，是全球领先的游戏开发和运营机构，也是国内最大的网络游戏社区。腾讯游戏通过在 MOBA、FPS、RPG、ACT、体育竞技、竞速、棋牌等多个产品细分领域的耕耘，旗下囊括英雄联盟、穿越火线、地下城与勇士、王者荣耀等多款精品游戏。在开放性的发展模式下，腾讯游戏采取内部自主研发和外部多元化合作两者结合的方式，已经在多个细分市场领域形成专业化布局，并取得了良好的市场业绩，成为国内游戏行业的领军者。

腾讯的游戏业务分为 PC 游戏与手机游戏。根据腾讯公司 2018 年第三季度企业介绍，腾讯旗下 PC 游戏目前共 40 款，其中包含 2 款全球增长最快的游戏，排名第一的为英雄联盟。手机游戏超过 100 款，在国内苹果 iOS 系统排名前 20 的手游中有 10 款都来自腾讯，排名第一的为王者荣耀。2018 年第三季度，网络游戏收入达到 258 亿元，占腾讯总收入的 32%，是腾讯收入板块中最大的一项。

腾讯游戏的对外并购始于 2005 年。当时，腾讯入股韩国网游开发商 GoPets Ltd. 游戏公司 8.33% 股权，开启了首次破冰“出海”，随后在 2006 年进一步增持至 16.9%。

依托作为游戏运营商的强势地位，腾讯在自主研发游戏的同时，不断加强在游戏产业链上下游进行全球投资和并购，其中大部分并购都发生在美国和韩国。

2009 年，腾讯获得美国游戏公司 Riot Games 7.5% 的股权，2010 年继续增持至 22.34%。2011 年 2 月，腾讯耗资 4 亿美元收购 Riot Games 92.78% 的股权，当时，该公司唯一的一款 3D 网游《英雄联盟》还在研发中，因而当年为腾讯带来了高达 8.21 亿元的巨亏。但在 2011 年 9 月《英雄联盟》推出之后，游戏玩家迅速增长，并于 2013 年步入快速发展期。根据 Super Data 披露的网游交易数据，《英雄联盟》2013 年收入为 6.24 亿美元，位居全球游戏收入榜第二位。根据 2014 年 1 月官方数据，《英雄联盟》同时在线人数突破 750 万人，超过《魔兽世界》的最高同时在线人数，刷新了纪录。2015 年，腾讯收购了 Riot Games 剩余的股份，实现了 100% 控股。

2010 年，腾讯联手风投基金 Capstone Partners，在韩国打包投资七家包括 Next Play 在内的游戏开发公司，总额近 1 亿元。

在收购上游游戏开发商的同时，腾讯瞄准了游戏开发的上游——游戏引擎公司。2012 年，腾讯以约 3.3 亿美元拿下美国 Epic Games 公司 48.4% 股权，并且获得相应董事会席位。该公司作为全球知名的网游公司，其研发的虚幻 3 游戏引擎为全球无数的网游开发公司所采用，客户几乎包括了世界上所有的大型游戏开发商，如微软、索尼、EA、THQ、NCSoft、Webzen 等。

除了上游的游戏开发及游戏引擎，腾讯的并购还同时向下游——游戏渠道和游戏辅助延伸。2012 年，腾讯收购新加坡游戏公司 Level Up 67%的股份，掌握了巴西、菲律宾及美国部分游戏分发渠道；同年收购的 ZAM 公司，则是知名的游戏插件社区。

在传统 PC 端游之外的手机游戏领域，腾讯同样是全产业链收购。2014 年耗资 5 亿美元入股韩国 CJ E&M 旗下游戏公司 CJ Games，收购其 28%的股份。CJ Games 是知名的手游开发商，其开发的游戏曾长期位居韩国各大排行榜前列。2016 年，腾讯以 86 亿美元收购芬兰移动游戏开发商 Supercell 的 84.3%股权，创下了中国互联网公司最大规模的收购案，也是近年全球手机游戏行业最大金额的并购。

腾讯对于并购标的的选择站在了产业链战略协同的角度，采取阶段性策略，最终实现控股甚至全资收购。对于关键的并购标的，腾讯甚至可以承受收购之后短期内的巨亏。在这样的并购策略推动下，腾讯游戏不仅是国内网游领域的集大成者，更成为全球最大的游戏研发和发行平台。

游戏作为新文创生态中最具互动性的内容形态之一，不仅给数亿用户带来了多元的产品体验，在新文创时代，更连接了广泛的文化主体，衍生出音乐、绘画等更为多元的游戏文化，为用户带来了更为丰富的 IP 系列情感体验。腾讯不仅仅是一家互联网公司，更成长为一家在规模、布局和影响力等方面都具有领先优势的文化公司。腾讯正肩负着文化企业的共同使命，努力打造中国文化符号，推动文化产业“走出去”，在全球市场竞争中成长。

【案例 6】

完美世界——坚定国际化布局

完美世界诞生之初就定位于国际化，并在不断进行的国际化历程中成长。完美世界先后推出了《完美世界》《武林外传》

《诛仙》《神雕侠侣》《笑傲江湖 OL》等客户端网络游戏，以及《诛仙》手游、《倚天屠龙记》手游、《神雕侠侣》手游、《射雕英雄传》手游、《梦间集》手游、《武林外传》手游等移动网络游戏，并代理了 DOTA2、CS：GO 等电竞产品。

2008 年，完美世界成立美国全资子公司 Perfect World Entertainment Inc.，通过这家美国全资子公司正式开启《完美世界（国际版）》游戏北美地区的公测。同年，完美世界全资收购台湾地区游戏开发商昱泉公司子公司。

2009 年，完美世界互动科技股份有限公司（台湾地区游戏研发公司）成立。

2010 年，完美世界旗下欧洲子公司——荷兰 Perfect World Europe B. V. 成立，完美世界收购美国特拉华州游戏工作室Runic Games，Inc.，并全资收购日本网络游戏运营商 C&C Media Co.，Ltd.。

2011 年，完美世界全资收购美国加州游戏工作室 Cryptic Studios，Inc.，并获得 Rusty Hearts 和 RaiderZ 两款游戏在北美地区的运营代理权。同年，完美世界正式成立韩国子公司 Perfect World Korea Co.，Ltd。

2012 年，完美世界旗下日本全资子公司 C&C Media Co.，Ltd. 在日本推出了 2D 动作多人在线角色扮演游戏 Dark Blood，完美世界在马来西亚设立直营子公司。

2013 年，完美世界收购电玩巴士 TGBus. com 100% 股权，并收购口袋巴士的少数股权。同年，收购美国加州游戏工作室 Unknown Worlds Entertainment，Inc.。

作为以端游起家的企业，完美世界在 2013 年加快了在移动端游戏领域的布局。完美世界推出主要针对移动终端游戏项目的全球投资计划 PWIN，关注各终端的游戏项目，进行全球投资、全球代理、全球资源配置，在游戏产出的各个环节坚持全球化发展战略，以实现“全球制作、全球发行、全球伙伴”的全方位全球化。

2014 年，完美世界与印度尼西亚当地游戏公司 PT. Prodigy Infinitech Ltd. 正式签署协议，筹建合资公司共同运营游戏，完美世界开拓东南亚游戏市场的步伐又迈出了一步。

2017 年，Newzoo 报告公布完美世界首次进入全球游戏收入排名前 20 家游戏企业行列。完美世界通过收购欧美等业内顶级游戏团队，整合全球游戏生产、运营、IP 等资源，实现了全球化发展。

（三）演艺行业

1. 政策环境。

2006 年，多部委联合出台《关于鼓励和支持文化产品和服务出口的若干政策》，首次提出设立宣传文化发展专项资金、文化走出去专项资金和研究制定文化产品出口退税政策。

2009 年，财政部、海关总署、国家税务总局下发《关于支持文化企业发展若干税收政策问题的通知》，继续强调文化企业在海外演出取得的收入免征营业税。

2013 年 12 月，国家艺术基金成立，旨在繁荣艺术创作，培养艺术人才，打造和推广精品力作，推进艺术事业健康发展。国家艺术基金重点围绕创作生产、宣传推广、征集收藏和人才培养四大方向进行资助，其中艺术创作是基金支持的重点。

2014 年，伴随着一系列相关的综合性政策、金融政策的出台，国家开始通过财税政策鼓励演艺企业进一步开拓国际市场，促进海外投资。2014 年，中央财政下达中央文化企业国有资本经营预算资金 10 亿元，共支持 72 家由财政部代表国务院履行出资人职责的中央文化企业实施的 118 个项目。该项政策支持具有竞争优势、品牌优势和经营管理能力的中央文化企业与国外有实力的文化机构进行项目合作，建设文化产品国际营销网络，推动文化产品和服务出口，开拓国际市场；也支持中央文化企业作为兼并主体，通过购买、控股等方式取得其他文化企业所有权、控股权，或合并组建新企业、集团公司。

2016 年 11 月，国务院下发《关于印发“十三五”国家战略性新兴产业发展规划的通知》，强调促进数字创意产业蓬勃发展，创造引领新消费，提出要加快演艺娱乐等行业的数字化进程，鼓励多业态联动的创意开发模式，提高不同内容形式之间的融合程度和转换效率，支持中华文化“走出去”。

2. 整体发展。

在政策支持的大背景下，演艺产业“走出去”突破了以贸易式出口为主流的模式，一些拥有优秀作品的演艺企业率先出海，通过购买剧场、设立子公司、收购股权等方式打入海外市场，成为演艺企业海外投资的领军者。

2009 年，中国天创国际演艺制作交流有限公司购买美国布兰森市的白宫剧场，完成 354 万美元的海外收购，打造出公司运营的完整产业链，通过把控创意生产至出口销售的所有环节，降低出口风险，增加演出利润。

2010 年，东上海国际文化影视集团收购美国田纳西州大雾山旅游区两家剧院，搭建国际推广平台，保证企业演出产品在国际市场“落地生根”。云南文化产业投资控股集团投资 500 万美元，打造柬埔寨演艺品牌，进行文化企业跨国经营，实现“本土化”与“国际化”的有效融合。同年，中国天创国际演艺制作交流有限公司投资成立维也纳—北京天创公司，与奥地利共同开发、策划、实施各类文化活动，将戏剧、音乐、杂技等演出活动以及与之相关的文化和教育培训活动进行市场化运作，促进中奥的演艺产品进入彼此市场。

2013 年，重庆演艺集团投资西班牙 ELAI 文化传播有限责任公司，将海外演出市场连点成线、连线成网，将国内优秀剧目引入海外市场开展商业演出，把握演出的定价权和收益分配权，减少中间环节，增加演出收入。同年，中国对外文化集团与外方合资成立中美环球演艺股份有限公司，积极进行本土化运作，近距离直面终端消费者，实现 B2B 与 B2C 两种模式双轮驱动发展。

2014 年，宋城演艺发展股份有限公司在香港投资 5 000 万港元，成立宋城演艺国际发展有限公司，促进文化产业链的扩张布局。公司负责投资布局海内外优质文化旅游项目，扩充公司演艺事业的版图，加快海内外、产业链上下游的兼并重组、股权投资等步伐。2017 年，公司投资 20 亿元敲定首个海外项目——宋城澳洲项目，打造澳大利亚传奇王国。传奇王国选址澳大利亚黄金海岸，包含演艺剧场、澳洲传奇大型演出、澳洲土著文化村主题公园、狂野澳洲和神秘东方景区等板块。项目中包含了数台全球顶级的演艺秀：《澳洲传奇》反映澳洲历史人文，将澳洲和黄金海岸的历史文化与歌舞技术融合，浸没式多空间剧将用全新的艺术方式改变传统舞台，采取互动式体验，以魔幻、诡秘、穿越、多维度的手段演绎澳洲的历史变迁；《狂野澳洲》使用马术特技等手段向观众呈现澳洲的力量之美。数台不同形式的演出将极大丰富黄金海岸的旅游与夜游市场，成为了解和体验澳洲风情的重要窗口。该项目已入选《2018 年文化部“一带一路”文化贸易与投资重点项目》名录，目前规划总体设计方案已完成。澳洲政府对此项目高度重视，专门成立项目对接组，为顺利推进项目打下了基础。“国际宋城”的宏大战略正在逐步展开。

纵观以上企业的发展，演艺企业海外投资呈现两大特点：一是海外投资初期的主体以国有企业为主，民营企业占少数。国有企业资金实力相对雄厚，演艺经验相对丰富，经典作品多，政策支持力度较大，在海外投资方面拥有先天优势。二是海外投资的模式逐渐改善，投资水平逐渐提高。从最开始的购买剧场和简单的资金投入，到后期的建立合资企业和新设全资子公司，演艺企业的海外投资经历了从简单到复杂、由单一到多元的成长过程，逐渐注重演艺产业全产业链的打造和国际市场的整体开拓，不断提高演艺产品“走出去”的广度和深度。通过打造完整的产业链，演艺企业搭建起属于自己的国际营销平台，掌控着演艺产品从生产到销售的每个环节，独自运作剧场预订、节目选择、广告投放、媒体宣传、技术支持、票务营销等各类业务，获取演艺产品的版权，把握演出的定价权和收益分配权，增加演出收入，实现利益最大化。

3. 典型案例。

【案例7】

天创——海外落地生根，打造“走出去”的完整产业链

2009年，天创国际演艺制作交流有限公司以354万美元收购美国第三大演艺中心布兰森市的白宫剧院，并于2010年7月起驻场演出公司的原创剧目《功夫传奇》，此举开创了文化企业在国外拥有、经营自己的演出剧场和中国品牌剧目的先河，被视为中国文化企业“走出去”，以资本输出形式积极参与国际演艺市场竞争的一个里程碑。

天创收购白宫剧院，目的在于建立属于自己的国际平台，打造完整的产业链，从创意生产到出口销售的每个环节都由自己掌控，降低出口风险，增加演出利润。这一举措对于其集成国内国际两种资源，实现“中国故事，国际表达”的目标大有裨益。

收购后，《功夫传奇》和《马可·波罗传奇》两场大型中国品牌剧目开始在白宫剧院上演。之前，融合了中国功夫、舞蹈、戏剧等多种民族元素的“动作剧”《功夫传奇》已经在北京和国外连续上演5 000多场。从2010年7月1日成功首演至2012年末，《功夫传奇》在白宫剧院总共上演792场，实现了文化推广与经济发展的双重收益。2013年，《马可·波罗传奇》进驻白宫剧院演出。《马可·波罗传奇》是一部由呼和浩特民族演艺集团与北京文化局联合制作与排演的大型原创舞台剧。2013 年该剧上演 102 场，广受好评。2014 年 4 月再度入驻白宫剧院，进行了为期 8 个月累计 324 场的演出，取得了国际影响力和经济效益。2015 年该团队再次赴美，进行 5 个多月、150 多场的商业演出。2016 年，该剧荣获美国布兰森艺术委员会颁发的最佳戏剧作品和最佳舞蹈团队两项大奖。《功夫传奇》和《马可·波罗传奇》在白宫剧场的成功演出，一方面显示了该剧场所处地区广大的演艺市场，证明天创投资决策的准确性，另一方面也体现我国演出产品的国际化水平正不断提高。

从管理模式来看，白宫剧院进行交叉管理，CEO 由中国人担任，总经理则聘请美国的专业人士担任。中方管理人员主要负责演出和演员的管理，如后台管理、舞台管理、舞台技术等。美方经理则需要完成市场、营销、团队组建等工作。这种管理模式一方面保证天创充分掌握对剧场和演出作品的主动权和控制权，另一方面也利用美方经理人的已有资源和本土优势，进行适合当地演出市场与演出文化的剧目营销与市场推广，实现本土化运作。

从具体的营销手段来看，天创采取多渠道、多角度、全方位的营销模式。以《功夫传奇》为例，为扩大其在美国演出市场的份额，天创采取了系列措施：建立立体式的营销网络，社区、剧院、票务公司、酒店以及互联网都成为《功夫传奇》的宣传媒介；积极参加各类展演，针对不同类型的观众，推出特别版本和场次，开拓不同层次的市场；做好公关，积极参加当地慈善活动，开展慈善义演，树立良好口碑；积极建设网络宣传平台，利用社交网站加强与网民互动，吸引潜在客户。

《功夫传奇》在美国布兰森白宫剧院驻场演出的开拓之路并非一帆风顺。经历了演员签证延迟、剧院重新装修等困难才迎来了首演成功。布兰森 200 多个票务代售点，开始时只有 30 多家销售《功夫传奇》的演出票。2011 年 5 月，布兰森附近一个小镇遭遇飓风袭击，损失惨重。《功夫传奇》团队进行了比正式演出更精心的编排并全情投入演出，成为当天最为震撼的慈善义演参演剧目。经过电视台在全美播出，产生了巨大的影响。当疲惫的天创团队忙完义演返回布兰森时，布兰森的市长对他们说："你们已经成为布兰森大家庭里最值得骄傲的一员。"当地游客量因龙卷风比往年同期减少40%，但《功夫传奇》观众却增加了131%，收入增加46%，义演举动不仅让该剧融入当地社会，也让人从实际中读懂了《功夫传奇》所传递的文化意义。

通过这些努力，天创将《功夫传奇》一步步打入美国市场，使中国演出成为美国人生活的一部分，成为当地社区文化的重要组成部分。

【案例8】

《吴哥的微笑》——"本土化"与"国际化"的完美结合

《吴哥的微笑》是由云南文化产业投资控股集团投资500万美元于2010年在柬埔寨吴哥窟打造的一台全方位展示吴哥王朝的大型文化旅游驻场演出，既是中柬两国文化合作项目，也是云南省文化体制改革的试点项目之一，弥补了柬埔寨高投入、高品位旅游演艺市场的空白。从2010年11月正式公演到2017年共演出3 000余场，吸引各国游客观众约150万人次。作为中国演艺产业"走出去"的成功典范，《吴哥的微笑》团队在其经营管理过程中充分实现了"本土化"与"国际化"的有机结合。

《吴哥的微笑》的"本土化"主要表现在文化资源、艺术元素、民族心理、演职人员等几个方面。演出团队在剧目创作、日常管理、团队运营、市场营销等方面都尽可能地适应柬埔寨当地的历史文化环境，融洽地嵌入当地社会生活。《吴哥的微笑》取材于柬埔寨，生动地呈现了这个国家的历史、民族和文化，体现了文化资源的在地化。演出选取吴哥文化中最具代表性的艺术元素，通过柬埔寨传统的音乐和舞蹈艺术来展现吴哥王朝的发展历程，实现了艺术元素的本土化。民族心理的本土化则体现在对柬埔寨民族文化、风俗习惯和宗教信仰的充分尊重上。公司不仅要求所有的演职人员都要学习和了解柬埔寨历史和民族文化，在演员选角、剧目编排、实际演出等各个环节，也都本着尊重其民族宗教信仰、恪守其规范的原则进行。为了使项目能够实现长久运营，降低运营成本，公司团队一直注重培养当地的艺术人才和经营管理人才，实现演职人员的本土化。2013 年，项目公司的中层管理人员中有 80% 是柬籍人员，60 多个演员当中仅有 3 个中国演员。在柬埔寨传统节假日比较多的情况下，公司尊重当地的节庆习俗，根据实际情况对柬籍演员的放假时间做出调整，并给予在节假日演出的演员一定的工资补贴。这一系列管理措施大大促进了演出团队的建设，保证了《吴哥的微笑》演出效果的原汁原味，更为《吴哥的微笑》剧目乃至整个云南的演艺产业“走出去”打下了坚实的根基。

演艺企业“走出去”，“本土化”是基础，“国际化”才是成功的关键。《吴哥的微笑》在坚守本土化原则的同时，还遵循“国际化”的理念，在艺术作品的表达上凸显“普适价值”，在运作管理与市场营销上与国际接轨。面对来自不同国家、不同语言，有着不同年龄、不同文化背景的游客，《吴哥的微笑》既关注“民族性”的表达，也追寻“普适性”的实现。例如，在主题内容上，虽然剧目取材于柬埔寨的历史以及吴哥窟的特色民族文化，但团队在创作时，并没有刻意进行历史的堆砌和说教，而是以各种艺术手段对“自然”“人性”“自由”“纯美”等人类共同追求的普适化价值进行表达。在表达手段上，剧组充分利用现代科技，运用多媒体、灯光、场景设计、舞台美术等科技手段对艺术进行呈现和包装，以适应观众国际化的审美和消费需求。在市场营销中，《吴哥的微笑》也表现出了“国际化”的特点。为破解始终在一个地点演出导致市场渠道不畅的难题，项目团队根据不同的市场和观众，分别制定了国内市场的通行营销、柬埔寨市场的本土化营销以及不同国家观众的针对性营销等差异化的市场战略。在具体的营销方式上，团队在保留依靠中间商的传统销售方式的同时，加强网络营销，利用微信、新浪等社交媒体开展营销宣传；与国内团购网站对接，开展团购促销活动；在百度等搜索引擎中进行关键词推广，提高点击率等。各类具有先进性的国际化营销手段大大增强了《吴哥的微笑》的品牌知名度，使其成为柬埔寨一流的旅游项目。

（四）新闻出版发行行业

1. 政策环境。

2003 年，“出版走出去”成为全面建设我国新闻出版业五大战略之一，我国出版走出去工作逐渐受到政策扶持。

2006 年 9 月，国务院办公厅发布的《关于鼓励和支持文化产品和服务出口的若干政策》中明确指出，出版企业对海外的版权输出，有关部门可以根据实际输出版权数量给予相应的支持和奖励；在中央和省级层面，加大对文化产品和服务出口的支持，奖励开发国际文化市场成绩突出的企业，资助电影和音像制品的翻译、外文配音和字幕的打印制作、重点出口图书的翻译，对参加海外文化商业性演出的人员和道具的国际旅运费、参加海外博览会的场馆租金可给予一定补贴。对参加海外文化节的文化单位，可根据情况给予经费资助。利用中央外贸发展基金支持文化产品和服务出口。利用中小企业国际市场开拓资金支持文化企业在海外参展、宣传推广、培训研讨和海外投标等市场开拓活动。

从事图书、报刊、电子音像制品、电影和电视剧国际版权贸易的文化单位要积极拓展出口业务，加大出口业务在总业务中的比重，对进出口比例严重失衡的要削减版权引进数量和引进指标。对于企业在海外提供文化劳务取得的海外收入不征营业税；

对企业向海外提供翻译劳务和进行著作权转让而取得的海外收入免征营业税；对在海外已缴纳的所得税款按现行有关规定抵扣；对从事广播影视节目在海外落地的集成播出企业，从海外取得的收入免征营业税。

2009 年 4 月，财政部印发《关于支持文化企业发展若干税收政策问题的通知》，对出口图书、报纸、期刊、音像制品、电子出版物等新闻出版产品的企业给予增值税出口退税政策。依照《关于鼓励和支持文化产品和服务出口的若干政策》，对企业在境外提供文化劳务取得的境外收入不征营业税；对企业向境外提供翻译劳务和进行著作权转让而取得的境外收入免征营业税；对在境外已缴纳的所得税款按现行有关规定抵扣。

《关于金融支持文化出口的指导意见》对符合《文化产品和服务出口指导目录》条件的出口类企业和项目给予支持。鼓励新闻出版企业积极运用进出口银行提供的包括新闻出版产品和服务（含动漫）出口信贷、国际会展服务设施建设贷款、境外投资贷款、高新技术产品出口卖方信贷等信贷类业务产品，以及结算、结售汇、贸易融资、对外担保、财务顾问等中间业务产品。对新闻出版企业的境外投资项目、属于软件产品范围的动漫产品出口卖方信贷提供信贷支持。积极探索股权、股票、债券、存货、仓单、保单、出口退税、应收账款、知识产权质押以及由专业担保机构提供第三方担保等组合担保方式，以提高新闻出版企业的融资担保能力。

2009 年 7 月，国家外汇管理局发布《境内机构境外直接投资外汇管理规定》，鼓励新闻出版企业使用自有外汇资金、符合规定的国内外汇贷款、人民币购汇或实物、无形资产及经外汇局核准的其他外汇资产来源等进行境外直接投资。

2010 年 2 月，商务部、中共中央宣传部、财政部、文化部、中国人民银行、海关总署、国家税务总局、国家广播电影电视总局、国家新闻出版总署、国家外汇管理局十部门联合发布《关于进一步推进国家文化出口重点企业和项目目录相关工作的指导意见》，意见指出通过贷款贴息、项目补助、奖励、保费补助等多种方式支持新闻出版产品和服务等的出口；支持新闻出版企业在境外参展、宣传推广、培训研讨和境外投标等市场开拓活动；支持重点新闻出版产品的对外翻译制作和出版活动。尽快研究建立健全版权等无形资产价值评估体系，制定无形资产价值评估标准，建立无形资产价值评估中介机构和抵（质）押登记、交易平台。进一步完善出口信用保险体系。根据我国文化出口实际情况，采取灵活承保政策，优化投保手续，不断扩大支持规模，为新闻出版企业提供快捷高效的风险保障、融资便利、资信评估和应收账款管理等服务。

2010 年 5 月，财政部、商务部发布《中小企业国际市场开拓资金管理办法》，对中小企业独立开拓国际市场的企业项目及企、事业单位和社会团体组织中小企业开拓国际市场的团体项目给予市场开拓资金。该办法所说的市场开拓资金是指中央财政设立的用于支持中小企业开拓国际市场各项业务的专项资金。其主要支持内容包括海外展览会、企业管理体系认证、各类产品认证、海外专利申请、国际市场宣传推介、电子商务、海外广告和商标注册、国际市场考察、海外投（议）标、企业培训、海外收购技术和品牌等。

2010 年 5 月，财政部和新闻出版总署共同出台《民族文字出版专项资金资助项目管理暂行办法》，要求对丰富民族文字出版产品和服务、提高民族文字出版能力有积极作用的项目进行专项资助。

2012 年 4 月，财政部发布《文化产业发展专项资金管理暂行办法》，以贷款贴息、项目补助、补充国家资本金、绩效奖励、保险费补助和其他经财政部批准的支持方式，对新闻出版走出去企业、项目、实物和相关服务予以支持。

2012 年，《新闻出版业“十二五”时期走出去发展规划》出台，该文件首次从国家层面对新闻出版业走出去进行全方位布局，这也是我国出台的首个新闻出版业走出去专门文件。文件指出要提升我国新闻出版业的国际竞争力、传播力和影响力，推动新闻出版强国建设。要使新闻出版企业海外投资额显著增长，培育一批有国际影响力的知名品牌，打造一批实力雄厚、有国际竞争力的走出去龙头企业，培养一批外向型高层次的新闻出版专业人才，基本完成走出去国际布局。

加强走出去宏观布局。以发达国家、周边国家和地区为重点，以发展中国家为基础，以海外华文市场为依托，建立起覆盖广泛、重点突出、层次分明的走出去新格局。实施差异化战略，根据不同国家和地区的不同文化需求，采取不同的走出去策略和方式；实施多元并举，鼓励出版集团、专业出版社、数字出版企业和民营企业挖掘自身独特优势，拓展不同领域的国际市场；实施本土化战略，注重与海外资金、技术、渠道、人才等要素相结合，开发推广适合当地阅读和消费习惯的出版物产品；实施以进带出战略，借助国际合作企业的资源优势，带动出版物走出去；实施科技带动战略，发挥高新技术的平台和渠道优势，推动出版物走出去。

实施骨干带动战略，推动数字出版重点企业和产业基地走出去。加快研发数字、网络出版核心技术，积极参与国际标准化事务，占据国际竞争制高点。搭建数字出版走出去内容平台，加快整合传统出版企业内容资源，发挥规模优势，扩大优质在线出版内容增值服务范围、增强内容增值服务能力，全面提升我国数字出版产品的核心价值和数字出版企业的国际竞争力。

加快推动新闻出版企业、资本走出去。整合各种资源，推动新闻出版企业跨区域跨行业跨媒体跨所有制经营和重组，着力打造一批综合性跨国出版传媒集团。重点扶持一批外向型骨干企业，通过独资、合资、合作等方式，到境外建社建站、办报办刊、开厂开店。鼓励有条件的新闻出版企业通过上市、参股、控股等多种方式，扩大境外投资，参与国际资本运营和国际企业管理。引导各类所有制企业有序到境外投资合作，提高国际化经营水平，防范和化解境外投资风险。

加快建立走出去国际营销网络。积极实施“借船出海”战略，加强与全球性和区域性大型连锁书店的合作，进一步拓展国际主流营销渠道。积极利用海外资金、人才、管理经验等要素，整合和巩固海外华文出版物营销网络和渠道，进一步拓展海外市场。搭建数字内容资源跨境投送平台，加大对数字出版产品的输出。积极开拓网络书店等新型出版物销售渠道。

同年，新闻出版总署发布《关于加快出版传媒集团改革发展的指导意见》，指出支持有实力的出版传媒集团兼并、收购境外有成长性的优质出版企业；支持有条件的出版传媒集团通过独资、合资、合作等方式，到境外建社建站、办报办刊、开厂开店。2012 年 7 月，新闻出版总署与中国进出口银行签署《关于扶持培育新闻出版业走出去重点企业、重点项目的合作协议》。根据协议，双方采取“新闻出版总署组织推荐、专家组认真评选、中国进出口银行独立审贷”的合作方式，着力打造新闻出版走出去重点企业和重点项目的融资平台。中国进出口银行为新闻出版企业提供不低于 200 亿元人民币或等值外汇融资支持，扶持推动新闻出版企业走出去。

2014 年 10 月，国家新闻出版广电总局出台的《深化新闻出版体制改革实施方案》指出，要加快实施边疆地区新闻出版走出去扶持计划。依托中国（新疆）—亚欧出版博览会、中国（宁夏）—阿拉伯国家版权贸易洽谈会、云南边境口岸“国门书社”以及民文出版基地等，推动出版产品、版权输出，扩大对周边国家和地区的辐射力。

除了扶持政策，我国还大力实施重点工程，通过举办各种国际图书博览会、线上国际新闻出版资讯库等数据库和经典中国国际图书出版工程、中国出版物国际营销渠道拓展工程、重点新闻出版企业海外发展扶持工程、中国图书对外推广计划、中外图书互译计划、边疆新闻出版业走出去扶持计划等扶持工程，积极将中国内容面向海外拓展。在重点新闻出版企业海外发展扶持工程中，加快我国新闻出版企业海外发展步伐，为重点新闻出版企业的产品输出、境外机构设立、境外资本运营等提供支持。重点扶持20家外向型骨干企业，通过独资、合资、合作等方式，到境外建社建站、办报办刊、开厂开店、开网站；通过参股、控股等多种方式，扩大境外投资，参与国际资本运营和国际企业管理；鼓励和支持各种所有制企业拓展新闻出版产品和服务出口业务。鼓励和支持企业在自愿基础上成立新闻出版产品和服务出口促进组织，扩大对外宣传，集中优势开拓海外市场。

2. 投资方式。

自2003年“走出去”战略启动后，我国出版企业海外投资逐渐增多。2012年以前，中国出版企业海外投资的主要方式是设立海外分支机构，经营范围仍然局限于传统的图书出版、发行行业。到2011年，我国在境外投资或设立图书出版分支机构、数字出版公司、出版物发行网点（不含网络书店）等104个①。在《新闻出版业“十二五”时期走出去发展规划》推动下，出版企业海外投资的步伐不断向前迈进。截至2017年7月，我国出版企业在海外设立分支机构超过400家，② 投资区域不断扩大。

新闻出版发行行业近年来在海外投资经营方面进行了诸多尝试。

（1）成立海外分社或分公司，打造海外发行网络。新闻出版发行企业经过多年发展，已经在全球各国建立起300多家出版

① 张雁彬：《“中国图书对外推广计划”工作小组2011年度工作报告》。

② 卫朝峰：《解读〈新闻出版业“十二五”时期“走出去”发展规划〉》，载《出版参考》2011年第5期，第11页。

发行网点。[①] 以中国出版集团公司为例，公司拥有海外出版社、连锁书店和办事机构 29 家，海外业务遍及 130 多个国家和地区。

在网络建立的过程中，海外分公司的建立是十分重要的途径。

2007 年，中国青年出版社在英国伦敦成立全资子公司——中国青年出版社国际有限公司（CYP International LTD.），出版品牌为 CYP IPRESS。“中青国际”是在文化体制改革中，率先以商业模式“走出去”的中资文化传媒公司。目前，该公司已向国际市场成功推出了 400 多种优秀图书和版权，部分产品填补了国际出版空白。出版社配合国新办、国家新闻出版广电总局的对外文化推广计划和公司的品牌推广，承办“中英出版传媒产业投资论坛”“首届伦敦中国图书节”“魅力中国——世界遗产在中国摄影艺术展”等国际文化交流活动。“中青国际”开拓了一个覆盖国际主流市场的营销网络，创建了高端的中国文化艺术国际出版品牌。同年，中国出版集团成立中国出版（巴黎）和中国出版（悉尼）有限公司。

2008 年，中国出版集团和美国百盛公司合作，在纽约开设了第一家新华书店海外分店，并在加拿大设立温哥华分公司。中国出版集团公司制定企业国际化发展战略，明确“初期做响、中期做开、长期做强、总体做实”的方针。截至 2017 年，集团版权输出 3 729 项，居全国第一，年增长率保持在 8% 以上。

中国国际图书贸易集团有限公司是我国最大的专业性书刊进出口公司之一，也是第一个在国外设立分支机构的公司。目前，其国外分支机构已遍布英国、德国、法国、日本、美国、加拿大和比利时。

2015 年 7 月，全球首家数字尼山书屋落地新西兰亚洲图书

---

① 李霄：《中国主题图书海外传播状况调查》，载《出版视野》2015 年第 2 期，第 10 ~ 12 页。

文化中心。落地刚满一个月的数字尼山书屋让喜欢屏幕阅读的新西兰年轻人有了更深入了解中国文化的窗口。作为山东友谊出版社创建的尼山书屋的重要组成部分，数字尼山书屋旨在打造一个中外文化交流的数字平台。针对国外年轻的读者群，新西兰方提供阅读终端，山东友谊出版社根据实际出版适合的数字内容。

（2）并购海外公司，打通国际渠道。随着中国出版发行企业在海外的稳步发展，渠道建设被认为是现阶段中国文化企业进入海外主流媒体的重要手段，整合与并购活动作为直接投资方式开始变得愈加频繁。

2007 年，中国外文局收购伦敦光华书店。光华书店曾长期为英国其他各大图书馆及剑桥、牛津等高校提供帮助，是英国汉学家研究中国、海外华人与英国友人了解中国的重要窗口。书店主营中外文图书和艺术品，是在英国传播中国文化的重要渠道。

2008 年，湖南出版投资控股集团在与韩国阿里泉出版株式会社合作推出韩文版《恰同学少年》和《爱城》后，在股权合作上达成框架协议，并购韩国阿里泉出版株式会社。①

2010 年，中国国际图书贸易集团和外文出版社联合收购法国巴黎的百周年出版社，出版发行中国题材法文图书。

2013 年，安徽出版集团全资收购波兰时代马尔沙维克集团。

2014 年，凤凰传媒以 8 500 万美元收购美国出版国际有限公司（PIL）的儿童图书业务及其德国等海外子公司的全部股权和资产。PIL 公司出版了 1 000 多种童书及儿童数字产品，与迪士尼、芝麻街、尼克国际儿童频道、华纳兄弟等国际品牌都有紧密的合作。通过此次收购，凤凰集团获得了 PIL 公司丰富的有声童书出版资源，以及迪士尼等国际品牌形象的授权及其全球销售网络，为凤凰集团开拓国际市场奠定了坚实的基础。PIL 公司童书

① 刘浪：《收购韩国出版公司　湖南出版谋划 A 股 IPO》，搜狐网，http://business.sohu.com/20080619/n257592681.shtml。

业务在被并购后运营稳定，出版的有声童书年销量居全美前列，年销售收入在 6 亿元以上。2015 年，凤凰传媒直接投资 2 500 万美元成立凤凰美国控股公司。

2015 年，广西师范大学出版社以 200 万美元收购澳大利亚视觉出版集团，获得其全部优质图书版权。同年，浙江少年儿童出版社收购了澳大利亚的新前沿出版社。澳大利亚新前沿出版社成立于 2002 年，是澳大利亚一家优秀的专业童书出版社，主要销售范围在澳大利亚和新西兰两国，已经出版图书 100 余种，具有丰富的图书国际化版权销售经验，所出版的图书已输出至 25 个国家，并有多种图书获得国际各类童书奖。2015 年，新前沿出版社又在英国设立了分公司，将图书出版的疆域从大洋洲拓展到欧洲，拥有专业的出版水准、较好的出版能力和品牌影响。收购完成后，该出版社作为浙江少年儿童出版社的一个海外全资子公司，仍保持其品牌的独立性和运行的国际化。一方面，浙江少年儿童出版社利用公司原有的出版资源、品牌价值、销售渠道和管理运行团队，实现国内外出版业务的联动以及优质童书的国际同步出版；另一方面，浙江少年儿童出版社发挥自身优势，优化利用多年积累的国内优质出版资源，更好地推进出版社整体的国际化建设。

2016 年，广西师范大学出版社成功收购英国 ACC 出版集团。青岛出版集团并购日本渡边淳一文学馆株式会社。

这些并购案一方面表明海外机构对中国新闻出版发行企业实力和发展前景的看好，另一方面也能够说明中国的新闻出版发行公司海外投资目标不再单一，已经从过去的渠道建设拓展到版权购买和技术及人才抢占方面。

（3）多途径合作拓展海外业务。我国新闻出版发行企业在运营过程中日益呈现多元化趋势，传统发行企业的体制改革、兼并已取得显著成效，新闻出版发行企业的运营发展也呈现联盟合作、产业群体化、产业链融合等多种模式。出版企业通过与海外同行成立合资公司或进行战略投资等不同方式增进合作。

2016年4月，图书策划与发行机构新经典文化股份有限公司战略投资法国菲利普·毕基埃出版社，拉开了新经典文化战略布局国际市场的序幕。菲利普·毕基埃出版社成立于1986年，创始人菲利普·毕基埃是法国资深文学编辑。自2000年起，该社开始将中国当代文学列为翻译和出版重点，已成为中国文学走向世界的桥头堡。莫言、阎连科、曹文轩等一大批中国作家均位列该社的中国文学版图上。通过此次投资，新经典公司通过出版社让更多中国当代一线作家及作品被欧美读者所认知，并持续开发、挖掘中国新生代作者的优秀作品推介到国际市场。

我国出版企业海外投资项目在西方发达国家特别是英语图书市场，由于市场回报率高，仍占较大比例。在“一带一路”沿线和周边国家的投资项目，由于中国政府的鼓励和支持，增长迅速。各项重点工程已经从单纯的图书翻译出版转变为融翻译出版、海外设立分支机构、境外参展、建立数据库、海外销售渠道拓展、出版数字化等为一体的大型综合性项目，鼓励中国出版企业朝着本土化、市场化、产业化的方向发展。① 我国的新闻出版发行市场逐渐形成规模效益，具有较强的综合实力，在国际上的影响力也在逐步提升，我国新闻出版行业正在进入快速成长期。

3. 典型案例。

【案例9】

安徽出版集团——“走出去”的先行者

安徽出版集团有限责任公司成立于2005年11月，是全国第一家组建集团同时完成转企改制的国有大型文化企业。

---

① 钱风强、刘叶华：《“十三五”时期我国图书走出去提质增效路径分析》，载《中国出版》2017年第13期，第10～14页。

2004 年，安徽出版集团与俄罗斯奥廖尔州国家公务员学院共同投资创建了新时代印刷有限公司，开始了进军俄罗斯、开拓海外印刷市场之路。2005 年，新时代印刷有限公司正式投产，这标志着新时代成为全国出版行业第一家“走出去”的印刷企业，也是安徽出版集团拓展海外市场的“先遣兵”。

起初，因为不熟悉当地的制度，加上资金有限，仅公司注册一项就费尽周折。后又因排版软件与俄罗斯当地采用的排版软件不兼容，印刷生产无法正常进行。2005 年底，克服重重困难的新时代与三家出版社、三家杂志社以及近 10 家广告公司建立了长期合作关系，占据了奥廖尔 80% 的印刷市场。

面对奥廖尔已经饱和的印刷市场，新时代决定走出奥廖尔去开拓新市场。经过系列精心推介，新时代在俄罗斯中央区的知名度日渐提高，客户也不断增加，最远到达北极圈内的摩尔曼斯克。新时代开始扭亏为盈，此后保持着年均纯利润率 10% 的增长。面对金融危机，新时代再次调整发展方向，进军精品和特种印刷市场，几乎与此同时，安徽出版集团也同奥廖尔当地政府签订了二期投资意向书，加大在高科技方面的投入，同时以印刷为基础，发展商贸旅游业务，开展相关业务代理。

新时代在俄罗斯印刷市场十分活跃，不仅成功“抢滩”莫斯科印刷市场，业务还遍及布良斯克、库尔斯克、图拉等 10 多个州和东欧一些国家，已发展成为当地具有较强实力的综合性印刷企业和受欢迎的中资企业。新时代在俄罗斯闯出了一片天，不但是安徽打造跨国企业迈出的关键一步，也为我国文化产业寻求海外发展提供了宝贵经验。

积极推动中华文化“走出去”，实施外向型国际化发展战略，是安徽出版集团支柱性战略之一。时代·马尔沙维克集团是安徽出版集团的另一次海外成功尝试。

时代·马尔沙维克集团是安徽出版集团在波兰设立的国际出版传媒企业。2007 年，集团与波兰最大出版公司之一马尔沙维克出版社建立战略合作伙伴关系。马尔沙维克出版社拥有良好的渠道资源和内容资源、优秀的文化品牌和广泛的国际影响，专业实力雄厚，多年来与中国有着深厚的情谊。

2011 年，集团在波兰成功举办《故宫博物院藏品大系》首批中英文版全球同步出版发布会，并正式签订资本合作框架协议。协议的签订开创了中波两国文化产业界的资本合作先河，开始从资本、项目、经贸“走出去”到“走进去”“走上去”，是国内第一家与波兰主流出版企业合作的范例。协议的主要投资合作内容，包括出版、印刷、培训、国际交流和服务贸易等多个领域，而《故宫博物院藏品大系》中英文版，作为国务院新闻办中国文化著作翻译出版工程资助的重点项目，首次以大型出版物出版并首次全球同步发行，得到了中波两国有关政府部门的大力支持。

2013 年，双方共建时代·马尔沙维克集团，时代·马尔沙维克集团揭牌签约仪式在波兰首都华沙举行，开创了中国出版企业在东欧国家投建的第一家“走出去”文化实体，这是欧洲第一家规模大、档次高、专业性强、合作范围广的中国出版文化企业。以这次签约为新的起点，以此基地为欧洲总部，安徽出版集团与马尔沙维克出版公司优势互补，联手打造辐射整个欧洲、运营专业化的大型文化产业发展高地。

自 2007 年合作以来，双方共同策划出版了《故宫藏品大系》《中国历代文物集》《中华文化精要丛书》等 200 多种优质精品图书，有效推动了中华文化在东欧国家的落地生根。中宣部、国新办、商务部、国家新闻出版广电总局对双方的合作高度重视，对投资及国际合作项目给予了极大的关心和支持。

安徽出版集团以时代·马尔沙维克集团为新的基地，致力于在欧盟地区形成“点面结合、以点带面”的发展格局，并通过整体资源的直接互动，带动印刷、服务外包、电子商务、智能化工程、智能化城市建设技术服务等快速进军东欧市场，打通国内与国际、产品与市场的零距离对接，提高国际市场竞争力，增强海外影响力。

【案例 10】

广西师范大学出版社——全面开启国际化战略发展

广西师范大学出版社于 1986 年 11 月成立，作为全国首批转企试点的高校出版社，于 2009 年 6 月正式成立广西师范大学出版社集团，成为广西首家出版集团和中国首家地方大学出版社集团。

2013 年 11 月，广西师范大学出版社集团正式启动收购澳大利亚视觉出版集团（Images）事宜。Images 公司始创于 1983 年，总部位于澳大利亚墨尔本，主要着眼于世界范围内的建筑和室内设计领域，在国际建筑设计图书出版领域久负盛名，与世界各地 2 000 多家建筑师设计室和发行商保持着密切的合作。在对 Images 公司进行财务与法律方面的深入调查后，集团决定采取收购的模式，选择以广西师范大学出版社（上海）有限公司作为收购的主体与跨国运营的实体。

2014 年 7 月，广西师范大学出版社集团完成了对澳大利亚视觉出版集团的收购。对于视觉出版集团的产品，集团将采取中英文共版、各自发行所属市场的策略。公司在保持 Images 品牌独立性的前提下整合资源，借助 Images 的品牌价值和固有的海外销售渠道实现国内外联动，面向世界打造建筑设计类图书产品，在世界范围内传播中国传统建筑文化，展现中国当代建筑的最新成果。本次收购成为中国出版企业资本“走出去”的典型范例，由此开启了出版社集团的国际化发展进程。

2016 年 8 月，广西师范大学出版社集团成功收购了英国 ACC 出版集团。ACC 出版集团有限公司（The Antique Collectors' Club Publishing Group Limited）是一家总部注册于英格兰和威尔士的跨国出版与发行公司，其前身古董收藏家俱乐部成立于

1966年。该公司业务涉及图书出版和全球艺术与设计类出版社的图书销售代理。ACC出版集团代理了全球近300家艺术与设计类出版社图书在欧美地区及亚洲部分地区的销售，其下线渠道包括欧美地区的网络书店、批发商、连锁书店、专业书店、独立书店、博物馆、美术馆与政府采购等。广西师范大学出版社集团以子公司广西师范大学出版社（上海）有限公司为主体完成对ACC出版集团旗下的ACC出版社、ACC英国和美国发行公司以及《古董与收藏》杂志的收购。

ACC出版集团收购后的运营和Images一样实行“双本土化+一体化”的国际经营管理战略。“双本土化”指在保留海外经营管理队伍的同时，注重具有国际视野与业务技能的中国本土团队的培养与建设，从而形成海内外协同发展的效应。“一体化”是全球品牌、内容、人力与资金资源的集约调配。

对ACC出版集团的收购，不仅丰富了Images品牌的艺术与设计图书产品线，还构建了完整的艺术与设计类图书国际化出版发行产业链，对集团国际化建设具有重要的战略意义。广西师范大学出版社集团成为中国首家以并购方式构建的具有成熟的完整产业链的跨国出版集团，也成为中国首家艺术与设计类国际出版集团。

广西师范大学出版社集团以视觉出版集团和ACC的品牌资源与国际渠道资源为依托，联合国内艺术与设计类出版社及书商，构建起中外艺术与设计类图书之间交流与合作的桥梁，推动了中国出版创意与服务“走出去”，提升了中国文化的传播力与影响力。

（五）旅游行业

旅游业的国际化过程是从“引进来”到“走出去”的一个由内向外的发展过程。我国旅游业最初的发展以入境游为依托，产业发展的初期和中期对外的依存度比较高，[①] 旅游企业“走出去”是在“引进来”发展到一定程度之后开始的，旅游企业在 20 世纪 90 年代实现突破，旅行社行业开始走出国门。

1. 政策环境。

1990 年 3 月，国家旅游局为有效地管理在国外设立的旅游经营机构，根据国务院颁布的《旅行社管理暂行条例》和国家旅游局颁布的《旅行社管理暂行条例施行办法》，制定出《关于在国外设立旅游经营机构的暂行管理办法》。该办法从企业资质、设立原则、撤销原则以及功能定位方面对中国旅游企业在海外投资经营旅行社做出了详细的规定，为旅行社在海外经营提供了政策指导。

随着 2001 年我国加入世界贸易组织，旅游企业的海外投资经营进入探索性扩张阶段。国家制定了有关旅游业的系列政策来支持旅游企业“走出去”。

2009 年，国务院发布《国务院关于加快发展旅游业的意见》，明确提出支持各类企业跨行业、跨地区、跨所有制兼并重组，培育一批具有竞争力的大型旅游企业集团；积极引进外资旅游企业；在试点的基础上，逐步对外商投资旅行社开放经营中国公民出境旅游业务；支持有条件的旅游企业走出去。旅游企业的国际化成长已成为国家战略。

2012 年 2 月，中国人民银行联合发展改革委、旅游局等七部门发布了《关于金融支持旅游业加快发展的若干意见》，在投资经营方面为旅游企业制定了详细的扶持政策。该意见要求充分认识金融支持旅游业加快发展的重要意义，支持旅游企业发展多元化融资渠道和方式。鼓励地方财政通过财政补贴、贷款贴息等方式，引导社会资本加大对旅游业的投资力度。积极引导民间资

① 《中国旅游集团发展报告——中国旅游企业国际化成长（1979～2010）》，http://www.ctaweb.org/html/2011-12/2011-12-2-15-58-96736.html。

本、产业基金等多元化资金支持旅游业发展。在对外投资方面，应完善旅游业外汇管理和服务，支持旅游企业“走出去”。针对旅游业投资经营的特点，应完善旅游外汇兑换服务体系，提高外汇管理效率。便利旅游企业的跨境投资，对于旅游企业海外设立办事处、营销网点、合作机构等特殊用汇需求予以政策支持。

2012 年 6 月，国家旅游局发布《关于鼓励和引导民间资本投资旅游业的实施意见》，该文件支持鼓励和引导民间资本投资发展旅游业，坚持旅游业向民间资本全面开放，鼓励有条件的民营旅游企业“走出去”。“鼓励民营旅游企业在境外投资开设旅行社、旅游饭店等经营项目。支持民营企业之间、民营企业与国有企业之间组成联合体，共同开展境外旅游投资，参与国际市场竞争。利用驻外旅游办事处等网络，建立对外旅游投资咨询服务体系。”

2014 年 8 月，国务院颁布《国务院关于促进旅游业改革发展的若干意见》，加快推动区域旅游一体化。进一步深化对外合资合作，支持有条件的旅游企业“走出去”，积极开拓国际市场。围绕丝绸之路经济带和 21 世纪海上丝绸之路建设，在东盟—湄公河流域开发合作、大湄公河次区域经济合作、中亚区域经济合作、图们江地区开发合作以及孟中印缅经济走廊、中巴经济走廊等区域、次区域合作机制框架下，采取有利于边境旅游的出入境政策，推动中国同东南亚、南亚、中亚、东北亚、中东欧的区域旅游合作。

以上政策表明国家对旅游业国际化的重视，同时国内环境为我国旅游企业的成功“走出去”提供了强有力的支撑和良好的机遇。

2. 投资情况。

20 世纪 80 年代，北京、上海等地的旅游企业开始尝试跨国经营，上海锦江集团等分别在欧美、日本、韩国等地合资开办了近 10 家餐饮企业。

90 年代后期，国内旅行社开始尝试在海外布点。中青旅 1998 年收购香港中青旅，在日本和加拿大两国设立子公司。中国国旅在 10 个国家和地区设有 12 家全资和控股子公司。

1993 年，港中旅投资美国打造锦绣中华景区。这是中国旅游企业第一次将主题公园带入海外。1993 年，美国锦绣中华主题公园在佛罗里达州的奥兰多市兴建，成为当年中国政府支持的最大涉外文化产业项目。

近年来，海外酒店业已经成为备受中国企业欢迎的投资领域。2007 年以来，中国企业在海外饭店市场连续出手投资，收购海外优良酒店资产。针对首旅集团、港中旅酒店有限公司、北京华荣建业房地产开发有限公司、万达集团、海航集团、开元旅业集团、浙江君澜酒店集团、河南中州国际集团、新疆米兰房地产开发有限公司、阳光保险集团、中国国旅、深圳新世纪集团、富华国际集团、中国兴力达集团、康德集团、绿地集团、锦江集团、复星集团、锦江之星、东呈酒店集团、中工国际、中国进出口银行等企业的部分重要投资进行统计，2007 年到 2017 年，以上这些企业在海外投资超过 36 家酒店，或进行品牌输出，建立以自己公司品牌为特色的酒店，或购买他国当地酒店品牌及资产，或合资建立酒店，或进行授权经营等，总投资额达到 194.08 亿美元，折合人民币 1 311.96 亿元。1 亿美元以上的投资事件共 13 起，10 亿美元以上的共 7 起，最大的一起投资事件是 2016 年海航集团出资 62 亿美元收购希尔顿酒店集团约 25% 的股权。民营企业和国有企业共同成为我国旅游酒店海外投资的主体。从投资国别来看，涉及的国家有白俄罗斯、几内亚、德国、英国、澳大利亚、比利时、帕劳、乌兹别克斯坦、美国、柬埔寨、西班牙、法国、菲律宾、韩国、印度尼西亚、新加坡、马来西亚、老挝、巴哈马，在欧洲的投资共 13 处，美洲投资 11 处，亚洲投资 7 处，大洋洲投资 4 处，非洲 1 处。

随着在线旅游（OTA）的快速发展，国内旅行社纷纷布局该领域。在线旅游市场保持高速发展，市场交易额的增长速度保持在30%以上，远远高于整个行业8%左右的发展速度。在线旅游行业的发展，带动了国家级旅游营销平台面向主要海外客源地的多语种网站建设，结合客源市场的旅游需求、民族文化、思维方式与行为习惯优化网站页面设计，增进与客源地媒体、旅游分销渠道的在线营销合作。国内在线旅游服务商领导者携程旅游集团在这样的形势下，大力布局海外市场。从2013年12月起，携程旅行网战略投资定位北美旅游市场的途风旅游，开拓北美旅游市场。

从2015年起，伴随海外市场的不断壮大，不少企业纷纷布局海外。2015年8月，穷游网进行海外业务升级，在泰国清迈设立首家海外中心Q－Home，囊括旅行社、咨询中心、穷游用户海外据点等功能，2016年8月穷游网在日本京都设立第二家Q－Home。2017年2月，途家进驻日本市场，成立子公司“日本途家”，并与日本酒店预约网站relux运营方Loco Partners公司展开合作。

除了成立海外分公司、通过并购拓展业务外，设立合资公司也是旅游企业拓展海外业务的重要方式。同程旅游通过在境外设立多家合资公司不断发展海外业务。2015年11月，同程与日本HIS国际旅行社成立合资公司，共同开发日本旅游市场；2015年12月，同程与韩国乐天观光股份公司成立合资公司；2016年2月，同程与玩美假期达成战略合作，在泰国成立合资公司。2017年8月，阿里巴巴集团控股有限公司与万豪国际集团达成战略合作，成立合资公司，深度开发全球旅游目的地。

就目前我国旅游企业的投资目的地来看，多数企业选择投资对象时更多地考虑对象国的入境和出境市场。面对庞大的出境游群体和强劲的消费能力，有能力的旅游企业采取了跟随战略，即出境业务在哪里，分支机构就设在哪里，主要目标市场还是我国客源。旅行社的海外布点既服务于拓展海外客户，又作为地接社为我国的出境游客提供海外旅游服务。

目前，实施跨国经营的旅游企业主要集中于北京、上海、广州、深圳等经济发达的沿海城市，以国有大型旅游企业（集团）或旅游相关企业为主，经营领域主要集中于旅行社、饭店、餐饮和主题公园等。总体来说，我国旅游企业进行跨国经营呈现如下特点：投资主体基本以国内知名旅游大企业为主；地产企业海外旅游投资活跃；跨国经营业务初期集中于旅行社和餐饮行业，酒店业务近年来发展迅速。2013 年，旅游业相关产业中住宿和餐饮业对外直接投资净额为 8 216 万美元，文化、体育和娱乐业对外直接投资净额 31 058 万美元。①

随着出境游的持续升温和“一带一路”背景下的新机遇，我国旅游企业加快了走出去的步伐，国际化成为新趋势。汤森路透数据库显示，2015 年，我国企业跨境并购酒店和住宿业的交易规模为 18.4 亿美元，2016 年这一数字增长为 92.5 亿美元。“走出去”成为企业运用国际品牌发展壮大自身的必然选择。

3. 典型案例。

【案例 11】

港中旅集团——积极实行“走出去”战略

2015 年，港中旅全资收购英国 Kew Green Hotels Limited（KGH）酒店管理公司。KGH 原为洲际酒店集团在欧洲合作的第三方酒店管理公司。因其稳定的经济收益和良好发展势头，曾获巴克莱银行、劳埃德银行、高盛资本、德泰资本等多家著名资本方投资，旗下拥有 55 家酒店，运营品牌包括假日酒店、智选假日酒店、皇冠假日酒店、万怡酒店等多个品牌，主要分布于英国

① 国家统计局，http://data.stats.gov.cn/easyquery.htm? cn = C01&zb = A060G01&sj = 2013。

的中部南部和东部地区，覆盖了包括伦敦、利兹、伯明翰、朴次茅斯、布莱顿等重要的商务、旅游和休闲观光城市。KGH 作为英国第二大第三方酒店管理公司，具备十分专业的酒店管理经验。对 KGH 完成并购后，港中旅不仅从这家公司的良好业绩上获益，中英团队在企业文化、管理运营、系统与商业模式等多个方面也积极进行互通互融，为港中旅酒店有限公司的规模扩张及全球化管理之路打下了坚实的基础。

2016 年，为长效发挥英国酒店管理运营优势，港中旅顺势推出承袭英国酒店风格的中端酒店品牌睿景，正式入局中端酒店市场角逐。

2016 年，中国国旅集团有限公司整体并入中国港中旅集团公司，中国旅游集团公司成立。中国旅游集团按照“一带一路”的布局，先后在白俄罗斯、英国建立公司，在海外建了七个签证中心，海外资产近 300 亿元。

【案例 12】

携程旅游集团——国际化战略布局提速

作为中国最大的旅游集团，携程每年服务数以亿计的中国国内和出境旅游者，客户端累计下载超过 30 亿次。携程不断通过创新为用户创造价值，增强自身核心竞争力，海外业务已成为携程发展的重点。

2013 年底，携程收购北美出境旅游网站途风网，在北美成立了第一家境外分公司。途风网是美洲旅游的开拓者，凭借丰富的旅游线路、优质的服务、可靠的行程品质，获得了全球华人美洲旅游市场内外的良好口碑，以及洛杉矶旅游局的高度赞誉。

2015 年，携程成立日本分公司。

2016 年 1 月，携程在新加坡成立东南亚区域总部。同时，携程对印度最大在线旅游企业 MakeMyTrip 进行战略投资。

2016 年 10 月，携程与美国美东、美西最大规模的两家华人地接社纵横、海鸥达成战略合作，全面布局北美旅游市场。

2016 年 11 月，携程收购英国机票搜索平台天巡（Skyscanner），完善海外机票市场布局。

2017 年 6 月，携程与全球最大轮渡公司 Stena Line 达成战略合作。

2017 年 11 月，携程收购美国社交旅游网站 Trip. com，打造携程的全球预订平台。

伴随着天巡和 Trip. com 的加入，携程的机票预订引擎整合了全球超过 300 万条航线资源，提供几乎覆盖全球的航班信息，并实时显示剩余机票数量与价格。

公开资料显示，携程旗下所有品牌的全球月活跃旅游客户数已达 1. 8 亿，全球有 2 500 万外籍会员在使用携程的各项服务。携程的国际业务正在不断发力。

（六）创意设计行业

1. 政策环境。

2014 年，国务院出台《关于推进文化创意和设计服务与相关产业融合发展的若干意见》，强调推进文化创意和设计服务等新型、高端服务业发展，促进与实体经济深度融合，是培育国民经济新的增长点、提升国家文化软实力和产业竞争力的重大举措，是发展创新型经济、促进经济结构调整和发展方式转变、加快实现由“中国制造”向“中国创造”转变的内在要求，是促进产品和服务创新、催生新兴业态、带动就业、满足多样化消费需求、提高人民生活质量的重要途径。要坚持正确的文化产品创作生产方向，着力提升文化产业各门类创意和设计水平及文化内涵，加快构建结构合理、门类齐全、科技含量高、富有创意、竞争力强的现代文化产业体系，推动文化产业快速发展。

推动创意和设计优势企业根据产业联系，实施跨地区、跨行业、跨所有制业务合作，打造跨界融合的产业集团和产业联盟。鼓励有条件的大型企业设立工业设计中心，建设一批国家级工业设计中心。积极推进相关事业单位分类改革，鼓励国有文化企业引进战略资本，实行股份制改造，积极引导民间资本投资文化创意和设计服务领域。支持有条件的企业"走出去"，扩大产品和服务出口，通过海外并购、联合经营、设立分支机构等方式积极开拓国际市场。

2. 投资情况。

相比其他行业逐步开展的资本层面的海外运作，创意设计服务"走出去"多数还停留在艺术交流与合作的层面。在 2018 年文化部公布的"一带一路"文化贸易与投资重点项目中，手工艺及文创产品推广类项目达到 9 个，约占整体项目的 1/4。在推广过程中，设计服务类企业往往很难在初期形成双向合力，无法迅速融入当地社会，这类问题随着交流中心的建立得以逐步解决。交流中心既有官方组建的，也有民间自发形成的。以设计之都——上海为例，上海与海外其他城市建立设计交流中心的经验丰富，我国最早在欧洲建立的创意设计产业发展基地即为上海—佛罗伦萨中意设计交流中心。该中心作为上海创意设计产业输出欧洲的窗口，承载着包括 B2B 商务、高端定制旅游、文化艺术展览、企业跨国服务等四大主要功能，致力于为国内优秀企业"走出去"提供服务，设计包括时尚设计行业在内的不同产业的考察路线，为中国投资人提供对意大利产业情况和具体投资项目最直接的了解途径。

在民间组织方面，B&H 中国文化创意中心是一项开拓性的实践。B&H 中国文化创意中心立足海外，以中式生活方式为载体，将中国文化向西方主流社会生活方式渗透。在运营中，B&H 中国文化创意中心在欧美具备一定产业资源整合能力，能对中国文化元素进行现代化、国际化的再开发，孵化符合海外市场需求的文创产品和生活体验。同时，B&H 中国文化创意利用在西方主流社会高端人脉圈层的影响力，从海外“拉动”中式生活方式进入目标市场国家，并通过影响力阶层的口碑进入主流社会的生活方式，逐渐扩散到更广的受众中。目前，B&H 中国文化创意中心已携手依文·中国手工坊，通过整合国际设计和产品开发力量，孵化出第一批结合中国西南地区少数民族手工艺元素和西方设计风格的系列产品，其中包括服装服饰、文化产品和家居生活用品，并于 2017 年 9 月成功亮相英国时装周，给国际时尚产业带来了灵感。

在创意设计业资本海外运作的道路上，少数企业成为行业的领跑者，通过建立海外分公司不断积极拓展海外业务。

洛可可是第一家在海外布点的中国设计公司，迈出了“走出去”的第一步。为了近距离服务公司的海外客户，同时吸引更多国际设计人才，2010 年洛可可在英国伦敦设立分公司，公司囊括了研究与策略咨询、工业设计、结构设计、UI 设计、品牌设计等的一站式服务。

水晶石数字科技有限公司是亚洲数字视觉展示规模最大的企业。水晶石公司是北京 2008 年奥运会图像设计服务供应商、上海 2010 年世博会指定多媒体设计服务商、深圳 2011 年大运会图像设计服务独家供应商、伦敦 2012 年奥运会数字图像服务供应商、2014 年 BIE 国际展览局战略合作伙伴，并与国外诸多设计师与公司保持合作关系。在取得北京奥运会的成功之后，水晶石公司加快国际化步伐，海外机构落地洛杉矶、伦敦、东京、新加坡、迪拜等地。作为文化创意产业创新的实践者和引领者，水晶石公司逐步发展成为具备国际视野的文化创意型企业，服务众多国际重大项目。

除了资本海外拓展，海外合作也成为创意设计行业发展的新动力。

东道品牌创意集团有限公司作为国内颇具规模与影响力的综

合性品牌战略咨询和设计公司，曾为2014年APEC峰会、2016年G20杭州峰会、2017年“一带一路”国际合作高峰论坛、2019年北京世园会、中国对外援建、丝路基金等多个国家重大项目进行品牌创意设计。2017年，东道集团与德国曼海姆市属企业曼海姆初创产业园及莱茵内卡设计中心合作，成立“中德创意中心”，在教育、国际交流、研究与创意产业领域进行合作交流。

站酷作为国内活跃的设计师互动平台，除了拥有主站设计师互动平台站酷网之外，重点打磨一站式正版视觉内容交易平台和艺术教育平台，为设计师和企业提供版权解决方案和视觉服务。2018年，站酷联手全球知名正版素材供应商Shutterstock，实现原创内容的变现，并通过Shutterstock的渠道销往全球。在海外，Shutterstock与Facebook、微软、谷歌等互联网公司都有成熟的合作模式。

3. 典型案例。

【案例13】

北京华江文化集团有限公司——树立“创意走出去”的标杆

北京华江文化集团有限公司于2003年成立，作为国际性文化创意产业公司，主营国际知名体育、文化品牌的授权衍生品特许经营，核心业务领域涉及体育、旅游、高端定制服务等。

华江文化集团是全球最大的奥林匹克特许经营企业，也是全球唯一获得2008年北京、2012年伦敦、2016年巴西连续三届夏季奥运会授权的企业，并成为中国、美国两大体育强国的奥委会特许商。在中国文化旅游市场，集团运营北京礼物、鸟巢等品牌，2014年为北京APEC会议创意设计全套会议用品及国宴餐具。

“资源整合”和“设计创新”是华江文化的核心竞争力。借助 20 多年的经验积累和奥运项目的历练，华江文化通过“集成创新”，整合资源，从创意设计到技术攻关全程参与，帮助每个合作企业提升，共同打造出中国精品。

华江文化注重打造完整产业链体系，从产品创新研发、设计、生产、物流直到销售各个环节，都注入文化概念和创新思想。华江在英国、新加坡、美国、巴西、韩国和中国香港地区设立有全资子公司，为全球品牌提供授权特许商品解决方案，成为中国文化创意走出去、国际市场开拓的领先企业。

华江新加坡有限责任公司是北京华江文化发展有限公司的全资子公司，于 2009 年 7 月成立于新加坡。华江新加坡公司自成立以来，成功运营了新加坡 2010 年青奥会项目、2015 年新加坡国庆大礼包项目，并为 VISA 长期提供定制服务，屡次获得新加坡政府及 VISA 的高度评价。

华江文化设计（香港）有限公司是北京华江文化发展有限公司的全资子公司，是于 2012 年 1 月在中国香港成立的一家国际化高端研发设计创意公司，多年来一直致力于国内外知名体育品牌、文化旅游品牌、动漫衍生产品及艺术大师经纪人等相关项目产品研发设计工作。

华江巴西进出口有限公司（Honav do Brasil Importacao e Exportacao LTDA）是北京华江文化发展有限公司的全资子公司，于 2013 年 11 月成立于巴西里约热内卢市，负责 2016 年奥运会特许项目相关工作。2012 年 8 月，华江与里约奥运会组委会签订了徽章类别独家特许经营合同，成为里约奥运会首家特许经营商。而后，公司依托对奥林匹克的理解和经验，不断拓展在里约奥运会的市场权利。2013 年、2014 年又分别获得工艺品、吉祥物毛绒玩具的独家特许经营权。2015 年 3 月，又得到了陶瓷、水晶、立体模型等品类的独家经营权。华江在巴西里约 2016 年奥运会特许纪念品开发上，获取了 70% 的品类独家开发权利，成为里约奥运会获取类别最多的特许商。在里约2016年奥运会、残奥会期间，华江为奥运市场提供了数千款特许商品，成为“中国创意走出去”的标杆。

华江韩国有限公司是北京华江文化发展有限公司的全资子公司，于2014年10月成立于韩国平昌市。华江韩国公司负责平昌2018年冬奥会特许项目相关工作，获得平昌2018年冬奥会徽章品类商品的独家特许运营权，并且与韩国当地百货零售巨头——乐天集团展开全面合作，包揽了平昌2018年冬奥会多品类特许商品的设计、生产和销售权。

北京华江文化集团作为国内文创公司的代表之一，正在积极参与国际竞争，拓展其全球影响力。

四、地区发展：重点发展，综合支撑

以下以对外文化投资发展较为迅速的北京、上海、广东和江苏为例，展现地方对外文化投资情况。

（一）北京

北京市对于文化企业海外投资的政策体系为“一体两翼”，“一体”是指以综合性支持政策为主体，“两翼”其中一翼是指金融政策、投资政策、海关政策等辅助性政策，而另一翼则是指出版、影视动画、网络游戏等具体行业的专项支持政策。

1. 综合性支持政策。

北京作为全国的文化中心、国际化大都市，发展文化产业、促进文化企业海外投资经营起步比较早。随着经济发展和转型升级，北京也越来越重视文化企业的发展。近年来，北京加大了对文化产业的支持力度，构建了比较完整的政策体系，出台了一系列综合性支持政策，加强了对海外投资经营的文化企业的鼓励和支持。

（1）《北京市“十一五”时期文化创意产业发展规划》（2007 年）鼓励和支持文化创意产品和服务出口业务。鼓励文化企业开展海外投资活动，支持文化创意产品和服务出口业务，对出口业绩突出的企业予以奖励。在北京市设立的具有一定规模和重大经济效益的文化创意企业总部，对其海外管理服务、研究开发、投资和资产处置所获得收益的所得税地方留成部分，财政资金予以支持。

（2）《北京市促进文化创意产业发展的若干政策》（2006 年）提出，市政府对文化创意产品和服务出口业绩突出的企业予以奖励。支持文化创意企业实施收购国际营销渠道和传媒等战略性海外投资项目，市政府给予资金配套或贴息补助，并支持企业获得国家开发银行的股本贷款以及金融机构的其他优惠贷款。

（3）《北京市文化创意产业发展专项资金管理办法实施细则》（2010 年）规定，对于优秀获奖文化产品、优秀文化出口项目、自主知识产权产品出口、列入《国家文化出口重点企业目录》和《国家文化出口重点项目目录》的北京市文化企业和项目以及在开展文化创意活动等方面做出突出贡献的企业和个人，给予奖励。

（4）《北京市文化创新发展专项资金管理办法（试行）》（2012 年）规定，从 2012 年至 2015 年每年安排 100 亿元支持北京文化的创新发展，其中包括支持文化走出去工程。2015 年度北京市文化创新发展专项基金奖励在开拓海外市场、搭建“走出去”平台、促进文化产品和服务出口等方面做出突出贡献的项目单位。对成功并购的优秀文化企业给予一定的奖励。

2. 辅助性政策。

为了确保上述综合性支持政策更好地贯彻落实，北京还制定了相关的辅助性政策。辅助性金融政策主要包括《北京市文化创意产业贷款贴息管理办法（试行）》（2008 年）、《北京市文化创意产业担保资金管理办法（试行）》（2009 年）、《关于金融支持首都文化创意产业发展的指导意见》（2009 年）等。这些辅助性金融政策为海外投资经营的文化企业提供贷款贴息、贷款担保等支持，一定程度上缓解了在海外投资经营的文化企业贷款难、融资难的问题。

此外，北京还制定了《北京海关支持北京市文化创意产业发展的若干措施》（2006 年），为文化出口、文化企业海外投资经营提供了便利。例如，加强通关服务，促进北京文化演出事业的发展。提供通关咨询服务：对各类文化演出涉及的器材、道具、人员等进出境通关问题，在通关政策、通关方式、通关手续等方面提前给予指导，帮助选择合适、便捷的通关方式，节省企业通关成本。对文化演出涉及物资的进出境给予通关便利：运用担保金、担保函等方式，解决进出境演出器材、物品、道具的通关手续问题，加速验放；对其中有特殊通关需求的，尽力协调海关总署有关部门加以解决。另外，支持、鼓励音像制品出口，支持无物质介质类文化创意产品进出口贸易的发展。

3. 行业专项政策。

除了上述综合性和辅助性支持政策之外，北京还制定了出版、影视、网游等具体行业的支持性政策，鼓励北京不同性质的文化企业积极进行海外市场的开拓以及投资、经营。

（1）《北京市“十一五”时期出版（版权）业发展规划》（2007 年）鼓励实施海外投资战略，扩展出版（版权）业的海外市场。积极扶持在海外投资经营的国有和民营出版、发行、印刷企业的发展，为它们开展业务活动提供帮助和支持。通过政府或国企投资、委托或者参股经营等多种方式，尝试在海外开办出版机构，以扩大中国出版（版权）业的国际影响。

（2）《北京市关于支持影视动画产业发展的实施办法（试行）》（2009 年）鼓励北京原创影视动画片出口海外市场，影视动画片海外播出版权收入超过 300 万美元的，给予一次性奖励人民币 50 万～100 万元。

（3）《北京市关于支持网络游戏产业发展的实施办法（试行）》（2009 年）鼓励网络游戏企业开发海外市场，自主知识产权网络游戏服务出口海外销售额当年累计达到 800 万美元及以上的，给予一次性奖励 200 万元。

综上所述，北京对于进行海外投资经营的文化企业的支持性政策越来越多，政策体系越来越完善。但是，大部分政策都是支持文化出口和文化贸易方面的政策，缺乏专门针对在海外投资经营的文化企业的相关支持性政策。

4. 融资渠道。

（1）财政补助。当前文化企业融资政策环境不完善，海外投资经营的文化企业依靠自身的力量融资很困难，因此离不开政府的财政补助。财政补助主要是指国家对文化企业、文化项目的补贴和奖励，北京的金融、税收政策优惠以及奖励是当前海外投资经营的文化企业的一个重要的融资渠道。例如，北京海外投资经营的很多文化企业都能享受到文化创意产业发展专项资金和文化创新发展专项资金的资助。

（2）银行信贷。银行信贷是北京海外投资经营的文化企业融资的另一种方式，但是利息较高，抵押担保体系不健全，海外投资经营的大多数文化企业获得的银行贷款并不多，有的企业例如俏佳人甚至只获得过一次银行贷款。

（3）招商融资。招商融资分国内融资和国外融资两部分。在中国的招商，主要是项目融资和广告融资，帮助走出去的企业打品牌以及建设营销渠道，主要靠收取冠名费和协助建设营销渠道融资。在国外的融资主要是依靠广告融资。

（4）上市融资。北京海外投资经营的文化企业进行上市融资的所占比重较小，大多为实力雄厚的大型互联网、传媒以及旅游娱乐公司等。随着政策环境的逐渐完善以及文化企业实力的增强，近年来上市融资的企业数量在逐年增加。

整体来看，海外投资的文化企业普遍适用的融资渠道较少，至今很多文化企业的资金投入主要依靠企业的自有资金，通常是一个项目盈利了继续投资建设下一个项目。

北京的文化企业是我国文化“走出去”的重要主体，是文化企业海外投资经营的主力军。2017～2018 年，我国文化出口重点企业共 295 家，其中北京市的文化出口重点企业有 37 家，约占全国的13%。加上位于北京的28 家中央文化出口重点企业，北京地区文化企业数量超过全国的 1/5。2017～2018 年，我国文化出口重点项目共 108 项，其中北京市的文化出口重点项目有 18 项，位于北京市的中央文化企业项目有 16 项，总体约占全国的 31.5%。[①] 北京文化出口重点企业和文化出口重点项目拥有量均为全国第一。根据北京市商务局对北京文化贸易的出口构成统计，2016 年北京市核心文化产品出口额达6.2 亿美元，核心文化服务出口额为 13.2 亿美元，总额达 19.4 亿美元。[②] 2017 年，北京文化企业不断加快海外文化投资的步伐。

5. 对外文化投资

北京企业海外投资以海外并购和直接投资为主。

从投资规模上看，北京文化企业海外投资的规模不断扩大，特别是 2010 年以后，海外投资飞速增加。

从地域上看，北京文化企业海外投资的范围不断扩大，从最初在中国香港、台湾等地区投资到后来投资遍及美国、欧洲、韩国、印度、非洲等国家和地区。其中美国、韩国、欧洲等文化产业发达的地区是北京文化企业海外投资的主要地区。

从行业分布来看，北京市文化企业海外投资涉及网络游戏、广播电影电视、互联网、新闻出版、演艺、休闲娱乐等众多领

---

① 商务部：《2017～2018 年度国家文化出口重点企业和重点项目目录》。

② 北京市商务局文化贸易数据，http://sw.beijing.gov.cn/zt/bjfwmy/whmy/201802/P020180202590705860402.pdf。

域。整体上看，北京文化企业海外投资主要集中在电影电视、网络游戏、新闻出版等领域。

（1）广播电影电视服务。北京文化企业对广播电影电视的海外投资主要包括中外合资制作影视作品、在国外设立分公司或分电台、并购等。影视行业的海外投资，主要通过成立新公司或与国外电影公司合作共同投资制作影视产品。同时，对国际院线的布局也是影视“走出去”的重要内容。

（2）网络游戏产业。网络游戏是北京文化企业海外投资的一个重要领域。网络游戏的海外投资包括并购和直接投资。网络游戏的海外投资主要分布在美国、日本、韩国和欧洲。2017 年，智明星通、昆仑游戏、完美世界、猎豹移动等北京原创游戏研发企业的出口额为 116.09 亿元人民币，比上年增长 93%。在动漫游戏产业“一带一路”国际合作行动计划的推动下，北京动漫企业积极寻求在国际合作中不断壮大。

（3）新闻出版业。北京进行海外投资的新闻出版企业以国有企业为主。2013 年中国出版集团投资 1 亿元人民币成为英国科技出版集团的股东。中国图书进出口公司近年来在美国、英国、俄罗斯、日本等国投资建立分公司和办事处，在海外投资建立了 62 家实体书店。出版企业在“走出去”的实践中不断改进版权输出、海外分销网络与相关服务。

（4）演艺产业。演艺企业海外投资方面，2009 年天创国际演艺制作交流有限公司并购白宫剧院，建立起院线渠道。2013 年中国对外文化集团与美国国际管理艺术集团在纽约合资成立中美环球演艺股份有限公司，以便更有效地进行本土化运作，更好地实现 B2B 模式与 B2C 模式的双轮驱动发展。

（5）旅游业。北京旅游业海外投资开始较早。1998 年，中青旅收购香港中青旅，后在日本东京和加拿大温哥华设立子公司。中国旅游集团有限公司旅行服务事业群在全球 28 个国家和地区拥有分支机构 60 家，形成了立足国内、放眼全球的现代化经营网络。除了旅行社投资，酒店投资也是北京企业海外旅游投资的重要领域。2014 年北京首旅集团以品牌输出的方式投资白俄罗斯明斯克北京饭店。2015 年中国国旅收购柬埔寨暹粒酒店的酒店物业。

当前，北京的传媒类企业海外投资经营初具规模。在发展前期，企业主要进行渠道建设，包括设立外文台、电视联播网等媒体平台以及建设地面数字电视设备、移动多媒体设备等硬件设施；发展到更高阶段，企业进而开展品牌节目、品牌项目的制作以及文化贸易、海外投资等。出版行业的海外投资经营的主要业务包括向世界知名大学图书馆供给华文图书以及连锁书店的运营等。演艺行业海外投资经营业务主要涉及优秀剧目的国外巡演以及开发拥有自主产权的演艺产品等。动漫游戏行业的海外投资围绕互联网产品的研究、生产和贸易以及游戏软件的开发和销售，还包括信息技术服务、咨询服务等。旅游行业海外投资主要以设立海外分公司为主，经营海外酒店、餐饮、景区经营管理等业务。

（二）上海

党的十六大把发展文化事业和文化产业提高到增强我国综合国力的高度来认识，我国政府在“十一五”规划纲要中提出要积极发展文化事业和文化产业，创造更多更好适应人民群众需求的优秀文化产品。这是一项具有战略意义的重要举措。

上海市根据商务部 2014 年发布的《海外投资管理办法》，对于上海企业海外投资做出了相关的明确规定，商务主管部门对企业海外投资实行备案和核准相结合的管理方式。涉及敏感国家和地区、敏感行业的海外投资实行核准管理，除此以外实行备案管理。

同时，上海“十三五”发展的大目标明确，按照党中央、国务院已经明确的目标，到 2020 年基本建成国际经济、金融、贸易、航运中心和社会主义现代化国际大都市，与此同时，实现科创中心建设的第一阶段目标。上海各项工作都要按照中央“四个全面”的战略布局，始终把自身发展放在国家发展的大局中去思考和谋划。

“一带一路”倡议作为我国向全球市场纵深发展的大政方针，必将促进各行业和各领域出台与实施相关配套政策。这为发展壮大文化产业提供了强有力的支撑，也为上海有效开拓海外文化市场提供了重大机遇。上海自贸区文化市场随着自贸试验区的建设和相关政策逐条细化落实而有序开放。

2015 年 12 月，“证照分离”政策试点率先在上海浦东新区实行，此次试点共涉及影视、广告、旅游、出版等 32 个文化领域，政府通过进一步完善市场准入，深入推进简政放权工作，使得企业办证更加快捷高效。随着“一带一路”倡议的深入实施，上海市进一步优化了文化服务企业的发展环境。面对当前世界文化贸易格局的挑战，上海市政府进一步健全对外文化贸易体系，持续加强资金扶持力度。

以浦东新区为例，2015 年中国国际数码互动娱乐展览会、上海简单生活节等 27 个文创项目获得了新区的配套扶持，文化创意产业推进领导小组办公室为 48 个项目提供了 6 185 万元的资金支持。2016 年，上海共有 15 个文化交流合作项目获得各项财政扶持资金共计 2 769 万元，直接带动了 2. 6 亿元社会资金投入。在文化创意产业方面，被列入政府财政扶持范围的共有 330 个平台项目以及 15 个课题项目，文化创意企业的潜力得到了充分释放。①

作为我国经济、交通、科技、工业、金融、会展的核心城市，上海成功举办了 2010 年世界博览会、中国上海国际艺术节、

① 赵阳、徐德云：《“一带一路”战略下上海对外文化市场有效开拓的贸易路径》，载《重庆科技学院学报（社会科学版）》2017 年第 5 期。

上海国际电影节等大型国际文化相关活动，拥有上海国际电视节、上海国际电影节、上海国际艺术节、上海国际旅游节、上海之春国际音乐节等诸多品牌节庆活动。上海国际电视节是中国创办最早的国际电视节，上海国际电影节是国际九大 A 类电影节之一，频繁的文化活动造就文化活动聚集地，中国（上海）网络视听产业基地、国家数字出版基地、国家绿色创意印刷示范园区、国家音乐产业基地等均诞生于此。国家对外文化贸易基地（上海）的建立更为文化企业“走出去”提供了平台，截止到 2017 年底，基地累计聚集了 500 多家企业入驻，贸易规模突破 350 亿元。2017 年，上海文化贸易产品出口额达到 21.77 亿美元，文化服务出口额为 26.29 亿美元。①

表 10－1 列举了 2004～2017 年部分上海文化企业并购和直接投资事件。

表 10－1　2004～2017 年上海文化企业部分并购和直接投资事件

文化企业	收购/投资目标	区位	时间	并购金额	说明
盛大	Zona	美国	2004 年 1 月		进军国际游戏市场，增强研发能力
	Actoz	韩国	2004 年 11 月	9 170 万美元	取得《传奇 2》运营权和 Actoz 公司控股权
	Mochi Media	美国	2010 年 1 月	6 000 万美元现金，2 000 万美元盛大股票	整合国际游戏平台
	Eyedentity Games	韩国	2010 年 9 月	9 500 万美元	拓展游戏业务，增强研发能力
九城	Red 5 Studios	美国	2010 年	2 000 万美元	

① 《2017 年上海对外文化贸易发展报告》，http://www.360doc.com/content/18/0607/18/45841291_760481198.shtml。

续表

文化企业	收购/投资目标	区位	时间	并购金额	说明
久游	五星娱乐	日本	2006 年		
	韩国办事处	韩国	2006 年		强化国际化发展战略
游族网络	游戏公司 Bigpoint	欧洲	2016 年	5.8 亿元	布局海外发行
东方明珠联合上海文化广播影视集团(SMG)	VR 公司 Jaunt	美国	2016 年	战略入股	拓展 VR 相关业务
上海文化广播影视集团(SMG)	成立美国运营中心	美国	2017 年		巩固北美新闻业务，拓展新媒体领域
上海新文化传媒集团	MM2 Entertainment	新加坡	2017 年	合拍项目签约	规模化、精品化、市场化
沪江网、外语教研社、新东方	共同成立英创出版公司	英国	2017 年		聚焦海外教育版权
起点国际	网文平台 Gravity Tales	美国	2017 年	项目合作	正版化、精品化发展

从地域上看，上海早期文化企业并购的公司主要集中在日本、韩国和美国三个国家，且韩国的并购金额较大，集中在游戏领域。随着文化投资的深入，上海的文化“走出去”进入欧洲、亚洲其他国家及大洋洲等，分布在多个国家和地区。从行业分布上看，上海的文化投资集中在游戏业、新闻出版业、表演艺术、创意设计、文化装备类等。

（三）广东

改革开放以来，广东以解放思想、改革开放、大胆创新等文化精神，推动经济可持续发展，经济发展处于全国领先地位。2010

年7月，广东制定《广东省建设文化强省规划纲要（2011～2020）》，明确要把握大势，与时俱进，肩负起建设文化强省的历史使命，正式提出建设广东文化强省。广东文化企业海外投资环境不断完善，得到了国家和省级政府的大力支持。为了推动广东省文化企业健康发展，广东省积极出台了和中央政府一致的政策性文件，如《广东省文化厅关于认真做好征集文化产业重点项目工作的通知》《广东省商务厅关于做好2014年度文化服务出口申报国家奖励资金工作的通知》，广东省文化厅发布的《2015年第一季度广东省游戏游艺机市场拟准入机型机种新产品目录》，广东省文化厅、广东省旅游局、中国人民银行广州分行印发的《关于促进文化旅游融合发展的实施意见》，广东省文化厅、广东省旅游局发布的《广东省文化旅游融合发展示范区创建办法（试行）》等。

在服务和资金支持上广东省也进行了配套方案的实施。广东文化厅开通了公众服务网，提供文化资讯服务与文化特色服务，为文化传播又提供了一条通道。特色服务针对的是中国的传统文化和广东特色的民族地方文化，这就促进了多元文化的融合与发展。与此同时，广东文化厅开通了热点导航，为文化企业走出去提供咨询服务。在资金支持上，2014年支出预算47 637.19万元，其中预算拨款支出35 253.26万元。2014年预算拨款支出预算按用途划分，基本支出预算24 743.96万元，占70.19%，其中工资福利支出11 764.91万元，商品和服务支出2 043.44万元，对个人和家庭的补助10 874.81万元，其他资本性支出等60.8万元；项目支出预算10 509.3万元，占29.81%，主要支出项目有文化市场监管、广东省群众艺术花会、美术作品征集、“三馆”免费开放补助、图书馆购书、文物维护征集、校园修缮改造、艺术院团艺术生产、设备购置等。

广东省作为我国外贸发展大省，初步形成了完备的文化贸易体系，文化贸易国际竞争力不断提升。广东省具有卓越的区位优势，自 2004 年以来每年 5 月举行的深圳文博会是我国唯一一个国家级、国际化、综合性的文化产业博览交易会，已成为全国最具影响力的文化产业及产品交流和交易的盛会。从 2010 年起，“中国（广州）优秀舞台艺术演出交易会”将舞台艺术推到市场前沿交易，为我国演艺“走出去”摸索道路。2018 年，我国对外文化贸易增长强劲，结构优化态势加快向好。其中广东在文化贸易方面表现卓越，位列全国文化产品出口第一位、文化服务出口第二位。[①] 广东文化产业对整体经济发展的支撑作用明显增强。

从行业分布来看，广东省文化企业海外投资涉及网络游戏、广播电影电视、互联网、新闻出版、演艺等众多领域。整体上看，广东文化企业海外投资主要集中在网络游戏、互联网、广播影视和新闻出版几大领域。

第一，网络游戏行业。广东省网络游戏产业不断尝试将手游产品向海外推广，进行国际市场拓展。2014 年，以广州、深圳为中心的 TFC 全球移动游戏开发者大会暨游戏交易会促进了广东省网络游戏产业成为新的经济增长点，如中国手游、广州银汉、谷得游戏、金环天朗信息技术服务有限公司、墨麟集团等企业快速成长，不断繁荣广东文化市场。

第二，互联网行业。广东省互联网发展在全国处于领先地位，腾讯、网易等企业都在广东发展壮大，不断开拓“走出去”的道路。

第三，广播影视与新闻出版行业。广东省传媒行业的发展居于全国前列，传媒企业的出口得到长足发展，许多传媒企业积极实行“走出去”战略，构成了广东省文化“走出去”的重要部分。

---

① 《文化贸易蓝皮书：中国国际文化贸易发展报告（2018）》，http://app.myzaker.com/news/article.php? pk = 5c20aed077ac6477657b908f。

（四）江苏

江苏处于“一带一路”倡议的交汇点，企业的发展迎来了新的历史机遇。2013 年，江苏省出台了《江苏省省级现代服务业（文化产业）发展专项引导资金使用管理办法》，对引导资金的使用方向做了如下规定：

一是支持文化与科技融合程度较高的创意设计、新兴媒体、影视动漫、数字出版、网络游戏等新兴文化产业发展；二是支持出版发行、印刷复制、广播影视、演艺娱乐、文化旅游、工艺美术、广告会展、版权贸易和服务等文化产业发展；三是支持国家级、省级文化产业园区和文化产业示范基地建设，重点发展文化与科技融合的创意产业园区，积极发展地方特色文化产业园区；四是支持代表江苏文化水准并可产业化运作、在全国有重大影响、社会效益与经济效益俱佳的文化艺术、电影、电视剧、广播剧、动漫、影视节目（栏目）、出版项目等内容生产和品牌打造，进一步支持舞台艺术精品生产及市场推广（资金管理办法另行制定）；五是支持骨干文化企业“走出去”及具有自主知识产权的文化产品和服务出口等。

2014 年，江苏省人民政府颁布《省政府关于进一步促进资本市场健康发展的实施意见》《省政府关于加快全省经济技术开发区转型升级创新发展的若干意见》《省政府关于加快发展对外文化贸易的实施意见》《省政府关于加快提升文化创意和设计服务产业发展水平的意见》。这些政策都在文化产业发展和对外开放的大框架下，对文化企业的发展和对外投资领域提供了政策支持和保障。

2015 年，江苏省出台《关于抢抓“一带一路”建设机遇，进一步做好海外投资工作的意见》，为江苏企业下一阶段的“走出去”提供了政策保障。

2017 ~ 2018 年，江苏有 7 项国家文化出口重点项目、24 个国家文化出口重点企业上榜，企业数量仅次于北京和上海。根据商务部公布的 2017 年我国对外文化贸易情况，江苏位列我国文化产品出口第三位。

2017 年，江苏省文化、体育和娱乐业对外直接投资项目为 9 个，协议投资超过 2 965 万美元。其中，新闻出版业项目 1 个，金额为 120 万美元；广播、电影、电视和音像业项目 5 个，金额合计 2 345 万美元；文化艺术项目 1 个，金额为 500 万美元。[①]

从海外投资的行业布局来看，江苏海外文化投资的企业多属于广播电影电视行业、出版媒体行业和网络游戏行业。

在海外投资方面，苏宁环球传媒在 2015 年 6 月与韩国株式会社 REDROVER 签订了股份转让协议，以 2.6 亿元人民币收购该公司 20.17% 股份。此次并购完成后，苏宁环球传媒将成为韩国顶尖动漫公司也是韩国动漫产业唯一一家上市公司 Redrover 的最大股东。

江苏凤凰出版传媒集团有限公司也逐渐加大海外布局的步伐。凤凰传媒是全国最具影响力和规模最大的出版发行公司之一，旗下全资子公司 147 家、控股子公司 48 家、参股公司 27 家。在海外投资方面，凤凰传媒集团早在 2012 年 4 月就成立了第一个海外子公司——凤凰传媒国际伦敦（有限）公司，并于同年 8 月在英国艾塞克斯郡启动中国首个海外数码印刷基地。2013 年 4 月，凤凰出版传媒集团旗下香都出版公司在伦敦国际书展开幕日揭牌。该公司当日与英国著名的 Scala 出版社进行业务签约，联合出版 50 卷大型系列丛书《从博物馆看中国文化》，标志着凤凰出版传媒集团正式进军英国出版业。2013 年 10 月，江苏凤凰出版传媒集团在澳大利亚设立的子公司——凤凰传媒国际（澳大利亚）有限公司正式揭牌。2014 年 5 月，凤凰传媒全

① 江苏省统计局：《江苏统计年鉴 2018》，http://tj.jiangsu.gov.cn/col/col70123/index.html。

资子公司江苏凤凰教育出版社有限公司以 8 000 万美元收购 Publications International，LTD. 、JRS Distribution CO. 及其某些关联方拥有的全部儿童图书业务资产，及其经营童书业务的相关关联方的 100% 的股权和权益，并在 2014 年底成功完成此次海外收购。2015 年，凤凰传媒集团联合中江集团建设的中非（纳米比亚）印务基地在纳米比亚首都温得和克揭牌成立，同时落户基地的还有“符号江苏国际（纳米比亚）文化交流中心”“凤凰千年兰印务有限公司”。中非（纳米比亚）印务基地是凤凰出版传媒集团印刷板块继在英国、澳大利亚成功布局产业的基础上打造的又一家集工业印刷、数码印刷、数字印前制作、文化贸易、技术培训等为一体的国际化运作中心，计划总投资 5 000 万元，分两期进行建设。基地由凤凰新华印务公司负责运营。

在网络游戏领域，苏州蜗牛数字科技股份有限公司作为国家文化出口重点企业，于 2009 年 9 月在美国洛杉矶建立全资子公司“美国蜗牛”，成立时的投资总额为 13 万美元。美国蜗牛经营范围为软件的开发、发行、销售和代理等，其业务主要为在北美等地区运营《九阴真经》《黑金》《帝国文明》《航海世纪》等发行人自主研发的游戏。美国蜗牛成立后，蜗牛数字共 7 次向美国蜗牛增加投资额度。除美国外，蜗牛数字于 2010 年 1 月在俄罗斯建立全资子公司，经营范围为软件的开发、发行、销售和代理、建立营销网络、承接服务外包等，其业务主要为在俄罗斯等地区运营《九阴真经》《帝国文明》等游戏。俄罗斯蜗牛成立后，蜗牛数字共 4 次向俄罗斯蜗牛增加投资额度。

五、理论探索

对外文化投资的理论研究相较文化交流与文化贸易起步较晚，相关书籍著作较少。

2013 年，对外经贸大学吴承忠获批我国第一个对外文化投资的国家社科基金项目，国家社科管理学一般项目“促进我国文化企业海外投资经营的政策措施研究”，建立了研究团队，发表了系列研究成果，获得了良好的学术和社会声誉。如 2015 年在北大文化产业研究院主办的《中国文化企业年度报告》发表《我国演艺企业海外投资经营报告研究》，于权威期刊《南京社会科学》发表《中国广播影视行业对外投资区位选择与影响因素研究》，《关于建立中国文化企业海外投资专项基金的建议》《关于对中国海外文化投资经营的对策建议》分别被中国社会科学院《要报》和《经济日报》内参刊用，有关对策建议也被文化部外联局采纳。

2015 年，汪婉盈、王雨喆在《文化产业对外投资环境评估体系研究》一文中，利用多因素环境分析法、德尔菲法、误差分析法等进行文化产业对外投资环境评估体系的研究，探索建立一个较为完善的评估体系，并且结合万达收购 AMC 的案例对经过完善的投资环境评估体系进行运用。①

2017 年，李嘉珊、宋瑞雪在《“一带一路”倡议背景下中国对外文化投资的机遇与挑战》中指出了我国对外文化投资现状及特点：我国对外文化投资增长迅速；“一带一路”沿线成新亮点。在“一带一路”背景下，应从战略高度重视我国对外文化投资发展，抓住有利发展机遇，积极破除体制机制阻碍，提升企业主体的国际化水平，为对外文化投资做好人才储备，从而保障我国对外文化投资的健康快速发展。② 同年，张华峰在《浅析中国出版业对外直接投资的文化风险》中，从文化传播视角分析了我国出版业对外直接投资，认为这不仅是一种跨地域的经营活

① 汪婉盈、王雨喆：《文化产业对外投资环境评估体系研究》，载《合作经济与科技》2016 年第 8 期，第 99～102 页。

② 李嘉珊，宋瑞雪：《“一带一路”倡议背景下中国对外文化投资的机遇与挑战》，载《国际贸易》2017 年第 2 期，第 53～57 页。

动，也是一种在不同的文化间进行传播的行为。我国出版业对外直接投资时面临一定的文化风险，也直接影响到我国出版业对外直接投资的总体目标和最终成果。[①]

① 张华峰：《浅析中国出版业对外直接投资的文化风险》，载《内蒙古科技与经济》2017 年第 11 期，第 20 ~ 23 页。

第十一章

中国对外文化交流与经贸发展的成就与经验

一、对外文化交流

（一）成就与问题

新中国成立以来，我国文化交流取得了突出成就，突出表现为交流次数增加，交流领域扩大，交流国家逐步增多。随着我国政治、经济地位的显著提升，中国文化的国际认可度和接受度也在逐步提升，并在国际文化舞台上不断掀起"中国文化热"，文化交流的主动性提升，文化交流的主体呈现多样化，但政府仍在文化交流活动中扮演着重要角色。

1. 文化交流国家在曲折发展中增多。

从新中国成立初期到改革开放，跌宕起伏的 30 年间，党和政府面临着非常复杂的国际环境。这一时期，中国致力于和友好国家建立外交关系，在世界舞台上树立良好的国家形象，让世界人民更好地认识中国。因此，这一阶段的对外文化交流多以政府主导，紧密围绕着外交政策和活动而展开。

1949～1966 年是新中国对外文化交流的开创时期。新中国成立初期，外界对中国的印象是陌生的、单薄的。因此，国家领导人十分重视通过对外交流工作打开外交新局面，文化交流活动多由政府主导，紧密围绕外交宗旨和目的展开，并与包括罗马尼亚、日本在内的诸多国家建立了良好的文化交流关系。中国通过多种形式和苏联等社会主义国家及一些发展中国家如缅甸、蒙古国、巴基斯坦、印度尼西亚等进行类型丰富的对外文化交往。这一时期的对外文化交流为树立中国良好形象、扩大新中国的影响发挥了不可替代的作用。

1967～1977 年，长达 10 年之久的“文化大革命”对中国对外文化交流事业造成了严重的干扰和破坏，我国对外文化交流事业在曲折中缓慢发展。这一阶段国内的文艺事业也受到了严重摧残。此外，由于中苏关系恶化，对外交流的国家也主要集中于一些亚非国家，与西方资本主义国家几乎处于隔绝状态。

在苏联解体、东欧剧变的情况下，1989 年中国发生了一场“政治风波”，风波之后，西方主要国家几乎同时对中国采取了制裁措施。中国政府通过“一个立场，三条战线”的斗争，打破了西方制裁，推动中外文化交流继续进行。

世纪之交，我国与世界各国的文化交流也在经历了一步一步的探索之后开始向更全面更深入的方向发展，不仅在之前的交往中积累了与许多国家之间的友谊基础，同时中国迅速发展的经济和逐渐提升的国际地位也使越来越多的人对中国文化产生了兴趣。随着与其他国家之间的交往越来越多，相互之间的了解也慢慢加深，有越来越多的国家与我国建立了亲密的合作关系。与此同时，在以往的文化交流中作为主要内容的传统文化也不再是主角，腾飞的经济给中国文化注入了很多新鲜血液，现代文化与传统文化相辅相成，共同向世界展现出 21 世纪日新月异的中国，对外文化交流作为我国与世界沟通的重要方式，也开始进入繁荣发展阶段。

这一时期可以划分为两个阶段。第一个阶段是 1996～1999

年，是中国对外文化交流复兴之后的探索阶段，这一时期有两个主要特点：一是当时我国与以日韩为首的亚太周边国家有着更频繁、更民间的文化交流；二是文化交流的内容主要以传统文化为主，如陶艺、戏剧等。这一时期的文化交流形式相对单一，主要有展览、演出、学术会议以及国际比赛四种，对交流形式缺乏灵活处理。第二个阶段是 1999 ~ 2003 年，这一阶段经济政治环境友好，我国的对外文化交流形成了一定的规模，开始走向繁荣。这一时期的我国在世界各地广泛建立了友谊，因此文化交流的对象也不再是以周边国家为主，同时文化交流的内容也随着社会的进步不再以传统文化为主，而是更加全面丰富。

截至 2017 年，我国已与 157 个国家签署了文化合作协定，累计签署的文化交流执行计划达 700 余个。[①] 我国与许多国家合作开展文化年活动，在全球各大城市举办文艺表演、民俗展示、讲演会等，扩大中华文化的影响力，吸引更多外国人走近中华文化。

2. 文化交流次数增加、形式创新、领域扩展。

改革开放以来，中国的对外文化交流既有政府间的友好往来，也有民间的交流；既有由主管对外文化交流部门举办的交流项目，也有友好城市之间的交流计划；既有一般的友好互访，也有各种专业性的考察，文化交流的数量迅速增加，文化传播与交流的积极性、主动性获得极大提升。

1986 年 7 月，全国性的民间文化交流组织——中国对外文化交流协会成立。此外，中国人民对外友好协会、中国国际文化交流中心、中国国际友谊促进会、中国文联、中国作协等每年都安排许多民间文化交流项目，开展形式多样、规模不等的交流活动。民间交往成为中国对外文化交流工作的重要组成部分。从

① 谢金英：《中国已与 157 个国家签署文化合作协定・以交流合作促民心相通》，中国一带一路网，https://www.yidaiyilu.gov.cn/xwzx/roll/30214.htm。

1986 年起，中国对外演出公司通过民间渠道派出的艺术团组占派出总数的 80% 以上。

1980 ~ 1991 年，中国和外国签订的文化交流执行计划达 253 个。1966 年以前，中国派出和接待的各种文化团体平均每年约一二百起、五六百人次。而改革开放初期的十年间，仅文化部办理的文化交流项目就达 7 500 起、6 万余人次。对外文化交流从 1979 年的 194 起、3 035 人次迅速发展到 1986 年的 1 075 起、9 499人次，分别是“文革”之前年平均数的 16 倍和 40 多倍。这一时期，除了过去派出的歌舞、杂技、民族音乐以及京剧、越剧等少数品种外，增加了地方色彩浓郁、富有生活气息的黄梅戏、藏剧、新疆木卡姆、相声和川江号子等，在国外演出也受到了各国人民的重视和好评，中国优秀的杂技、歌舞、京剧、地方戏曲和交响乐在许多国家和地区演出时都引起轰动，出现“杂技热”“京剧热”“地方戏曲热”等。这个阶段，我国在国外举办的艺术展览超过 500 起，文物展览 100 余起。随着中国对外文化交流工作的迅速发展，中国的文化艺术在国外的声誉不断提高，受到国外观众和各国艺术同行的好评和赞许，邀请中国各类艺术家参加国际艺术比赛的越来越多。继 1982 年在北京举办“亚洲地区保护与发展民间和传统舞蹈讨论会”后，中国参与和举办的多边文化活动逐年增加。1988 年 7 月和 9 月，新中国首批驻外中国文化中心分别在非洲的毛里求斯和贝宁建成并对外开放，成为中国文化最为权威的海外传播阵地。

1992 年，在改革开放大潮的推动下，我国对外文化交流进一步拓宽了渠道，采取多样化的形式，继续保持着蓬勃发展的良好势头。仅 1992 年一年，经文化部审批办理的交流项目就达 1 200起，比 1991 年增加了近 500 起。同年，派出政府文化代表团 11 起，艺术表演团组 318 起，艺术展览 78 起，文物展览 20 起，文化界人士 222 人。在艺术教育、出版、文博、图书、文学，宗教、电影和文化管理等领域和外国同行开展了广泛的交流与合作。总之，这一时期的对外文化交流伴随着我国经济的快速发展呈现出了波澜壮阔的发展盛景。

随着我国对外文化交流的不断发展，地方的对外文化交流所占比重越来越大。具有代表性的有广东省和山西省。据不完全统计，山西省 1997 年共派出演展团组 25 起，出访人员达 816 人次，出访团组和人员的数量均达到了新高。这些活动不仅取得了良好的社会效益，也给山西省带来了经济效益和影响力。广东省由于地理位置优越，对外文化交流水平也在全国处于领先水平，1999 年广东省开展双向对外交流项目共 836 起、10 601 人次，涉及 42 个国家和地区，其中出访进行不同形式的艺术交流活动 449 起、6 362 人次，来访 387 起、4 239 人次，其规模居全国之首。

随着文化交流的发展，交流内容不断拓展，交流形式不断创新。在交流的形式手段上，文化交流活动向艺术演出、文物展览或图片展览、学术会议、国际比赛等不断拓展。在 1999 年山东省孔子文化代表团赴意大利的访问交流活动中，既包括宣传孔子文化的图片展览，也包含了中国杂技、舞龙舞狮、中国武术的表演，还召开了“东西方文化比较学术会议”和“迎接新的百年学术发展研讨会”，共有展览、演出和学术会议三种形式，作为在意举办的首次以“孔子文化”为主题的文化交流活动，在中意双方的共同努力下取得了很大的成功，引起了强烈的社会反响。这些形式较为传统的文化交流活动为我国的对外文化交流工作贡献了诸多的成就和发展经验，为我国后来文化交流的发展奠定了坚实的基础，是对外文化交流在我国发展壮大历程中重要的探索与尝试。到后来经过不断探索，发展出了一些将几种形式结合起来的综合型的、大规模的交流活动，也出现了如鸡尾酒会、夏令营、教育交流等新形式，这些在探索过程中逐步产生的新形式赋予了我国 21 世纪对外文化交流勃勃生机，也符合文化交流发展的需要。在内容创新上，一方面，中国传统文化让世界人民产生了浓厚的兴趣，在世界范围内广泛传播，在传播过程中为适应当地民情民风，也为了适应时代旋律，做出了一些创新性的调整，赋予我国传统文化一个崭新的面貌。另一方面，随着我国社会不断向前发展，我国在文化和经济建设上也取得了辉煌的成就，一些代表中国现代新文化的交流活动不断涌现。同时，为了让世界了解和认识这些成就，认识新时代腾飞的中国，我国的对外文化交流越来越注重协调和结合中国传统文化和现代文化，注重文化展现的立体感，在此基础上做出了很多创造性的工作。

自 2004 年以来，随着我国国际地位不断上升，我们逐渐认识到加强国家文化软实力的重要性，各种各样的文化活动涌现于政府或是民间，真正做到了引进来与走出去相结合。在这一时期，政策为基、经济护航、思想引领，三大发展动力共同发力，推动我国文化交流取得了重大进步。值得一提的是，对外文化交流的新形式——孔子学院、中国文化中心在世界各地的成立更是为我国文化走出去提供了渠道。当然，我国对外文化交流发展过程中也面临着一些问题，比如对外文化交流如何能更有成效，如何更好地促进我国对外文化贸易的发展等。这些问题需要我们进一步去思考。

（二）我国对外文化交流取得的经验

回顾新中国对外文化交流的历程，从早期与苏联、亚非拉等国家和地区的密切交往，到后来逐渐与西欧、日本等资本主义国家和地区交流接触；从派遣留学生到参加国际比赛、演艺代表团互访；从单薄的演艺类型到芭蕾、合唱、电影等丰富多样的文艺领域；从开放到曲折再到开放，中国对外文化交流范围愈加广泛，程度不断加深。早期的对外文化交流，是中国向世界递出的名片，向世界人民展示新中国的面貌，当代中国对外进行文化交流时也可以借鉴。

对外文化交流首先要有民主和法制的国内环境。邓小平对民主与法治的方略，是在世界民主化、法治化的潮流下，在中国革命与建设的实践中形成的，并成为我国社会主义法制建设的指南。“社会主义要赢得与资本主义相比较的优势，就必须大胆吸收和借鉴人类社会创造的一切文明成果，吸收和借鉴当今世界各国包括资本主义发达国家的一切反映现代社会生产规律的先进经营方式、管理方法。”① 民主和法制化的政治体制，不仅具有重大的理论意义，还对我国建设社会主义文化的实践具有重大现实意义，为我国对外文化交流打开了新局面。民主法制改革立足于开放性和国情性的统一，促进了我国对外文化交流事业的发展。

党和国家领导人必须重视对外文化交流。新中国成立初期，面对艰难的处境，对外文化交流成为为数不多的出路之一，也正是通过和不同国家之间广泛的文化交流，才突破了困境，使得世界人民了解了中国，中国逐渐取得了世界人民的认可，从而逐渐活跃起来。文化交流是国家之间建立联系和增进友谊的一架广阔的桥梁。同时，对外文化交流也是一个汲取他人优秀文化丰富自身的过程。因此，党和国家领导人应该重视对外文化交流的作用，打造自身走向世界的优秀名片。

民间文化交流是对外文化交流的重要组成部分。文化交流是人与人之间交流的纽带，也是国家与国家之间、民族与民族之间交流的基础，交流才有沟通，沟通才能理解。民间文化交流根据对外文化交流主体不同分为两种形式。第一种以非政府文化组织为民间对外文化交流主体。在我国，非政府组织的意义比较宽泛，泛指“除政府、企业之外的人民团体、社团组织、行业协会、基金会以及其他各种非营利性民间机构”。第二种以社会知名人士和普通群众为民间对外文化传播主体。在改革开放初期，我国涌现出很多在各自的领域内取得了卓越成就的社会团体，他们在对外文化传播中同样做出了杰出的贡献。例如在改革开放初期，各种地方戏曲剧团纷纷应邀出访，以各自特有的风格和技

① 《邓小平文选》第三卷，人民出版社 1993 年版，第 373 页。

艺，赢得了海外观众的热烈欢迎。艺术无国界，民间文化交流拉近了情感的距离，实现润物细无声的效果。

文化交流必须在平等互利的基础上良好互动。文化是民族的，也是世界的。任何民族的文化都有其自身的渊源和独特性。在对外文化交流中，我们应该尊重对方的文化特性，学习和借鉴他们的优秀文化和宝贵经验，拓宽文化视野；更应该尊重和守护自己的民族文化，牢记文化是根，学习和借鉴对方文化的根本目的是为了丰富和创新自身文化，不能一味地自我贬低。周恩来总理等新中国领导人一直牢记这一点，对文艺代表团和演艺团体多次做出指示，要求学习借鉴他国的优秀文化，并最终落实在丰富民族自身的文化上。只有在平等互利基础上的文化交流，才是健康的、良好的文化交流。

对外文化交流过程中应重视民众的力量。文化无形地熏陶着人的一生，民众是国家文化的缩影与体现。在国家把控对外文化交流事业大局的情况下，更应该注重个人在对外文化交流中的作用。早期对外文化事业的成功离不开党和国家领导人的推动，更离不开当时优秀的艺术家。梅兰芳、老舍、冼星海、杜近芳……这些优秀艺术家是受中国优秀文化熏陶的杰出代表，也是新中国对外文化交往的主力军。在任何一个时期，国家都应该重视民众文化素养和精神信仰的培养，重视民众对传统文化的理解与学习；需要保持开放的心态和创新意识，保证民众与国外朋友交流的渠道通畅，力争使每一个民众都成为对外文化交流事业的一部分。

对外文化交流是一个长期的、整体的事业。对外文化交流是长期的，它随着国家关系的发展阶段和发展历程而变化。是一个长期的而不是突进的过程。对外文化交流是整体的，它需要传承优秀文化的国民，需要以国内文化水平和文化事业的发展为基础，在这一过程中体现国家形象。因此，在重视对外文化交流的同时，党和国家领导人更不能忽视国内文艺人才的培养、文化事业的发展和文化机构的完善。

回顾我国多年来的对外文化交流历程，对外文化交流的发展得益于以下因素：

一是官方与民间交流相结合。对外文化交流既不能单纯依靠政府的力量，也无法完全依靠民间的力量。官方力量与民间力量应结合起来相互补足，以民间交流带动文化对外交流的积极性，同时以政府力量指引前进方向。

二是以提高本国文化软实力为核心。对外文化交流的根基在于本国的优秀传统文化。我国一直以来致力于将优秀传统文化传播出去，文化软实力的增强是我国文化交流取得进步的根本因素。

三是文化政策的有效指引。系列文化政策的出台与文化项目的开展为文化交流的发展奠定了基石。

当前，和谐的社会关系提供了发展文化的最好环境，借助网络与科技手段，我们正努力形成开放友好的文化交流环境，推动中华文化走向世界，切实提升国家软实力，维护文化安全。传播好优秀的传统文化，将优秀传统文化中具有当代价值、世界意义的文化精髓提炼出来、展示出来，使中华文化所蕴含的自然人文精神，为当今世界人民提供智慧，为构筑和平稳定的世界秩序奠定文化基石，不仅是为了中国的国家利益，更是为了整个世界的利益。

二、对外文化贸易

（一）对外文化贸易发展的成就与问题

新中国成立初期，国家进行了频繁的对外文化交流活动，经济性质的对外文化贸易极少，文化产品在此阶段主要充当国家间交流的纽带。这主要是受到当时国际政治环境以及我国经济发展水平的影响。通过文化的"软交流"，向世界各国传达、释放新中国的信息与善意，从而营造良好的外部政治、经济、人文环境，为我国的基础工业建设创造发展条件。

改革开放后，我国文化贸易出现以下发展特点：总体来看文化贸易极少，文化产品贸易数量和种类在缓慢增多，部分传统文化开始以服务的形式进行贸易；对外文化贸易发展的条件逐渐完备（管理走向正规化、对外贸易环境逐渐得到改善、国际化程度不断加深）；文化贸易主要以"引进来"为主，"走出去"的文化贸易相对较少；以文化产品的代理制造加工再出口为主，本土原创性文化产品较少，但本土性原创产品和服务逐渐获得国际认可和接受。

经济的发展、相关国际性对外贸易活动的举办以及我国国际政治地位的提高，使得我国对外贸易在 20 世纪末快速发展。1978 年我国全年进出口贸易总额 355 亿元，其中出口 167.6 亿元，进口 187.4 亿元。到了 2000 年，我国进出口贸易总额增长到 42 183.6 亿元，增长了约 119 倍，出口增长到 22 024.4 亿元，增长了约 132 倍，进口增长到 20 159.2 亿元，增长了 109 倍。

对外文化贸易也随着我国对外贸易的发展而逐渐崭露头角，我国对外文化贸易萌芽出现并实现了初步缓慢发展。虽然自有统计数据以来，相关数据一直在逐年起伏变动，但对外文化贸易总体趋势呈上升状态。

20 世纪 90 年代初，国务院做出进一步开放沿边、沿江和内陆地区部分城市的决策，就是要在 80 年代已形成的沿海开放基础上，将对外开放由南向北、由东向西推进，在更大的范围和更深的层次上前进一步，使广大内陆地区为我国经济发展发挥更大的作用，加强内陆地区、城市与国际市场的联系，使我国对外文化贸易的发展有了更加坚实的基础。

2001 年，我国在经历了艰苦的谈判与多方努力后，成功成为世界贸易组织的一员，开启了我国对外贸易发展的新阶段。加入世贸组织后，我国和世界各国广泛建立了贸易关系，国际市场真正向我国全部开放，我国的对外贸易在更加广阔的市场上进行，这是我国对外贸易发展的里程碑。在此阶段，我国对外文化贸易总体存在以下特点：一是对外文化贸易市场不断扩大，贸易伙伴增多。我国利用多样化的国家合作平台如上海合作组织、东盟等与世界各国开展文化贸易与交往。二是对外文化贸易更容易受国际重大事件影响，出现短期波动。一些重大事件如美国“9·11”恐怖袭击以及亚洲金融危机，对我国短期内的文化贸易造成了巨大影响。三是文化贸易显示出强大生命力和经济推动力，发展势头向好。四是国家逐渐出台相关政策，开始推动文化贸易的进行。《电影管理条例》等文件的出台对于文化产业其他领域的立法起到了很好的借鉴与推动作用。五是本土性原创产品增多，传统文化成为贸易卖点。

2005 年初，《关于促进商业演出展览文化产品出口的通知》正式实施，我国文化贸易进入了一个崭新的发展时期。在这一时期，国家密集出台了一部分文化贸易的相关政策，如《国务院关于非公有资本进入文化产业的若干决定》《关于进一步加强和改进文化产品和服务出口工作的意见》《关于推动我国动漫产业发展的若干意见》《关于鼓励和支持文化产品和服务出口的若干政策》等，有力推动了我国的文化贸易活动。

文化贸易平台建设持续推进。在政策支持、平台建设等多种力量的共同推动下，2011 年，我国出口文化产品 187 亿美元，比上年增长 22.2%。从地区上看，广东领先优势明显，福建出口增速显著。广东出口文化产品 73.5 亿美元，增长 0.4%，占同期我国文化产品出口的 39.3%，仍为我国文化产品出口量最大的省份。同期，福建和浙江分别出口 20.3 亿美元和 19 亿美元，分别增长 54.5% 和 12.2%，分列第二、三位。私营企业文化产品出口增长快也成为一大亮点。2011 年，私营企业出口 84.7 亿美元，增长 45.2%，高出当年文化产品出口总体增速 23 个百分点，占 45.3%。部分行业发展迅速，贸易成果显著，以新闻出版行业、动漫行业为代表，我国文化企业不断寻求开拓国际市场。

2012 年之后，我国对外文化贸易加快发展，整体呈现良好发展态势。这一时期，我国的政策引导更加明确，支撑体系不断健全，政策管理领域不断拓展、深化，有针对企业的、针对行业的、针对税收的政策，力图从多元主体出发对文化贸易进行规范管理。此外，专业的文化贸易园区、贸易基地、保税区等在各地建立，文化贸易相关展会交易频繁。

2013 年，我国文化产品进出口总额为 274.1 亿美元，其中出口 251.3 亿美元，出口产品以工艺品等、新型媒介（游戏机等）、印刷品、乐器为主；文化服务进出口额为 95.6 亿美元，其中出口 51.3 亿美元，文化服务出口以广告宣传服务为主。

到 2016 年，我国文化产品和服务进出口总额达 1 142.1 亿美元，文化贸易稳步发展，贸易结构不断优化，成为带动文化产业发展的重要动力。文化贸易发展呈现出服务化、数字化趋势。文化服务出口比例提高，文化服务出口占我国服务出口总额的比重为 3.1%，比上年提升 0.7 个百分点。影视、动漫、网游等新兴文化产品出口同比增长 25%，版权输出达到 1 万种。与此同时，文化贸易促进民心相通，成为助力“一带一路”建设的重要方式。2016 年，我国与“一带一路”沿线国家和地区文化产品进出口额达 149 亿美元，占文化产品进出口总额的 16.8%。一大批影视剧出口到哈萨克斯坦、吉尔吉斯斯坦、埃及、阿拉伯联合酋长国等国家；部分国产动画片成为印度尼西亚、土耳其、越南等国的热门儿童节目。同时，文化贸易具备一定带动作用。以深圳华强集团有限公司为代表开展的主题公园出口业务，在增强国外对我国文化和产品认可度的同时，带动了我国对外设计和成套设备出口，间接带动了货物出口。

2017 年，我国文化产品和服务进出口总额 1 265.1 亿美元，同比增长 11.1%。其中，文化产品进出口总额 971.2 亿美元，同比增长 10.2%；文化服务进出口总额 293.9 亿美元，同比增长 14.4%。2019 年，我国文化产品进出口总额达 1 114.5 亿美元，比 2018 年增长 8.9%，其中文化产品出口达 998.9 亿美元。

整体来看，我国对外文化贸易规模持续扩大，体量不断增长，贸易结构不断优化，文化贸易市场更加多元，我国向“一带一路”沿线国家对外文化贸易比重不断增加。但在出口结构上，文化服务出口的比重和额度仍偏小。在文化产品出口中，低附加值的加工制造类产品出口占比偏高，有较高附加值的产品出口额度与比重偏小，创意产品出口比重偏低。这反映出我国对外文化贸易竞争力不足，文化软实力的竞争力不足。

（二）对外文化贸易发展的经验

1. 政府是推动我国文化贸易高速发展的主推手。

一方面，政府作为文化交流和贸易主体，将我国文化产品和服务推向国外，在提升我国国际文化形象的同时促进了相关的文化贸易。在改革开放以前，政府主要承担了对外文化交流的重任。改革开放以后，市场经济逐渐发展，文化贸易越来越受到市场的青睐，文化企业、文化产品不断涌现，文化贸易蓬勃而起。另一方面，政府通过制定、发布一些文化领域的政策，建立贸易体制、规范贸易行为，推动文化贸易。近年来，在政策引导过程中，支撑体系不断健全。《文化产品和服务出口指导目录》进一步完善；政府加大了对《国家文化出口重点企业目录》和《国家文化出口重点项目目录》入选企业和项目的扶持力度；商务部出版美国、英国、俄罗斯等《对外文化贸易和投资合作国别（地区）指南》，就当地文化产业的概况与相关政策予以精准解读；《“一带一路”文化发展行动计划（2016～2020 年）》的子计划《动漫游戏产业“一带一路”国际合作行动计划》指出，要发挥动漫游戏产业在文化产业国际合作中的先导作用。“一带一路”倡议深刻影响动漫行业海外拓展方向，我国与相关国家合作明显增加。同时，伴随“一带一路”建设的深入推进，我国图书版权输出的国际市场渠道不断拓展，对周边国家和“一带一路”国家的版权输出数量快速增长，承载当代中国价值观念的图书进入了沿线国家主流图书市场。特别是随着“汉语热”悄然兴起，汉语教材、教学参考资料以及汉语能力水平考试用书大量以实物出口的方式输出到海外。鼓励文化艺术、广播影视、新闻出版、教育等承载中华文化核心价值的文化服务出口，将大力促进文化创意、数字出版、动漫游戏等新兴文化服务出口，有助于培育中华特色文化贸易的优势。

2. 持续推动市场体制改革，逐渐完善市场经济。

改革开放以来我国文化贸易深度和广度不断扩展。1992 年春，邓小平视察深圳、珠海等地，发表了著名的“南方谈话”。在这一背景下，我国政府开始逐步改变职能，从“办文化”向“管文化”、从“直接管理”向“间接管理”转变，至此我国文化产业政策出台的条件基本成熟。同年 6 月，中共中央、国务院发布《关于加快发展第三产业的决定》，这是中国政府首次对文化产业进行“产业化”性质的认可。而推动文化产业由性质区分向实际迈进的是 1993 年文化部提出“发展文化产业”的命题，文化系统开始改变“以文养文”“以文补文”的现状，进入产业发展的轨道。尤其随着我国在 2001 年加入世界贸易组织，发展市场经济、融入世界市场刻不容缓，这极大推动了我国文化贸易的发展。市场经济体制的不断完善为文化贸易的发展提供了支持力量，培育了一大批文化企业，催生了一大批优秀文化产品，文化贸易有了发展动力。目前，我国积极打造三大服务贸易集聚圈，为文化贸易的开展提供了新机遇。打造环渤海服务贸易集聚圈，吸引文化贸易、技术贸易、运输、旅游、教育、医疗保健、生态环保、环境服务、服务外包等领域的国际国内服务贸易资源在环渤海及其周边集聚；打造长三角服务贸易集聚圈，完善物流运输、旅游、跨境电子商务、金融服务、信息服务、文化贸易、技术贸易、服务外包、中医药服务等优势领域在长三角发展布局；打造泛珠三角服务贸易集聚圈，推动专业服务、金融服务、文化贸易、研发设计、服务外包等领域服务贸易资源向广东及其周边地区集聚。

3. 加强对传统文化资源的保护及转化开发。

我国的传统文化源远流长，各地都有着丰富的文化资源。早年，对于传统文化资源的转化与开发不足，造成文化产品种类单一，国际市场反映较差，但某些文化资源的创新性利用展现出良好的社会与经济效益。李小龙在国外传播中国武术，"Kongfu"（功夫）一词由此风靡世界。完美世界在我国网络游戏海外出口中连续多年排名第一，作为我国游戏出口的领军者，用户群体覆盖全球 100 多个国家和地区。自 2006 年起，完美世界一直领跑中国游戏海外出口，曾一度占中国网络游戏出口总额的 40%，游戏产品授权海外，与海外运营商签订协议。多年来完美世界坚持全球化的发展策略，充分挖掘传统文化，将中国传统文学融入众多网游产品，其中包括《武林外传》《赤壁》《口袋西游》《倚天屠龙记》《笑傲江湖 OL》《射雕英雄传手游》等，通过实施精品战略，走畅销和长销路线，在国际市场牢牢抓住版权，带动文化核心价值观出口。

文化资源是文化产品产生的基础和源泉，文化产品是文化贸易的主要内容，因此加强对传统文化资源的保护、开发是发展我国文化贸易的前提。

三、对外文化投资

（一）对外文化投资发展的成就与问题

我国的文化对外投资起步较晚，2000 年以前，少数行业的对外投资十分分散，不具规模，更多行业尚未开启文化投资的窗口。

2000 年，党的十五届五中全会通过的《中共中央关于制定国民经济和社会发展第十个五年计划的建议》中，第一次明确提出“文化产业”的概念，将其正式列入国民经济和社会发展战略中。

2000～2003 年，文化产业的对外投资还处于发展的最初阶段，对外投资的数量相对较少，投资分布十分不均匀。2003 年，我国对亚洲地区投资占当年对外直接投资净额的一半以上，香港地区是投资最集中的地区。对外直接投资统计公报中，文化产业尚未单独作为行业列出进行统计，相关数据列入服务业数据中。

2004～2010 年，系列政策的出台逐步完善了文化企业海外投资环境，对外文化投资稳步增长。

2004 年，我国非金融类对外直接投资流量行业划分中开始出现文化、体育和娱乐业。当年，该行业对外直接投资流量为 98 万美元，存量为 592 万美元。

2005 年，文化、体育和娱乐业对外直接投资流量为 12 万美元，存量为 538 万美元。较上一年相比，文化产业相关投资在流量和存量上均出现缩减。

2006 年，非金融类对外投资整体增长强劲，金额突破 200 亿美元。其中，文化、体育和娱乐业对外直接投资流量为 76 万美元，存量为 2 614 万美元。在流量增长有限的情况下存量大增，与相关统计制度有关。根据对外投资统计公报的指标解释，年末对外直接投资存量等于年末对外直接投资总额减去境外企业累计对境内投资者的反向投资。对外直接投资额是指境内投资主体在报告期内直接向其境外企业的投资，包括股本投资部分、利润再投资部分以及与公司之间债务交易有关的其他投资部分。而境外企业对其境内投资主体实现的投资称为反向投资。这种情况的出现与统计数据变化相关。[①] 2006 年，我国文化产业对外投资较上一年出现大幅度好转，取得了不错的发展。

2007 年，我国对外直接投资再创历史新高。文化、体育和娱乐业也取得了历史最好成绩，对外直接投资流量增长到 510 万美元，存量达到 9 220 万美元。

2008 年，我国对外直接投资首次突破 500 亿美元。其中，文化、体育和娱乐业投资流量创历史新高，达到 2 180 万美元，存量为 10 733 万美元。

2009 年，受世界经济和持续金融危机的影响，我国对外直接投资保持了稳定状态，增长 1%，存量增长 34%。

2010 年，文化、体育和娱乐业首次出现在内地对香港直接投资的主要行业中，投资流量为 10 870 万美元，占整体流量比重的 0.3%。2010 年，文化、体育和娱乐业对外直接投资流量突破 1 亿美元，增长到 18 648 万美元，存量达到 34 583 万美元，实现了质的飞跃（见表 11 - 1）。

表 11 - 1　　2004 ~ 2010 年我国文化、体育和娱乐业对外直接投资情况

单位：万美元

	2004 年	2005 年	2006 年	2007 年	2008 年	2009 年	2010 年
投资流量	98	12	76	510	2 180	1 976	18 648
投资存量	592	538	2 614	9 220	10 733	13 565	34 583

资料来源：历年我国对外直接投资统计公报。

同阶段，我国住宿和餐饮业对外直接投资情况如表 11 - 2 所示。

① 商务部：《2006 年度中国对外直接投资统计公报》，http://images.mofcom.gov.cn/hzs/accessory/200709/1190343657984.pdf。

表 11－2　　2004～2010 年我国住宿和餐饮业对外直接投资情况

单位：万美元

	2004 年	2005 年	2006 年	2007 年	2008 年	2009 年	2010 年
投资流量	203	758	251	955	2 950	7 487	21 820
投资存量	2 081	4 640	6 118	12 067	13 669	24 329	44 986

资料来源：历年我国对外直接投资统计公报。

2011 年，党的十七届六中全会指出要加快发展文化产业，推动文化产业成为国民经济支柱性产业。《文化部“十二五”时期文化改革发展规划》指出，到 2015 年，文化产业要实现跨越式发展，逐步成为促进经济发展方式转变、优化经济结构、扩大就业创业的国民经济支柱性产业。“十三五”规划明确规定，到 2020 年，文化产业要发展成为国民经济支柱性产业。在政策的大力鼓励下，我国对外文化投资迈上了新台阶。

2011 年，我国对外投资净额创下 746.5 亿美元的最高纪录，为“十二五”期间对外投资业务的发展打下了基础。文化、体育和娱乐业的投资存量超过 5.4 亿美元，占整体的比重为 0.1%。文化、体育和娱乐业继续出现在内地对香港直接投资的主要行业中，投资流量为 1 665 万美元，占整体流量的 0.1%。同时首次出现在对东盟直接投资的主要行业中，投资流量 887 万美元，占整体的比重为 0.2%。行业境外企业数量为 120 家，占所有企业数量的 0.7%。

2012 年，我国成为世界第三大对外投资国。文化、体育和娱乐业的投资流量达到 2 亿美元，同比增长 87%，实现大跨越式发展；投资存量约为 7.9 亿美元，占整体的比重为 0.1%。行业对东盟直接投资流量为 308 万美元，并首次出现在我国对美国直接投资的主要行业中，对美国投资流量 568 万美元，占整体的比重为 0.1%。行业内共有 101 家企业参与对外文化投资，涉及境外企业数量达 162 家。也是在 2012 年，文化、体育和娱乐业的对外投资规模首次超过住宿和餐饮业。

2013 年，我国对外投资首次破千亿美元，蝉联全球第三大对外投资国。文化、体育和娱乐业海外并购数量达 8 起，实际交易金额达 4.8 亿美元。行业对香港地区的文化投资达 7 928 万美元，并首次出现在我国对欧盟直接投资的主要行业中，投资金额为 666 万美元。对美国投资净额为 2 343 万美元。2013 年行业内共有 81 家企业参与对外文化投资，涉及的行业境外企业数量继续增长，达到 197 家。文化、体育和娱乐业的投资存量突破 10 亿美元。

2014 年，我国积极推动“一带一路”建设，不断加快对外投资便利化进程，创下对外投资 1 231.2 亿美元的历史高值，双向直接投资首次接近平衡。文化、体育和娱乐业海外并购数量为 11 起，实际交易金额为 1 亿美元。行业首次出现在我国对非洲直接投资的主要行业中，投资净额为 6 799 万美元。行业对香港地区直接投资 25 485 万美元，对欧盟投资 2 369 万美元，对东盟投资 980 万美元，对美国投资 6 880 万美元，进一步扩大了对世界主要经济体的文化投资规模。2014 年行业内共有 109 家企业参与对外文化投资，涉及的行业境外企业数量继续增长，达到 272 家。

2015 年，“走出去”工作体系不断完善，我国对外直接投资流量首次位列全球第二位，并购投资活跃。文化、体育和娱乐业海外并购数量达到 21 起，金额达到 32.3 亿美元的历史高峰，首次进入我国对外投资并购行业前五名。这一年主要的并购项目为北京万达文化产业集团公司以 9 亿美元收购美国世界铁人公司 100% 股份、以 7.5 亿美元收购瑞士盈方体育传媒有限公司 90.4% 股份等。行业对香港地区直接投资 77 857 万美元，对欧盟投资 1 495 万美元，对东盟投资 1 765 万美元，对美国投资 37 514万美元。2015 年行业内共有 168 家企业参与对外文化投资，涉及的行业境外企业数量持续增长，达到 340 家。文化、体育和娱乐业的投资存量突破 30 亿美元。

2016 年，世界经济增长乏力，我国对外直接投资蝉联全球第二。文化、体育和娱乐业海外并购数量达到 22 起，金额再创高峰，达到 44.1 亿美元，对香港地区直接投资 130 595 万美元，对欧盟投资 45 059 万美元，对东盟投资 3 149 万美元，对美国投资 186 555 万美元。2016 年行业内共有 307 家企业参与对外文化投资，涉及的行业境外企业数量再创历史新高，达到 488 家。文化、体育和娱乐业的投资存量突破 70 亿美元。

2017 年，我国对外直接投资首呈负增长。文化、体育和娱乐业海外并购数量为 5 起，总金额为 5.8 亿美元。行业对香港地区直接投资 13 254 万美元，对欧盟投资 8 736 万美元，对东盟投资 1 748 万美元，对美国投资 1 788 万美元。2017 年行业内共有 335 家企业参与对外文化投资，涉及的行业境外企业数量达到 514 家。文化、体育和娱乐业的投资存量突破 80 亿美元。2019 年，我国文化、体育和娱乐业对外直接投资 126.3 亿美元，占当年我国对外直接投资总额的 0.6%。

2011 ~2017 年我国文化、体育和娱乐业对外直接投资情况如表 11 –3 所示。

表 11 –3　2011 ~2017 年我国文化、体育和娱乐业对外直接投资情况

单位：万美元

	2011 年	2012 年	2013 年	2014 年	2015 年	2016 年	2017 年
投资流量	10 498	19 634	31 085	51 915	174 751	386 869	26 401
投资存量	54 142	79 351	110 061	159 522	325 098	701 284	811 536

资料来源：历年我国对外直接投资统计公报。

同阶段，我国住宿和餐饮业对外直接投资情况如表 11 –4 所示。

表 11 – 4　　　　2011 ~ 2017 年我国住宿和餐饮业对外直接投资情况　　　　单位：万美元

	2011 年	2012 年	2013 年	2014 年	2015 年	2016 年	2017 年
投资流量	11 693	13 663	8 216	24 474	72 319	162 549	– 18 509
投资存量	60 386	76 327	94 743	130 704	223 334	419 407	351 305

资料来源：历年我国对外直接投资统计公报。

2019 年，我国住宿和餐饮业对外直接投资 49.2 亿美元，占总投资额的 0.2%。

对外文化投资领域的成就与问题总结如下：

第一，文化领域中对外直接投资的流量与存量不断增长，规模逐步扩大。我国文化领域对外直接投资的流量与存量在 2010 年以前呈现稳步增长的态势。从 2005 年到 2009 年，对外文化投资增长的幅度较为稳定，整体规模小，投资金额停留在 2 000 万美元的范围内。2010 年起，伴随着参与企业数量的增多和并购数额的攀升，行业在整体规模不断扩大的基础上继续保持一定增速，从 2010 年突破 1.8 亿美元，到 2014 年突破 5 亿美元，2015 年突破 17 亿美元，2016 年再创新高，突破 38 亿美元。即使在我国对外直接投资首呈负增长的 2017 年，行业也保持继续增长。目前，文化、体育和娱乐业对外文化投资发展势头良好，整体投资存量突破 80 亿美元。

第二，涉及行业不断拓展。文化企业的海外资本开拓，最早出现于旅行社、传媒公司的零星试水。伴随“传媒走出去”和“出版走出去”的行业发展战略，不同类型的传媒企业开始探索海外经营的经验，出版企业海外发行网络逐步建立。动漫游戏企业开启海外公司相关业务的并购，在发展自身业务同时，通过并购进行游戏引擎—研发—发行的全产业链打造，提升国际市场核心竞争力。演艺企业收购海外平台，掌控从内容生产到国际销售的全过程。影视企业不断布局全球战略版图，抢占 IP 资源及全球发行渠道。旅游集团不断探索全球管理经验，挖掘高端人才，在“互联网 + 旅游”的在线旅游领域抢占国际市场。创意设计抓住国内发展的机遇，全球布点不断开拓海外业务。随着我国文化产业的不断发展和“走出去”战略的深入发展，更多行业积极参与国际竞争，打造真正具备国际竞争力的跨国企业，传播中国文化，引领行业发展。

第三，投资区域不断增加。在地域上，企业海外投资的范围不断扩大，从最初的香港、台湾等地区，发展到美国、欧洲、韩国、日本、印度、非洲等国家和区域，海外投资的脚步在不断迈进。其中美国、日本、韩国、欧洲这些文化产业发达的地区成为文化企业海外投资的主要地区。

美国文化产业发展成熟，跨国文化企业国际市场运营经验丰富，成为许多企业拓展海外业务的目标。文化企业在美国的投资涉及电影电视、演艺、网络游戏、互联网等领域。俏佳人传媒、蓝海电视台等传媒企业选择在美国进行投资经营，开拓渠道；万达集团收购美国电影院线 AMC，华谊兄弟收购美国影视技术公司 GDC Technology Limited，小马奔腾收购美国好莱坞特效公司数字领域，实力雄厚的影视公司与丰富的市场资源成为投资美国的原因之一。此外，完美世界等互联网企业也不断增加在美国的投资。文化企业在日本的投资主要涉及游戏动漫、旅游等领域。韩国也是文化企业海外投资的重要区域。韩国游戏产业发达，影视产业全球影响力广泛，因此企业在韩国的投资主要集中在网络游戏以及影视方面。同时，文化企业也在不断开拓欧洲市场，投资涉及电视传媒、影视、新闻出版、旅游、创意设计、游戏等众多领域。在全球经济版图中，非洲是一片日渐升温的热土。文化企业对非洲的投资首先集中在基础性服务的建设，如数字电视服务，随着往来的密切，旅游业等其他行业也成为新的投资领域。此外，随着“一带一路”建设的推进，“一带一路”沿线国家和地区成为投资热点。安徽出版集团在波兰投资建立的国有独资企业——时代·马尔沙维克集团是中国出版企业在东欧国家设立的第一家对外文化投资实体。2015 年，北京求是园文化传播有限公司在“一带一路”沿线国家格鲁吉亚首都第比利斯成立了格鲁吉亚文化出版社，旨在建设成为在“一带一路”国家专业权威的中国图书外文出版平台。随着“丝绸之路国际剧院联盟”“丝绸之路国际图书馆联盟”“丝绸之路国际博物馆联盟”“丝绸之路国际美术馆联盟”“丝绸之路国际艺术节联盟”“丝绸之路国际艺术院校联盟”等组织的建立与发展，“一带一路”沿线国家和地区与我国的文化交流与合作机制不断优化。在文化部公布的“一带一路”文化贸易与投资重点项目名单中，演艺类、工艺类、文化装备类、动漫类企业成为重要投资主体，贸易与投资区域涉及越南、哈萨克斯坦、匈牙利、塞尔维亚、阿拉伯联合酋长国、缅甸及印度等沿线国家。

第四，投资主体多元化。从初期以国有企业为主导的投资主体，到民营企业积极参与，大型民营集团不断打破并购案的最高投资记录，对外文化投资的主体呈多元化发展。特别是在动漫游戏、影视和创意设计领域，民营企业海外投资活跃。2017 年行业内共有 335 家企业参与对外文化投资，涉及的行业境外企业数量多达 514 家。

第五，对外投资方式不断创新。随着对外投资的发展，对外投资的合作方式不断拓展，涵盖了项目合作、联合投资、设立海外分公司、股权投资、并购等方式，跨国并购也成为重要的对外投资方式。在项目合作以及对兼并公司的管理中，管理水平不断提升。

伴随着政府对文化企业海外投资的扶持、鼓励政策支持力度不断增强，我国企业海外文化投资的规模不断扩大，合作投资领域也不断增多。截止到 2017 年，有超过 300 家企业活跃在文化、体育和娱乐业的对外直接投资中，其中，万达集团、北京四达时代等都成为我国文化“走出去”的领军企业。但就目前而言，我国对外文化投资仍处于初级阶段，整体规模小，文化、体育和娱乐业对外投资占整体对外投资存量的比重不到1%；投资地区较为单一，以美国、欧洲为主，其中美国地区的投资存量占比最高，达到3.5%，其他国家及地区的比重不足1%。

（二）对外文化投资的发展经验

现今，文化产业的地位和作用愈加凸显，逐渐成为综合国力竞争的重要因素，文化企业的海外投资是文化“走出去”的高级阶段，更是全球布局的有效途径。随着国家对文化企业对外投资和跨国经营的鼓励，一些区域内的重点企业和项目成为投资的先行者，并在探索国际发展的道路上积累了管理运营的经验。

对外文化投资的不断拓展，离不开国内经济的发展及政策的支持。政策为海外的经营创造了良好环境。从不同地区来看，具体政策有所差别，但基本包括这样几种政策类型，即综合性支持政策、辅助性政策、行业专项政策以及多样化的融资支持政策。例如北京市对于文化企业海外投资的政策体系为“一体两翼”，“一体”是指以综合性支持政策为主体，“两翼”其中一翼是指金融政策、投资政策、海关政策等辅助性政策，而另一翼则是指出版、影视动漫、网络游戏等具体行业的专项支持政策。

针对不同行业、企业的不同发展阶段以及投资国别的不同，文化企业应采取更为灵活的投资方式进入其他国家。例如俏佳人由音像行业向电视媒体的转向，智明星通组建自己的游戏研发团队并在海外设立子公司进行多样化经营。

参考文献

1. 赵少华：《新中国早期文化交流口述记录》，作家出版社 2012 年版。

2. 张登德：《20 世纪 50 年代中国对外文化交流的特点》，载《当代中国史研究》2014 年第 6 期。

3. 黄晓和：《关于"无标题音乐"大批判的前前后后》，载《人民音乐》2006 年第 5 期。

4. 吕德强：《论"文革"时期中外文学的交流》，载《时代文学月刊》2009 年第 4 期。

5. 宋尧：《六、七十年代中日文化交流回顾》，载《党史纵横》2012 年第 1 期。

6. 周丽娟：《对外文化交流与新中国外交》，文化艺术出版社 2010 年版。

7. 丁西林：《以文会友　和气致祥　十年来中外文化交流和友好往来》，载《光明日报》1959 年 9 月 24 日。

8. 周而复：《友谊的花朵》，载《人民日报》1959 年 7 月 30 日。

9. 李海娟：《20 世纪 50 年代中国派遣留苏学生问题的考析》，载《绵阳师范学院学报》2018 年第 3 期。

10. 张奚若：《互相吸取　互相发展　互相尊重　发展对外文化交流工作》，载《人民日报》1959 年 5 月 4 日。

11. 潘朗：《友谊、和平和文化交流——人民中国十年来的对外文化联系》，载《世界知识》1959 年第 18 期。

12. 中华人民共和国文化部对外文化联络局：《中国对外文化交流概览（1949～1991）》，光明日报出版社1993年版。

13. 文川：《中国戏曲在国外——1984年戏曲在国外演出和学术交流活动综述》，载《戏曲艺术》1985年第1期。

14. 《邓小平文选》第三卷，人民出版社1994年版。

15. 齐建昌、宋大声：《表演艺术和音乐是国际语言——京剧艺术在日本》，载《戏曲艺术》1982年第4期。

16. 《老舍名剧〈茶馆〉誉载西欧》，载《人民日报》1980年11月15日。

17. 《中华人民共和国第六届全国人民代表大会第一次会议文件汇编》，人民出版社1983年版。

18. 纪双城、乔生等：《中国改革，最复杂也最成功》，载《环球时报》2008年12月24日。

19. 庄立桂、赵艺丁：《友好·交流·合作——山东省新闻文化代表团在法国》，载《走向世界》1996年第3期。

20. 陈钦灿：《浅析福建对外文化交流》，载《对外大传播》2000年第10期。

21. 《泉州市木偶剧团对外、对台文化交流十年大事记》，载《福建艺术》2002年第6期。

22. 柳宁：《HELLO－BYE——记第一届中美舞蹈文化交流夏令营》，载《舞蹈》1996年第5期。

23. 许臣泰、宋晓年：《97山西对外文化交流回眸》，载《今日山西》1998年第1期。

24. 张国军：《用歌声架起友谊的桥梁——首都警官合唱团赴德进行文化交流纪实》，载《人民公安》2001年第12期。